Boris Chabanel, Arnaud Florentin
Élisabeth Laville, Annabelle Richard

L'ENTREPRISE HYPER-LOCALE

Réinventer les modèles économiques à partir des **territoires**

W0278084

Pearson

Crédits iconographiques

© Philippe Zamora : p. IX-X ; © Anna Racota : p. XII ; © Brian Ferry : p. 5 ; © Unspalsh : p. 11, 99, 101, 227, 236-237 ; © iStock : p. 11, 99, 101, 227, 236-237 ; © Adam Fagen, CC BY-NC-SA 2.0 : p. 56 ; © Shuttersock : p. 18, 22, 29, 36, 48, 49, 59-61, 65, 67, 69, 72, 81, 83, 86, 89, 92, 103, 105-106, 108, 112, 115 116, 118, 120, 122, 125, 134 135, 138, 146, 152, 154, 164, 183, 186, 188, 191, 197, 201, 205, 209, 211, 216 217, 220-222, 224-225 ; © 1083 : p. 74, 199 ; © Yandle/Flickr – CC BY-SA 2.0 : p. 117 ; © Cédric Michel : p. 119 ; © Mud Jeans : p. 126-127 ; © Davines : p. 129 ; © Neighborhood Sun : p. 132 ; © La Ruche qui dit Oui ! : p. 136 ; © Jocelyn Filley : p. 141 ; © Jeanna Shepard : p. 142 ; © Le Slip Français : p. 144 ; © 123RF : p. 151 (© Venimo), 242 (© jakobradlgruber) ; © Stefani Leguenn – Capture Life : p. 156 ; © Soqtapata : p. 159 ; © Vénétis : p. 163 ; © Velum : p. 166 ; © Opaline : p. 167 ; © Too Good To Go : p. 169 ; © Royal Van Wijhe Verf : p. 174 ; © Dr. Bronner's : p. 179 ; © Daubek-Puza : p. 183 ; © Revival Projects : p. 193 ; © ReGrained : p. 194 ; © Ÿnsect : p. 196, 230 ; © Stroopies : p. 208 ; © Clus'Ter Jura : p. 213 ; © The Noun Project : p. 249-252.

Avertissement

Les QR-codes disponibles tout au long de l'ouvrage renvoient vers des URL appartenant aux sites hébergeurs. Les éditions Pearson France ne sauraient être tenues responsables d'un quelconque dysfonctionnement ou d'un changement intervenu dans une URL.

Édition : Delphine Galtier
Maquette intérieure et schémas : Pamela Karam
Mise en page : IDT (Johanne Fontaine)
Couverture : Pamela Karam (adaptation : Carl Brand)
Illustrations de couverture : © iStock, © Unsplash (Alisa Golovinska, Didier Weemaels, Dong Zhang, Ines Mills, Matt Seymour et Noaa)
Portraits des auteurs : © Philippe Zamora

© 2023, Pearson France. Tous droits réservés.

Publié par Pearson France
2/12 rue des Pirogues de Bercy
75012 Paris

ISBN : 978-2-7440-6855-3

Dépôt légal : octobre 2023
Achevé d'imprimer en septembre 2023 par GraphyCems, Espagne.

Aucune représentation ou reproduction, même partielle, autre que celles prévues à l'article L. 122-5 2° et 3° a) du Code de la propriété intellectuelle ne peut être faite sans l'autorisation expresse de Pearson France ou, le cas échéant, sans le respect des modalités prévues à l'article L. 122-10 dudit code.

L’entreprise hyper-locale

SOMMAIRE

TABLE DES ÉTUDES DE CAS

CAS DÉTAILLÉS

ZOOM SUR D'AUTRES ORGANISATIONS HYPER-LOCALES INSPIRANTES

Aboca | Abury | Ace Hotel | Alvéole | Ateliers du Slip (Le Slip Français) | Atticus Health | AustroCel | Banco Estado | Bhutan Natural | Biketown | Biofilter Environmental | B-Line Urban Delivery | Brand Urbanism | BRØL | C'est Qui Le Patron ? | Caisse d'Épargne | CajaVecina | Caran d'Ache | Carbon8 Systems | Cha Tzu Tang | Chargeurs Pointe de Bretagne | Chatham Beverage District | Colu | Crédit Agricole | Crédit Mutuel | Decathlon | Ecobirdy | Énergie d'ici | Eska | Fermalab | Flax & Kale | Flock Freight | Groupe Accor | HD Faber | Impact Hub | La Ruche qui dit Oui ! | La Voix du Nord | Little Genius | LO3 Energy | Looptworks | Meiji Yasuda | Mercato | Métropole de Lille | NÃM | NEF | Nehemiah Manufacturing | Neighbourhood Group of Companies | Nike | Northwest Permanente (NWP) | Novo Nordisk | NTD France | Patagonia | Paysans d'Ici | Peerby | Raiffeisen | Ramborn | Région Occitanie | RM Group | ShareMat | Shop Small (American Express) | Sinagua Malt | SouthPole | Stella Polaris | Teadora | The Candy Manufactory | The Coffee Company | Triodos Bank | Vancity | VEJA

À PROPOS DES AUTEURS

© Philippe Zamora

Boris Chabanel

Géographe de formation, Boris accompagne depuis plus de 15 ans les collectivités locales dans des projets articulant développement économique et transition écologique. Expert en économies locales, il mène des missions d'étude, de conseil et de stratégie territoriale tournées vers l'activation du circuit économique local.

© Philippe Zamora

Arnaud Florentin

Économiste de formation, Arnaud accompagne depuis plus de 20 ans les territoires dans leur stratégie de développement économique et les entreprises dans leur réflexion autour de l'ancrage local. Il a notamment développé plusieurs outils de référence sur le marché européen, pour le calcul d'impact économique local ou l'analyse du métabolisme des territoires. Arnaud a piloté, au cours des dernières années, plusieurs projets de recherche sur les nouveaux modèles économiques et les nouvelles formes d'inscription territoriale des entreprises.

© Philippe Zamora

Élisabeth Laville

Diplômée d'HEC, Élisabeth a passé quelques années au planning stratégique de plusieurs agences de publicité avant de créer, en 1993, UTOPIES, la première agence de conseil en stratégie de développement durable en France. Elle est reconnue comme l'une des expertes européennes du développement durable, a reçu le Prix Veuve Clicquot de la Femme d'Affaires de l'année en 2008, a été faite Chevalier de la Légion d'honneur cette même année, puis Officier de l'Ordre du Mérite en 2019. Elle est l'auteure du best-seller *L'entreprise verte* (Pearson, 3e édition, 2009) et de nombreux autres ouvrages, dont *La révolution B Corp* (Pearson, 2022). Elle a lancé le label B Corp en France en 2014 et est administratrice de B Lab France. Elle siège au comité de mission de groupes comme Chloé, Expanscience, Aigle ou Frey, ainsi qu'au comité RSE d'Alpargatas/Havaianas.

© Philippe Zamora

Annabelle Richard

Annabelle est ingénieure en chimie environnementale et en urbanisme. Elle accompagne depuis 15 ans les acteurs territoriaux, publics comme privés, dans leur stratégie de transition écologique. Annabelle a d'abord conseillé les acteurs de la construction et de l'aménagement, avant d'accompagner les territoires, se spécialisant ainsi sur les questions de transition énergétique. Elle œuvre aujourd'hui auprès des entreprises et des collectivités pour développer des dynamiques locales dans tous les secteurs économiques.

PRÉFACE

par Navi Radjou,
chercheur en innovation, essayiste

© Anna Racota

Début 2020, durant l'explosion de la Covid-19, je vivais à New York, métropole devenue l'épicentre mondial de la pandémie. J'ai été attristé de voir de petites villes américaines de l'*hinterland* (l'Amérique profonde) lutter pour trouver des masques et des respirateurs pour sauver la vie de leurs habitants. Ayant massivement externalisé leur fabrication vers des pays émergents comme la Chine, les États-Unis n'avaient plus de base industrielle locale pour produire et livrer rapidement des masques et des respirateurs.

Il est intéressant d'observer ce qui s'est passé en France, face à la même situation. Alors que les institutions gouvernementales et les grandes entreprises – siégeant à Paris – semblaient paralysées par l'apparition de la Covid-19, les entrepreneurs et entreprises dans les régions se sont mobilisés très rapidement pour produire localement des masques et des respirateurs. Prenez la région Grand Ouest. Durant les mois de mai et juin 2020, travaillant sept jours sur sept, 202 couturières du Morbihan et 36 du Finistère, qui avaient rejoint le collectif l'Usine invisible, ont produit 172 000 masques en tissu en s'appuyant sur les ressources locales. Les territoires ont fait preuve d'un esprit d'ingéniosité mais aussi de coopération. Courant mars 2020, Kolmi-Hopen, le plus grand producteur de masques en France, situé à Angers, a emprunté temporairement des experts industriels de

Scania, un constructeur de poids lourds installé à proximité. Kolmi-Hopen a utilisé cette expertise industrielle pour réorganiser son usine et optimiser ses processus, et a pu doubler sa capacité de production en un temps record, sauvant ainsi des milliers de vies en France[1]. Ces initiatives régionales ont contribué à casser mon tropisme parisien et à attirer mon attention sur l'esprit d'innovation et de résilience des territoires.

Fin 2021, j'ai quitté les États-Unis, où j'avais vécu pendant 22 ans, pour revenir en France. Après avoir passé quelques mois à Paris, j'ai donc entrepris un tour de l'Hexagone de dix mois afin d'identifier les innovations dans les territoires français et de rencontrer les entrepreneurs qui les portent. J'étais très inspiré par tout ce que j'avais vu. Une révolution positive, alimentée par l'ingéniosité humaine, est en marche dans toutes les régions françaises. Ce mouvement réinvente nos modèles économiques et sociétaux, mais aussi nos schémas de pensée. Dans la nouvelle édition de du livre *L'Innovation Jugaad*[2], j'ai notamment mis en valeur ces start-up, PME/ETI et collectivités visionnaires qui coconstruisent les territoires durables et solidaires de demain – transformant des secteurs-clés comme l'agroalimentaire, le bâtiment, l'énergie, la mobilité ou la santé. J'ai été tellement impressionné par le dynamisme de nos régions que j'ai quitté Paris pour Lyon.

Mais une grande question demeurait dans mon esprit : comment les entreprises traditionnelles peuvent-elles s'intégrer dans ces écosystèmes régionaux d'innovation et cocréer de la valeur avec les acteurs locaux ? C'est ce à quoi ce livre tente de répondre. Les auteurs ont développé rien de moins qu'une nouvelle théorie de l'entreprise qui remet en question tout ce que nous savons des organisations depuis trois siècles dans les sociétés capitalistes. L'entreprise hyperlocale (EHL) pense, ressent, agit différemment des entreprises traditionnelles de trois manières majeures : elle fonctionne en mode polycentrique ; elle cocrée de la valeur en symbiose avec les territoires ; enfin, c'est une organisation apprenante qui se réinvente constamment de façon *bottom-up* (ascendante). Étudions ces trois qualités distinctives.

Tout d'abord, une EHL est une organisation « polycentrique ». Elle se comporte comme un réseau décentralisé avec des « hubs territoriaux » qui innovent et fonctionnent de manière autonome – afin de mieux valoriser les ressources au

---

1. Un chapitre de la seconde partie du livre cité ci-dessous explicite notamment « la mutualisation des compétences » telle qu'elle est pratiquée par Kolmi-Hopen et Scania.
2. *L'Innovation Jugaad : Redevenons ingénieux*, Navi Radjou, Jaideep Prabhu et Simone Ahuja, édition augmentée, Diateino-Guy Trédaniel, mars 2023.

plus près des marchés et de créer un impact durable localement. Un exemple : AFYREN, une start-up de la bioéconomie née à Clermont-Ferrand, recycle dans son usine AFYREN NEOXY, en Moselle, les résidus agricoles pour en faire des biomolécules de grande valeur avec diverses applications allant de la nutrition animale et humaine aux cosmétiques et lubrifiants. Le plus fascinant est que ses fournisseurs sont situés dans un rayon de 250 km autour de l'usine.

Ensuite, une EHL s'engage avec humilité avec les territoires dans un esprit que je qualifierais de « post-colonial » – en écho à une conversation avec le président d'une région française qui me confiait récemment que les grandes entreprises françaises siégeant à Paris entretiennent encore une relation « coloniale » avec la « province ». Une EHL cocrée la valeur (et des valeurs !) avec le territoire, une valeur qui reste sur le territoire, soutenue par des partenariats avec des acteurs locaux qui s'inscrivent sur le long terme. C'est l'antithèse d'une entreprise capitaliste qui se contenterait d'exploiter les ressources et les fournisseurs locaux parce que c'est moins cher… et qui peut partir du jour au lendemain.

Une EHL coévolue de manière symbiotique avec le territoire, se partageant – voire se forgeant –un destin commun. Elle contribue activement à la cocréation de l'écosystème local et à sa montée en valeur ou en compétences. Prenez Quartus, un promoteur immobilier qui veut disrupter le secteur de construction grâce à une approche « hyper contextualisée » tenant compte de – et valorisant – tous les aspects singuliers de chaque territoire. Pour mener ses projets de construction hyper-locale, Quartus utilise des matériaux biosourcés (bois, terre crue) et des savoir-faire déjà disponibles au sein des territoires.

Enfin, une EHL est une « organisation apprenante » qui ne se repose jamais sur ses lauriers. Elle se réinvente continuellement et proactivement – en commençant par tester localement les nouveaux modèles économiques et les innovations de rupture qu'elle envisage. En cas de succès, ces bonnes pratiques avant-gardistes sont ensuite adoptées rapidement ailleurs. En s'appuyant sur cette approche d'innovation *bottom-up*, l'EHL gagne en résilience et en agilité. Ainsi, GRDF a mis en place un réseau de *Living Labs* ancrés sur les territoires. L'objectif est de transformer les territoires en des espaces collaboratifs d'innovation pour expérimenter des solutions innovantes – comme le gaz vert et l'agroécologie – qui sont adaptées au contexte local mais aussi réplicables ailleurs[3].

---

3. Voir « Faire de nos territoires des espaces collaboratifs d'innovation », le Livre blanc du Living Lab revisité par GRDF, 2022.

À travers de nombreux exemples inspirants, ce livre montre comment une EHL incarne et exprime ces trois qualités ou compétences. Les auteurs ne sont pas naïfs. Ils identifient les difficultés majeures que les entreprises traditionnelles doivent surmonter afin de devenir des EHL. Certains de ces obstacles sont matériels. Par exemple, les entreprises industrielles qui s'appuient sur une production centralisée avec de grosses usines doivent évoluer vers une fabrication décentralisée *via* un réseau de micro-usines situées dans les territoires. L'idée étant de remplacer la notion caduque de « *scale-up* » (économies d'échelle) fondée sur la standardisation des produits par le « *scale-out* » (économies de gamme) qui favorise la personnalisation des offres et des services au niveau local.

Mais le véritable défi dans la voie vers l'EHL est *culturel*. Ce livre « démonte » ainsi nombre d'idées reçues – telles que « le local est moins performant » ou « le local est plus onéreux ». Il change radicalement la perspective des décideurs sur le local en démontrant que les territoires représentent d'incroyables gisements de valeur – du moins pour les entreprises visionnaires qui savent libérer et capturer cet énorme potentiel !

Les auteurs ne se contentent pas d'offrir une théorie alléchante. En tant que consultants pragmatiques, ils vous proposent une boîte à outils pour réinventer graduellement votre modèle économique grâce aux territoires. Ils présentent aussi une feuille de route réaliste pour transformer votre organisation en EHL. Ils ont raison d'insister sur le fait que cette évolution ne nécessite pas un « Big Bang » organisationnel. Il ne s'agit pas d'un changement radical mais plutôt d'un retravail en finesse des chaînes de valeur existantes. Ce livre n'est pas un manifeste utopique qui appelle à faire des ruptures pour aller d'un modèle à l'autre mais plutôt un guide pratique pour renforcer et élargir ce que l'entreprise fait déjà – c'est le concept d'« opportunités adjacentes », qui revient dans l'ouvrage.

Quand il était président du groupe Auchan, Vianney Mulliez m'avait confié : « Il y a de nombreux "marchés émergents" au sein des économies occidentales (y compris en France) que nous avons hâte d'avoir pour clients. » Le livre qui est entre vos mains montre comment votre entreprise peut capitaliser sur – et contribuer symbiotiquement à – la croissance durable des territoires, ces « marchés émergents » si prometteurs ici même.

L'avenir *sera* hyper-local. Saisissez-le !

INTRODUCTION

De l'entreprise verte à l'entreprise hyper-locale

Par Élisabeth Laville

Fin 2023, au moment où paraît ce livre, UTOPIES (qui fut le premier cabinet indépendant créé en France pour travailler exclusivement sur les stratégies de développement durable des entreprises) fête ses 30 ans et *L'entreprise verte*, mon premier livre (qui fut aussi le premier à mettre en lumière la façon dont « le développement durable change l'entreprise pour changer le monde ») a été publié il y a plus de 20 ans[1].

Au fil de ces décennies, les termes utilisés pour décrire ce dont je parle ont beaucoup changé : à la création d'UTOPIES, au lendemain du Sommet de la Terre de Rio, on parlait encore de citoyenneté d'entreprise.

Puis les travaux du rapport Brundtland et l'Agenda 21 ont imposé le terme de développement durable : on baptisait alors « agenda 21 d'entreprise » ou « agenda 21 local » ce que l'on désigne désormais comme la stratégie de développement durable d'une entreprise ou d'un territoire.

1. *L'entreprise verte*, Pearson, la première édition étant parue le Jour de la Terre 2002 (22 avril).

Progressivement, on a recentré le débat sur le rôle des entreprises pour contribuer au développement durable planétaire : on s'est mis à parler de responsabilité sociale et environnementale (RSE) et d'ESG (Environnement | Société | Gouvernance), ou encore de « *triple bottom line* » (pour dire qu'il s'agissait de mesurer tout ce qui compte : la valeur détruite ou créée pour la société et la planète, plutôt que la seule valeur financière).

Depuis quelques années, les termes « rois » sont l'impact (on parle d'entreprise à impact, de fonds à impact, de modèle d'affaires à impact, etc.) et, plus récemment encore, le « régénératif » (tout le devient, jusqu'au luxe ou au management) que naturellement ceux-là mêmes qui les emploient peinent à définir concrètement. J'entends même dire que les plus fervents défenseurs de « l'économie régénérative » ou de « l'entreprise régénérative » concèdent à la fin de leur plaidoyer qu'en réalité il s'agit d'un objectif impossible à atteindre, qui reculera toujours devant celui qui s'y attelle... comme l'utopie !

Quel est le problème ? Je suis très attachée depuis longtemps au fait d'employer les bons mots pour désigner ce dont on parle (ce qui se conçoit bien s'énonce clairement) et aussi à l'idée qu'il faut définir de nouveaux narratifs et de nouveaux récits, car « notre capacité à imaginer des scénarios alternatifs et désirables pour le futur précède et active notre capacité à les réaliser », comme le souligne l'essayiste Daniel Kaplan. Par ailleurs, ce que cette évolution des termes utilisés par les entreprises et par les activistes révèle avant tout, c'est une prise de conscience tout à fait bienvenue : comme je l'expliquais dans la troisième édition de *L'entreprise verte*, parue en 2009, il y a bientôt 15 ans, il est essentiel pour toute entreprise qui se lance dans cette démarche de garder en tête que ce que j'appelais alors « RSE 1.0 » (qui consiste avant tout pour l'organisation à minimiser les impacts négatifs de ses activités, sans changer plus globalement celles-ci, ni ses produits ni son modèle économique) est une première étape insuffisante, qui n'est pas à la hauteur des enjeux de notre époque... et qu'elle doit impérativement évoluer vers une « RSE 2.0 » (celle qui veut maximiser l'impact positif de l'entreprise pour contribuer à réparer la planète et la société, repenser sa raison d'être, transformer son modèle économique, révolutionner son offre et son approche de l'innovation, réinventer sa marque et sa relation avec ses clients ou les parties prenantes, etc.). Il faut d'abord ne pas nuire, et ensuite soigner : rien de bien nouveau depuis Hippocrate. On comprend d'ailleurs que le terme « régénératif » plaise aux dirigeants qu'il place du côté lumineux de la force, loin des contraintes et de l'éco-anxiété : il répond à leur double besoin quasi religieux de croire à la possibilité de réinventer leur activité dans les limites planétaires (qui permettent la vie) et d'imaginer un avenir positif (voire la possibilité d'une réparation ou d'une résurrection), alternative à l'effondrement dont on nous menace. Sans aucun doute, le préfixe *re-* est-il plus optimiste que le *dé-* ou le *trans-* qui peuplent les discours militants !

Mais les faits sont têtus : changer les mots ne change pas les pratiques, les offres et les modèles économiques. Et ce n'est pas parce que des départements Développement durable ou RSE se rebaptisent « régénératifs », ni parce que des entreprises inscrivent explicitement ce mot dans leur raison d'être, qu'on a le moins du monde avancé dans le bon sens. Au contraire, peut-être.

Helena Norberg-Hodge, militante écologiste britannique, philosophe et écrivaine de renom, me disait qu'à son sens, et sans verser dans le complotisme, les grandes entreprises mondiales ont inventé le mot « carbone » pour éviter de résoudre le problème climatique et le transformer en un nouveau business, puis de la même manière ont récupéré le concept de « régénératif » pour pérenniser (en la repeignant en vert, si j'ose dire) leur approche d'une agriculture productiviste et industrielle, certes enrichie des pratiques vertueuses de conservation des sols (refus du labour, couverture du sol, rotation des cultures)… mais qui va à l'encontre du bio local qu'elles persistent à refuser (alors qu'il est prouvé que les fermes bio offrent 30 à 50 % de biodiversité en plus).

Le terme « régénératif » est né dans les années 1980 à l'initiative de pionniers du bio[2] pour désigner une approche « augmentée » capable de garantir non seulement l'absence de produits chimiques dans les aliments, mais aussi la santé du sol, le bien-être des animaux et celui des travailleurs agricoles. Avec le soutien d'entreprises engagées comme **Patagonia** ou **Dr. Bronner's**, une certification a émergé en 2017 de cette approche, la **Regenerative Organic Certified (ROC)**, peu présente en France mais néanmoins proposée par Ecocert. Jusqu'ici la démarche est évidemment vertueuse : elle vise notamment à renforcer la filière bio qui, avant même la crise du pouvoir d'achat, pâtissait de la confusion créée par l'apparition de nouvelles « étiquettes » environnementales, comme la démarche « sans pesticides » affichée par certaines marques de fruits et légumes, le label « Bee Friendly », la certification HVE ou encore la promotion de certaines pratiques vertueuses de l'agriculture conventionnelle, notamment l'agriculture de conservation. Mais, selon Helena Norberg-Hodge, le concept de

2. Parmi ses promoteurs se trouvent des pionniers et militants reconnus comme le Rodale Institute (USA), Vandana Shiva (Inde) ou encore Patagonia.

« régénératif » a ensuite été récupéré, voire détourné, par de grands groupes de l'agroalimentaire, qui s'en sont rapidement emparés pour lancer des programmes d'agriculture régénératrice qui encouragent les agriculteurs en amont à modifier leurs pratiques agricoles de manière à réduire les impacts environnementaux par rapport à l'agriculture conventionnelle et/ou à restaurer le carbone dans les sols. Il faut dire qu'entre-temps ces groupes ont découvert que leur « amont » agricole pesait généralement autour de 75 % de leurs émissions, mais aussi que l'agriculture intensive avait fatigué les terres – ce qui menace leurs rendements[3] tout autant que le dérèglement climatique...

Le problème est qu'à l'inverse du label bio qui était la base du concept et dont les pratiques sont strictement encadrées, l'agriculture régénératrice relève de stratégies discrétionnaires, sans définition légale ou réglementaire ni contrôle. D'ailleurs, les acteurs industriels en question, précisément en quête d'un peu plus de souplesse que ce que les strictes exigences du bio ne dictent, ne s'engagent pas sur la certification ROC. Et les militants de pointer du doigt le fait que les groupes n'investissent pas beaucoup dans ces programmes, laissant les agriculteurs couvrir les coûts de mise en œuvre de ces nouvelles pratiques et détournant ainsi l'attention de leurs émissions directes[4]... sans oublier le fait qu'ils recourent toujours à la chimie synthétique « bien dosée », comme le glyphosate qui ne régénère pas exactement les nappes phréatiques dont il est le premier polluant !

Le terme « régénératif » est devenu très à la mode et dépasse l'agriculture, comme le notait un article intitulé « *The new buzzword in fashion* », du *Financial Times* en 2021, à propos de l'engagement non moins visible sur le sujet des groupes de mode et de luxe qui remplacent le terme « durable » par celui de « régénératif », curieusement jugé moins flou et galvaudé. Ce détournement opéré par les grands groupes industriels, en quête d'un peu plus de souplesse que ce que les strictes exigences du bio tolèrent, ouvre la boîte de Pandore du *regenerative-washing* – puisque ces acteurs ne s'engagent jamais sur la certification complète précitée et laissent de côté les critères du bio qui

> On a ouvert la boîte de Pandore du *regenerative-washing*.

3. Voir l'article de l'ONG GRAIN « An agribusiness greenwashing glossary », septembre 2022, sur le site Localfutures.org/. Voir également « McCain récolte les premiers fruits de l'agriculture régénératrice » dans le *Monde du Surgelés* mettant en avant un gain de rendements de 11 % sur les 8 fermes pilotes.
4. Voir l'article de l'ONG GRAIN, *ibid.*

formaient la base du concept. Résultat : libéré de toute contrainte d'atterrissage dans le réel, le terme se promène désormais dans des domaines variés où il semble absolument « hors-sol » – leadership régénératif, économie régénérative, entreprise régénérative, management régénératif, etc.[5]

Le problème, comme s'en inquiétait assez justement en 2020 Elizabeth Whitlow, la directrice de la Regenerative Organic Alliance (ROA) à l'origine du concept, est que « si tout le monde commence à utiliser le terme "régénératif", il va se banaliser et se vider de sens, et nous allons perdre la puissance du concept, comme cela s'est produit pour "durable" ou "naturel". » Et voici comment l'on se retrouve avec un concept « qui chante désormais plus qu'il ne parle », comme le dit la directrice de l'Agence Bio : issu des plus ardents militants, il s'est curieusement installé en tête des « mots comptent triple » dans les grands groupes de tous secteurs et est un leitmotiv de la Convention des entreprises pour le climat.

Je suis frappée par le fait que, pendant que les grands groupes et les nouveaux convertis nous expliquent que la responsabilité sociale des entreprises (RSE), qui est encore loin d'être la norme partout, même si la loi rattrape la patrouille, est un concept obsolète et qu'il faut désormais viser l'entreprise régénérative, les entreprises pionnières de ce mouvement font très exactement le mouvement inverse. Ainsi, **Patagonia** évite désormais d'utiliser le terme « développement durable » en considérant qu'il est très galvaudé et surtout qu'il semblerait suggérer que ses activités font partie de la solution et non plus du problème (ce qui est faux, disent-ils, malgré toute l'avance prise par cette entreprise iconique). Sébastien Kopp, cofondateur de la marque de baskets équitables **VEJA**, ne dit pas autre chose.

« Nous sommes très alignés avec Patagonia là-dessus – et on constate la même chose avec le mot "impact", tarte à la crème du moment. Dans les conférences auxquelles je participe, j'ai l'impression que ce sont les investisseurs les plus conventionnels qui emploient "impact" à toutes les sauces. Je n'aime pas les mots

© Brian Ferry

5. Boris Chabanel, « Économie régénérative : un principe directeur pour l'économie circulaire ? », Millénaire3, direction de la prospective de la Métropole de Lyon, 2021.

"valises", qui, à force d'être utilisés, ne veulent plus rien dire : chez VEJA, nous n'avons pas de mots pour décrire notre approche, on dit ce qu'on fait, tout simplement. Nous préférons parler de réalité et dans notre boutique à New York, nous avons mis ce slogan sur un mur : *"Sustainability is an empty word, we choose reality"*[6].
Ce qui nous intéresse, c'est la réalité. Nous essayons de produire des baskets plus écologiques, plus équilibrées – en les décomposant puis en reconstruisant chaque étape de la chaîne de valeur pour optimiser l'impact sur l'environnement, la justice économique, le développement social. Ensuite c'est à l'entreprise d'expliquer ce qu'elle fait, de raconter cette « déconstruction » sans tomber dans le storytelling, le selfie et l'amour de soi... Nous ne regardons pas le prisme déformant des réseaux sociaux, nous essayons de cultiver la vérité et la simplicité dans un monde de surinformation et de *fake news* ».

Sébastien Kopp, cofondateur de VEJA

C'est aussi, me semble-t-il, l'intérêt du très robuste questionnaire d'autoévaluation de la certification B Corp accessible gratuitement, qui analyse les pratiques de l'entreprise à 360° et, tel un miroir, lui renvoie la réalité telle qu'elle est. En considérant, au-delà de la RSE, la mission que s'est donnée l'entreprise et qu'elle inscrit idéalement dans ses statuts, ou ses efforts pour transformer son offre et son modèle économique – mais en privilégiant toujours la *data* (indicateurs de performance, mesures quantitatives et comparables) au *blabla* pour évaluer la réalité de cette transformation.

L'autre problème, dans ce foisonnement lexical, est qu'au bout du compte on invente des concepts haut perchés et très généraux qui non seulement ne sont pas définis clairement (le risque de *green-washing*, d'*impact-washing* ou de *regenerative-washing* n'est jamais loin) mais en plus éloignent de l'entrepreneuriat et du business... alors même que les entreprises sont loin d'avoir répondu à la question-clé que posait *L'entreprise verte* il y a 20 ans : comment inventer, à partir des impératifs du développement durable, une nouvelle façon d'entreprendre et d'innover, réajustée au monde, une nouvelle façon de conduire les activités humaines qui se conçoive dans le vivant et non en dehors, une approche renouvelée de la prospérité et des modèles économiques ?

Dans ce contexte, il me semble qu'il est temps de « faire atterrir » ces concepts – et c'est ici que le local et l'entreprise hyper-locale ont un rôle majeur à jouer.

6. « Le développement durable est un mot vide, nous lui préférons la réalité. »

Il est d'ailleurs significatif à cet égard que le mouvement B Corp ait été lancé en 2006 lors de la convention annuelle de BALLE (Business Alliance for Living Local Economies), qui rassemblait des entrepreneurs engagés sur l'hyper-local. Le regretté philosophe Bruno Latour l'expliquait très bien : le global est une abstraction qu'on ne peut pas se figurer tout à fait, et ce n'est qu'à partir du local que l'on peut saisir le global – tout particulièrement l'urgence climatique et l'effondrement du vivant.

Sans cette approche, le passage au global transforme les enjeux en questions écrasantes qui produisent précisément l'incapacité d'agir que l'on voudrait réduire. « Que faire avec le Globe ? » demande d'ailleurs Bruno Latour dans l'une de ses conférences. Et de poursuivre : « Vous le portez sur vos épaules... et il vous écrase. » Une autre façon de dire que refuser d'envisager les choses au niveau local et territorial, en considérant que celui-ci est trop restreint ou trop précis, est finalement la cause de notre impuissance et de notre éco-anxiété.

> Le global est une abstraction qu'on ne peut pas se figurer tout à fait.

Reterritorialiser les changements que les enjeux globaux appellent dans le fonctionnement des activités humaines, c'est renoncer au hors-sol, opter pour l'optimisme d'action et chercher la réalité dans les lieux où émergent concrètement les solutions entrepreneuriales au double défi de la soutenabilité et de la justice sociale. Ce qui représente aussi une opportunité économique majeure d'innovation, d'investissement et de création d'emplois dans tous les territoires.

On devine une certaine analogie, sans doute, dans la manière dont était perçu le développement durable il y a deux décennies et la manière dont est perçu le local aujourd'hui :

- **Une compréhension évolutive**. Tout comme le développement durable il y a deux décennies, le concept de « local » gagne aujourd'hui du terrain et se précise en chemin. À ses débuts, le développement durable était souvent mal compris et trop souvent réduit à des questions environnementales. Aujourd'hui, nous comprenons qu'il englobe des aspects économiques, sociaux et environnementaux. De la même façon, le « local » n'est pas seulement une question de proximité géographique, comme nous le verrons, mais aussi de relations économiques et sociales, d'ancrage dans un territoire, de valorisation des ressources locales, etc.

- **L'impact sur la réputation de l'entreprise**. Il y a 20 ans, les entreprises qui adoptaient des politiques de développement durable étaient souvent perçues comme étant à l'avant-garde et recevaient une reconnaissance positive pour leurs efforts. Aujourd'hui, les entreprises qui adoptent une approche plus locale sont également considérées positivement comme des leaders dans leur domaine.
- **Un facteur-clé de différenciation**. Historiquement, avec l'émergence de la consommation responsable et des indices boursiers spécialisés, le développement durable était un moyen pour les entreprises de se différencier de leurs concurrents. Aujourd'hui, la localisation offre une possibilité identique de différenciation, en permettant aux entreprises de mettre en avant leurs liens avec les communautés, leurs contributions économiques locales, etc.
- **Les attentes des parties prenantes**. Comme c'était le cas pour le développement durable, l'approche et la contribution locales arrivent en tête des attentes des parties prenantes envers l'entreprise, qu'il s'agisse des clients voulant soutenir l'économie locale, des autorités souhaitant promouvoir le développement local, ou des employés qui apprécient de travailler pour une entreprise ancrée dans la communauté où ils vivent.
- **Une nécessité stratégique**. Après le Sommet de la Terre en 1992, le développement durable est devenu une nécessité stratégique pour beaucoup d'entreprises, au fur et à mesure que les ressources naturelles se raréfiaient et que les régulations environnementales se durcissaient. De la même manière, la localisation devient, depuis la pandémie de Covid-19 notamment, un objet de politiques publiques et une stratégie essentielle pour beaucoup d'entreprises, en réponse à la vulnérabilité révélée des chaînes d'approvisionnement mondialisées, aux défis logistiques et à la demande croissante pour les produits et services locaux.

Je crois profondément que le local est aujourd'hui l'un des meilleurs (sinon le meilleur) chemin pour changer les pratiques, embarquer largement les entrepreneurs et démontrer comment le développement durable crée plus que les contraintes qu'il renvoie : de nouvelles opportunités pour les entreprises. Le sujet est riche et complexe (puisqu'il cherche à travailler le modèle économique). Il évite le piège de la pensée binaire (en particulier celle qui oppose, de manière souvent dogmatique, la décroissance à la croissance verte) ; il est essentiellement (ce n'est pas la moindre de ses vertus pour les entreprises) pragmatique et évolutionniste, plutôt qu'idéaliste et révolutionnaire… Mais c'est un sujet majeur, qui mérite le même coup de projecteur que ce que proposait, il y a 20 ans, *L'entreprise verte* – et c'est ce que nous avons voulu faire avec ce livre.

Nous espérons qu'il vous intéressera, qu'il vous stimulera, qu'il vous surprendra et qu'il vous inspirera. Tout ce que son écriture a eu comme effets vertueux sur nous aussi – et j'en profite pour remercier mes trois coauteurs de leur enthousiasme et de leur engagement dans ce projet commun –, dans la lignée de ce que nous développons ensemble chez UTOPIES depuis toutes ces années.

Note des auteurs

C'est en menant un travail de recherche sur les modèles d'affaires à impact (*Impact Business Models*, IBM), volet important du référentiel de la certification B Corp[7], que l'idée de ce livre est née. Ce travail a non seulement confirmé le bien-fondé de nos travaux historiques sur les territoires et l'ancrage local[8] – mais aussi révélé l'émergence depuis quelques années, pour faire face aux nouveaux enjeux de notre temps, d'une tendance croissante à la territorialisation des modèles d'affaires : l'hyper-localisme entrepreneurial.

En effet, nos analyses ont fait apparaître que c'est souvent sur leur territoire d'implantation que beaucoup d'entreprises ayant développé des IBM, avec un score élevé dans le questionnaire B Corp (également appelé « BIA ») sur ce sujet, ont trouvé des solutions pour corréler impact et viabilité. D'où l'idée que nous avons voulu creuser ici selon laquelle le territoire est une précieuse et riche base de solutions pour développer des modèles innovants. Après tout, et c'est tout le sens du concept de « possibilités adjacentes » que nous avons développé par ailleurs[9] : il est toujours plus facile de trouver une solution quand elle est à côté de chez soi. C'est sans doute ce qui explique que la moitié des exemples développés dans ce livre soient des entreprises labellisées B Corp.

B Corp est une certification internationale du « Business for Good » créée en 2006 aux États-Unis par trois entrepreneurs. Avec plus de 7 000 entreprises certifiées (dont des « icônes » de l'engagement comme Patagonia ou Veja) dans 90 pays, c'est aussi un mouvement qui démontre qu'on peut concilier le but lucratif et l'intérêt collectif. Outre l'importance des aspects liés aux modèles d'affaires dans le questionnaire, en complément des dimensions plus conventionnelles de gestion responsable des activités, la singularité de B Corp est que son questionnaire est gratuit, accessible en ligne à n'importe quelle entreprise, quels que soient sa taille et son secteur, pour s'autoévaluer (même si elle n'est pas intéressée par la certification).

Questionnaire BIA :
bimpactassessment.net

7. Voir également É. Laville, *La révolution B Corp*, Pearson, 2022.
8. https://utopies.com/ancrage-local-et-strategies-territoriales/
9. Arnaud Florentin, Élisabeth Laville, Juliette Ragagnon, Climène Koechlin, Louise Seguin, Mathilde Fermaut, « Modèles d'affaires à impact : innover par l'adjacent », IBM Series, vol. 1, septembre 2022, https://utopies.com/wp-content/uploads/2022/12/UTOPIES-IBM-VOL.1.pdf

PARTIE 1

LOCAL IS THE NEW GREEN

AGIR ICI POUR ALLER PLUS LOIN DANS LA TRANSITION ÉCOLOGIQUE

À l'origine de ce livre se trouve notre conviction que l'extrême volatilité ambiante (climatique, énergétique ou géopolitique), les contraintes (sur les ressources, les déchets, les approvisionnements) et leurs nombreuses répercussions économiques potentielles favorisent l'émergence d'une nouvelle classe d'entreprises qui inscrivent le local au cœur de leur modèle économique, qui placent les territoires dans leur ADN et dans leur raison d'être. C'est ce que nous avons appelé les « entreprises hyper-locales ». Des entreprises qui considèrent le lieu où elles opèrent comme un élément essentiel de leur viabilité économique. Qui corrèlent leur impact local à leur rentabilité, et inversement.

L'entreprise hyper-locale va bien au-delà de l'entreprise locale « indépendante » définie par la géographie de ses actionnaires. Elle s'oppose à l'« entreprise totale » et au modèle paternaliste des industriels qui imposaient aux territoires leurs modèles de société. Au contraire, l'entreprise hyper-locale se fond dans le territoire, gagne en agilité grâce à lui, le fait entrer dans ses différentes fonctions et valorise pleinement son patrimoine, ses ressources et ses savoir-faire.

De plus en plus d'entreprises à travers le monde ont compris, et parfois même formalisé, l'idée que le local, intelligemment incorporé à leur modèle d'affaires, permet d'affronter les nombreux enjeux de notre temps : la décarbonation, l'efficience énergétique, la préservation de la biodiversité, la raréfaction des ressources, la lutte contre la pauvreté et l'exclusion, la préservation du lien social, la prospérité économique ou la résilience face aux crises.

Alors que nombre d'entrepreneurs rêvent d'une *Big Idea* disprutive ou d'un modèle économique rupturiste, souvent conceptuel et complexe à déployer, les territoires, par leur proximité et leur diversité, offrent des solutions pragmatiques, largement accessibles, que nous proposons d'explorer à travers de nombreux exemples aussi innovants qu'inspirants :

- D'entreprises qui gagnent en efficience grâce aux territoires – qui ont su déployer de véritables boucles circulaires locales, qui se sont réinventées dans l'écologie industrielle, qui ont valorisé les coproduits ou déchets disponibles à proximité, qui ont fait le choix d'ouvrir leur outil de production ou de partager celui d'un autre, qui ont appliqué l'esprit du *lean manufacturing* à des micro-usines locales, etc.
- D'entreprises qui gagnent en agilité et en résilience
- D'entreprises qui ont fait le choix de croître localement (*Community of Businesses*, hubs économiques locaux, etc.) ou qui ont su exploiter les opportunités commerciales locales (*Business to Territoire*) ;
- D'entreprises qui fondent leur modèle d'affaires sur le développement des autres entreprises locales : les entreprises pollinisatrices ;
- D'entreprises qui ont su brillamment repenser le rôle de leur marque et de leurs dépenses marketing sur le territoire (*Brand Urbanism*[1]).

« *Local is the new green* », entend-on de plus en plus. Au-delà des effets de mode et d'un *local-washing* toujours actif, le local apparaît comme un point d'appui majeur pour **faire évoluer les modèles économiques** vers une prospérité renouvelée, enfin compatible avec les limites planétaires.

Aux antipodes du sentiment d'impuissance que génère une vision strictement globale et mondiale des enjeux auxquels nous sommes confrontés, les territoires constituent un gisement incroyable d'idées, de solutions déjà mises en œuvre et de leviers concrets pour penser ou repenser son modèle économique.

---

1. « *Brand Urbanism* : les marques dans l'espace public urbain », UTOPIES, octobre 2019 (https://utopies.com/publications/brand-urbanism/).

CHAPITRE #1

Le local, une idée neuve qui revient de loin

Nous devons nous poser honnêtement la question de l'échelle. La grandeur a un charme et une dimension théâtrale fascinants, en particulier pour les politiciens et les financiers, mais elle favorise la cupidité, l'indifférence et les nuisances, et souvent une grande taille n'est pas nécessaire. Vous pouvez avoir besoin d'une grande entreprise pour gérer une compagnie aérienne ou fabriquer des voitures, mais vous n'avez pas besoin d'une grande entreprise pour élever un poulet ou un cochon. Vous n'avez pas besoin d'une grande entreprise pour produire localement du bois ou des aliments vendus dans la région.

WENDELL BERRY, écrivain américain

On pourrait penser que le local est une création humaine, arbitrairement définie par celui qui trace les frontières entre les départements, les régions, les pays, etc. Mais il n'en est rien : le local existe déjà dans la nature, sans l'Homme. Le prêtre et poète irlandais John O'Donohue affirme ainsi que dans la nature, les animaux ont un « sens de la fluidité avec le lieu où ils se trouvent et la manière dont ils s'y déplacent ». Une intuition qui est confirmée par l'observation : un suivi GPS de plusieurs loups dans six meutes autour du Parc national des voyageurs dans le Minnesota fait ainsi apparaître plusieurs « pelotes » de parcours de couleur différentes, qui se jouxtent sans se superposer, indiquant que le « local » est en réalité spontané et organique : autrement dit, il s'arrête de manière simple et évidente là où la taille du groupe ne permet plus la coordination et des relations harmonieuses entre les individus qui le composent.

Des loups aux entreprises, le local se définit par le réseau de relations qu'il permet

Une région n'est qu'un territoire plus vaste que le dernier pour lequel nous n'avons trouvé aucune solution.

JANE JACOBS, *Déclin et survie des grandes villes américaines*

C'est, de la même façon, le patrimoine naturel, culturel, productif d'un territoire et la capacité à faciliter la coordination sur ces sujets qui définit le local, plutôt qu'uniquement les frontières politiques ou géographiques, imposées de manière descendante. Le terme « local » lui-même vient de *localis*, le lieu en latin – qui ne se limite pas à sa définition géographique ou physique mais intègre une multitude de facteurs naturels, humains, culturels, patrimoniaux et même spirituels… Tous ces facteurs permettent de faire émerger et de déployer en local des solutions qui ne sont pas (ou plus) aussi faciles à mettre en œuvre à une échelle plus importante. La clé qui ouvre ces possibilités étant, comme chez les loups, la capacité à coopérer et à se coordonner (qu'il s'agisse d'individus ou d'entreprises) et le fait que le « lieu » permette des relations de proximité et souvent *intuitu personae*, de confiance, à faible distance…

Bruno Latour le disait clairement : le local n'est pas un point sur une carte, c'est avant tout le proche au sens de la proximité, c'est une relation, un réseau de relations. Le local, c'est ce dont on est dépendant, et finalement ce que l'entreprise hyper-locale fait le mieux, c'est de reconsidérer et de travailler ses propres liens de dépendance – car, comme le souligne la philosophe Catherine Larrère, toutes les dépendances ne se valent pas. Ainsi quand durant le confinement la France découvre que son paracétamol est produit et importé de Chine, il apparaît clairement que ce n'est pas une bonne échelle de dépendance – et que nous devons la retravailler, réfléchir à ce que serait la « bonne distance » à laquelle on pourrait produire, sans induire de risques excessifs sur le transport et sur la chaîne d'approvisionnement. Plus que d'autonomie et de souveraineté locales, cette approche nous invite à parler de « bonnes dépendances », à retisser de bons réseaux de dépendance – en prenant acte du fait qu'un territoire n'est jamais totalement indépendant. De même, l'entreprise hyper-locale ne se suffit pas à elle-même, bien au contraire : elle est à l'inverse pleinement fondue au sein d'un dense réseau d'échanges locaux, dans un réseau économique qui est aussi un réseau de sociabilité, un réseau de dépendance non pas subie mais aussi d'interdépendance choisie.

> Le local, c'est ce dont on est dépendant.

Catherine Larrère donne également l'exemple des groupes d'agriculteurs bio qui, las d'être otages des réseaux productivistes de semences, disent vouloir réapprendre leur métier et devenir autonomes – ce qui ne veut pas dire qu'ils se mettent à tout produire chacun chez soi, mais bien qu'ils développent des réseaux d'échanges locaux, transformant leur dépendance en interdépendance. De la même façon, pour Ari Weinzweig, fondateur de l'entreprise hyper-locale **Zingerman's**, dans le Michigan, il ne suffit pas de tracer une ligne sur une carte pour définir le local . le local, dit-il, est le lieu où l'on peut avoir une relation directe et une discussion, par exemple sur la qualité des produits – je peux avoir cette discussion avec des producteurs à l'autre bout du monde, sur le café ou le poivre, car je connais individuellement tous ceux qui les cultivent – mais si le producteur ne peut jamais goûter le chocolat qui est fait avec son cacao, il ne peut pas en améliorer la qualité, ni sa propre qualité de vie puisque le prix est défini par le marché sans que jamais on ne sache qui l'a produit.

L'anthropologue Sonia Lavadinho ne dit pas autre chose : « Ce qui compte c'est l'existence d'un (micro) écosystème d'entreprises, trouvant en local des compétences, des ressources, des partenaires – selon une logique écosystémique et antifragile qui peut se déployer à toutes les échelles, et qui est évidemment plus résiliente qu'une seule grosse entreprise hyper-locale dont un territoire serait hyper-dépendant. »

Ainsi le local renvoie à l'idée d'une échelle plus juste de dépendances, à l'opposé de la démesure qui caractérise, sans doute, les chaînes d'approvisionnement mondialisées – dont la vulnérabilité se révèle dans les crises actuelles. Comme le souligne l'économiste Gabriel Colletis, le local n'est ainsi jamais défini à l'avance : il dépend du problème que l'on souhaite résoudre et est toujours révélé par la façon dont la coordination entre acteurs économiques se met en place pour y répondre. Or, il n'existe pas de configuration fixe, tout est plastique, fluide et variable selon les projets. Le local est donc, à rebours de ce qu'on en penserait peut-être, très ouvert : il n'a pas de frontières ou de limites, de même qu'il n'y a pas de frontière dans le vivant. L'arrimage très fort au local qui caractérise l'entreprise hyper-locale n'est ainsi pas synonyme de fermeture ou d'isolement dans un espace étriqué ; il est au contraire propice à l'ouverture, à la mobilité, à une vision de l'entreprise dans son écosystème. Car l'ancrage local implique aussi une culture de la coopération qui fonctionne en miroir : « paradoxalement, l'entreprise qui a développé cette aptitude à coopérer localement peut coopérer avec le monde entier, pour s'ancrer elle a développé des compétences qui facilitent l'ouverture sur l'extérieur ! Il n'y a donc aucune impossibilité pour l'entreprise hyper-locale à saisir les opportunités qui se présentent au-delà du local », explique Gabriel Colletis.

> “ Le local n'a pas de frontières ni de limites.

Dans cette vision, qui fait du local un concept multi-échelles, un espace de coopération vivant qui s'affranchit des limites administratives, on n'est pas très loin de l'idée de la biorégion, qui définit des territoires par leur cohérence écologique (disponibilité des ressources, fonctionnement des écosystèmes...). Transposée à l'entreprise, cette notion signifie que selon son activité, sa dépendance aux ressources (naturelles et économiques) et son exposition aux risques, le local pourra se penser à l'échelle d'un pays, d'une zone d'emploi, ou encore d'un bassin versant...

Comme le loup ne s'inscrit pas de la même façon dans sa meute et son milieu, l'entreprise hyper-locale adapte sa stratégie d'ancrage à l'échelle des enjeux qu'elle veut traiter, puisqu'elle n'est jamais circonscrite à un territoire isolé mais toujours imbriquée dans plusieurs, à différentes échelles qu'elle considère comme autant de milieux riches d'opportunités de coopération, d'innovation...

Le propre de l'entreprise hyper-locale est de développer et de peaufiner, au fil du temps, une capacité à jouer des différentes dimensions de la proximité pour renforcer son modèle économique, sur tous les fronts (son marché, ses matières premières, son appareil productif, ses partenaires, sa proposition de valeur, etc.) :

- La première dimension est, avant toutes les autres, la proximité géographique (celle qui permet d'avoir des relations interpersonnelles, en face-à-face... mais aussi de réduire les coûts de transport).

- La seconde est la proximité affective (davantage mobilisée sur le local puisque c'est, précisément, l'échelle de la relation).
- Puis viennent les proximités culturelle (avec des valeurs, des représentations, des aspirations communes) et organisationnelle (le local est aussi l'échelle de l'écologie industrielle et de l'économie circulaire, qui permet de jouer sur la complémentarité des ressources, des activités, des compétences, des actifs, etc.).

Le local, une échelle parfaite pour appréhender le global

Parce que cette conception du local conduit à penser l'ouverture, l'altérité et l'empathie, elle ne s'inscrit évidemment pas dans une opposition entre le local et le global. Selon Catherine Larrère, l'idée que le global et le local s'opposent nie la notion même de lieu. Dans une vision universaliste, le global postule que tous les êtres humains appartiennent à une seule communauté, que tout est interchangeable et réversible, qu'aucun point de vue ne l'emporte... et, par contraste, le local s'y oppose de manière défensive, comme le nationalisme de Pétain s'opposait au cosmopolitisme, en se concentrant sur la promotion et la protection d'une identité nationale considérée comme unique, au détriment des autres cultures, peuples et idées.

Local et global sont inextricables

Bruno Latour propose, dans ses différents essais[1], d'abandonner l'idée selon laquelle le global existerait indépendamment du local. Autrement dit, pour Latour, il n'existe pas de global et de local, il y a juste des réseaux d'interdépendance différents. Latour distingue la Terre dont nous vivons (qui renvoie à la planète, celle de notre empreinte écologique, celle qu'il faudrait en plusieurs exemplaires si tout le monde consommait comme nous, celle qui paradoxalement est hors-sol, où l'on achète des fraises en hiver, celle où l'on produit en trop grandes quantités des biens dont l'essentiel du coût est le transport), et dont nous devons nous détacher au profit de la seconde : la terre où nous vivons (la terre réelle et non hors-sol, celle dont nous devons redécouvrir la proximité et travailler l'habitabilité – en étant moins focalisés sur la production que sur la reproduction, puisqu'au fond on ne peut produire que si le monde où l'on vit se maintient, se perpétue...). Aussi le local s'affranchit-il de cette polarité qui lui confère une dimension rétrograde, réactionnaire et un rien nationaliste : Bruno Latour affirme même que le global n'existe pas en soi (après

1. Lire notamment *Face à Gaïa. Conférences sur le Nouveau Régime Climatique* (2015) et *Où atterrir ? Comment s'orienter en politique* (2017) aux éditions La Découverte.

tout, on ne voit jamais qu'un côté de la planète bleue, et c'est une abstraction qu'on ne peut pas saisir), et qu'il n'existe de global que localisé.

En d'autres termes, ce n'est qu'à partir du local que l'on peut appréhender le global – et tout particulièrement l'urgence climatique et écologique[2]. Car si l'approche globale peut sembler logique, puisque certains enjeux ne sont pas attachés à une question locale, elle tend cependant à transformer la question à résoudre en une problématique écrasante.

En refusant d'appréhender les problèmes au niveau local, en considérant que celui-ci est trop étroit ou trop précis pour les résoudre, on produit précisément l'impuissance que l'on voudrait réduire et l'éco-anxiété qui nous étreint[3], notamment en ce qui concerne le climat : pour mémoire, 75 % des 16-25 ans dans dix pays, du Nord comme du Sud, jugent le futur « effrayant » et 45 % des jeunes sondés affirment même que l'éco-anxiété affecte leur vie quotidienne. En écho à cette vision, Catherine Larrère explique très bien, dans son petit ouvrage *Le Pire n'est pas certain* publié pendant le confinement[4], que si les collapsologues sont obsédés par la globalité, l'idée même d'un effondrement unique et global nous condamne à l'impuissance collective. Elle appelle dès lors à ne pas renoncer à agir en partant de la diversité des situations locales, des impacts, des réactions et du champ des possibles.

Le territoire, un terrain de vie

Un autre argument défendu par le sociologue et anthropologue Bruno Latour en faveur du local pour agir sur les enjeux écologiques globaux est que la nature, lorsqu'on la contemple comme un paysage, peut nous intéresser mais sans nous toucher politiquement… là où le territoire, quelle que soit la définition sur laquelle on se fonde, justifie que l'on s'y attache et que l'on s'engage pour le préserver. Ce territoire, pour Bruno Latour, c'est un « terrain de vie » qui croise ce dont nous dépendons pour subsister, ce à quoi nous tenons, ce que nous pouvons visualiser, ce qui permet de savoir avec qui et avec quoi s'allier ou se battre, et enfin ce que nous sommes prêts à défendre. Sur ce dernier point, Bruno Latour

---

2. Arthur Vetu, Annabelle Richard, Boris Chabanel, « L'économie locale, un nouveau levier pour l'action climatique », UTOPIES, note de position #28, juin 2023, https://utopies.com/publications/note-de-position-28-leconomie-locale-un-nouveau-levier-pour-laction-climatique/
3. Voir l'étude Avaaz publiée par *The Lancet* fin 2021.
4. *Le pire n'est pas certain – Essai sur l'aveuglement catastrophiste*, Catherine et Raphaël Larrère, Premier Parallèle, 2020.

cite les ZAD (zones à défendre) comme reflet de l'importance politique de la question territoriale, et son grand retour, après la mondialisation qui était associée à l'émancipation et au progrès dans une vision positive, à l'opposé d'un attachement réactionnaire au territoire. Il mentionne aussi les nouveaux philosophes, sociologues et artistes qui s'intéressent à ce qui fait les territoires, portant une attention nouvelle aux sols, aux plantes, aux animaux, aux loups...

En écho à ce point, un jeune philosophe, Baptiste Morizot, déclarait d'ailleurs récemment[5] que « reterritorialiser l'attachement au monde, c'est sortir du hors-sol pour chercher des endroits réels où se nouent des enjeux globaux. »

Le local est par définition circulaire (et inversement)

Avec cette attention nouvelle portée au vivant (le terme a récemment remplacé celui de « nature », pour remettre l'espèce humaine à sa place, qui n'est pas à côté du monde mais bien dedans), émergent aussi le biomimétisme et l'idée de s'inspirer de la nature pour mieux la respecter, ce qui ne se joue pas que dans les technologies mais aussi dans les modes d'organisation. À cet effet, il est utile de rappeler que le vivant est, par définition, très local : la plupart des animaux utilisent ce qui se trouve dans leur milieu, et les déchets d'une espèce sont les ressources (locales) d'une autre. « Le modèle de l'import-export n'existe pas dans le vivant », souligne avec humour l'anthropologue Sonia Lavadinho, et le local induit aussi une forme de sobriété, qui est celle des écosystèmes – lesquels optent toujours pour la solution qui demande le moins d'énergie et de coûts de transaction : « Dans cette approche locale inspirée du vivant, on ne prend que ce qui est nécessaire car on n'a pas la sensation que les choses tombent du ciel, on comprend la finitude, on développe même une affinité pour cette finitude, on est placé dans une juste mesure, avec plus de sobriété et de recyclage, sans épuiser notre amitié pour ce qui est autour de nous. »

Ainsi, l'entreprise hyper-locale tend nécessairement vers un modèle économique circulaire, où les approvisionnements et les débouchés sont territoriaux, et qui est défini par rapport à des besoins sociaux et ne provient pas juste d'une innovation technologique. Les exemples de sites pilotes d'écologie industrielle, construits autour de cycles économiques qui imitent des cycles naturels grâce à

5. Voir la double interview de Philippe Descola et Baptiste Morizot, « Face aux bouleversements écologiques, il est temps de bifurquer et d'aménager le monde pour la vie », *Le Monde*, 9 juin 2023.

la proximité géographique, sont encore rares mais convaincants pour illustrer ce concept de modèle hyper-local et d'écosystème d'entreprises où les déchets de l'une sont les ressources de l'autre : le pionnier reste la **symbiose industrielle de Kalundborg**, au Danemark, qui regroupe depuis la fin des années 1970 des entreprises complémentaires (une raffinerie Statoil, une centrale électrique Asnaes, le site principal de biotechnologie Novo Nordisk, une usine de panneaux en plâtre Gyproc, et enfin cette municipalité danoise) et affiche depuis les années 1980 des économies annuelles cumulées de 15 millions de dollars, pour un investissement initial de 75 millions.

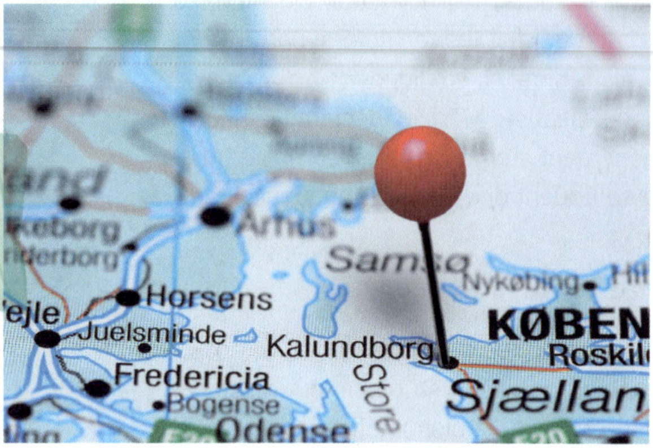

En France, près de Reims, le **complexe agro-industriel des Sohettes** rassemble, depuis 2008 et sur 160 hectares, quinze usines (une sucrerie, une distillerie d'éthanol, une amidonnerie, une fabrique de glucose, un site de production de biocarburant, une centrale à biomasse, etc.) qui utilisent les deux mêmes ressources (la betterave et le blé) et mutualisent les services, la R&D, la gestion de l'eau, les rejets de dioxyde de carbone, les résidus de production ou de vapeur… Près de Troyes, le **Pôle européen du chanvre** regroupera, en 2025, une dizaine d'acteurs dans un projet de bioraffinerie territoriale visant à exploiter les atouts techniques et économiques du chanvre – dans des domaines aussi variés que les matériaux composites, l'automobile, la construction, le textile ou encore l'agroalimentaire et la cosmétique. Ces projets l'illustrent : l'économie circulaire n'a de sens qu'à une échelle locale, alors même que le local est nécessairement circulaire. La boucle est bouclée !

Le local est la bonne échelle pour mettre en œuvre la RSE

Dans une étude Cone Communication/Echo Research de 2013, la contribution au développement économique des communautés (*via* les emplois et les infrastructures notamment) arrivait loin en tête des attentes (38 % des réponses, en progression de 4 points par rapport à 2011, devançant de 20 points la seconde préoccupation, l'environnement) sur les sujets que les parties prenantes souhaitaient le plus voir abordés par les entreprises dans le cadre de la RSE. C'est peu dire qu'en théorie, la RSE comprend la dimension locale – notamment parce qu'elle resterait sinon un concept assez abstrait et « hors-sol » qui ne viendrait pas s'incarner dans le quotidien des activités de l'entreprise.

Le local à la croisée des chemins

Pour certains défenseurs du local, comme Guillaume Gibault, patron-fondateur du **Slip Français**, cette échelle est même en réalité à la croisée des différents axes de la RSE : création d'emplois, protection du patrimoine culturel (contre la standardisation des produits « *made in world* »), réduction de l'impact environnemental évidemment (réduction des transports, moindre impact sur le climat) mais aussi lien social (« recréation » d'une relation directe entre ceux qui produisent et ceux qui consomment dans une communauté) et résilience économique (en réponse à la vulnérabilité avérée des territoires qui dépendent trop des importations et des exportations).

Sans compter que le local est également le meilleur point d'appui pour intervenir efficacement sur plusieurs questions-clés du développement durable : ainsi, la mobilité, le logement, la santé, la nourriture, les déchets, l'eau, la biodiversité... ne se jouent par définition que localement, là où vivent les gens, où sont posés les bâtiments, où sont cultivées les matières premières, où sont consommés les aliments, où sont produits les déchets, etc. Le local, sur ces sujets, est aussi la bonne échelle pour travailler sur la transition écologique, en combinant une action à la fois sur le comportement des personnes et sur les infrastructures (cas de la mobilité, par exemple), une approche ascendante (tirant la leçon des initiatives pionnières et de ce qui fonctionne sur le terrain) et une approche descendante (généraliser ces bonnes pratiques en changeant les réglementations, les normes, etc.).

Fait révélateur de cette proximité logique du local et de la RSE : le **label B Corp**, qui distingue depuis 2006 et dans près de cent pays les entreprises les plus avancées par leur performance sur les sujets de RSE et de modèle économique à impact, a été lancé en 2007 à la conférence du mouvement **BALLE** (Business Alliance for Living Local Economies, un réseau pionnier d'entreprises américaines engagées dans la préférence locale sous la bannière « *Local first* »).

Vers une responsabilité territoriale de l'entreprise (RTE) ?

Certains chercheurs, comme Timothée Duverger, parlent même désormais de RTE (Responsabilité Territoriale de l'Entreprise), un concept destiné à compléter, à « faire atterrir » ou peut-être même à remplacer la RSE, jugée par d'autres trop défensive et globale. Pour lui, le point de départ de ces deux concepts est le même : « Tout part d'une évolution de l'État (qu'il s'agisse de l'État supra-national ou des collectivités) qui ne déploie plus de nouveaux services publics mais se contente de maintenir l'existant et qui, ne parvenant pas ou plus à assumer tous les besoins, reporte la prise en charge des enjeux d'intérêt collectif vers d'autres acteurs, dont les entreprises. »

C'est ici qu'émerge la responsabilité territoriale des entreprises[6], caractérisée par une situation dans laquelle les organisations et des dynamiques multi-acteurs cherchent à résoudre des problèmes d'intérêt collectif, dans un contexte où la perturbation des chaînes de valeur mondialisées (avec la pandémie puis la crise ukrainienne, notamment) amène de toute façon un retour au local. Évidemment, la RTE peut prendre des formes et, surtout, une intensité différentes selon les organisations : entre l'entreprise nomade (« déterritorialisée »), basée dans une localité mais qui ne s'inscrit pas dans un territoire, développant des stratégies opportunistes d'ancrage local avant tout pour des raisons fiscales et des effets d'aubaine, et l'entreprise ancrée, proactive et même « encastrée » sur son territoire (jusqu'à inscrire le territoire dans sa raison d'être, se fournissant localement et privilégiant les débouchés locaux), cinquante nuances d'ancrage local existent, souvent fondées sur des formes de coopération locale limitées (philanthropie, partenariats…), le plus souvent non structurantes pour le modèle économique et servant quand même d'abord l'intérêt de l'entreprise (la mise en avant de l'ancrage local servant aussi, parfois, à obtenir des aides publiques).

---

6. Voir l'avis de la plateforme RSE sur la responsabilité territoriale qui identifiait explicitement le terme dès 2018 (avec France Stratégie).

Au-delà de la RTE : placer le local au cœur de la raison d'être et du modèle économique

Dans le mouvement du localisme économique, certaines entreprises font figure d'icônes – car elles se sont développées dès la première heure en plaçant le local et le territoire au cœur de leur raison d'être et de leur modèle économique. Plusieurs de ces exemples sont détaillés dans la deuxième partie de l'ouvrage, mais il est intéressant de les aborder ici en ce qu'ils structurent un narratif puissant qui interroge le récit entrepreneurial dominant – celui d'une entreprise dont le développement optimal et idéal est une expansion internationale, une hyper-croissance fondée sur l'augmentation du nombre de territoires et de clients couverts, permettant des économies d'échelle sur des produits standardisés vendus sous une même marque partout dans le monde...

Du localisme militant...

Aux antipodes de ce modèle, donc, des entrepreneurs font d'emblée, en amont comme en aval, le choix d'une logique de circuit court, d'un raccourcissement de la chaîne de valeur, d'une diversification et d'une intégration locales plutôt que d'une exportation de leur modèle initial à l'international... Certains secteurs s'y prêtent évidemment mieux que d'autres et c'est clairement le cas de l'alimentaire. Ainsi, la façon dont le traiteur **Zingerman's** (chapitre #5), installé à Ann Arbor (Michigan) depuis sa création en 1982, s'est progressivement développé localement, tout en refusant l'expansion de son modèle sous forme de franchise dans d'autres villes ou États américains et préférant le développement d'activités locales complémentaires à son *business* initial – que ses dirigeants ont identifiées à partir de leurs dépendances extérieures, et en créant des offres de substitution 100 % locales. Au fil des années, 500 emplois locaux dans quinze entreprises différentes ont ainsi été créés – dont une crémerie, une boulangerie-pâtisserie, un restaurant, une boutique de bonbons et douceurs, un comptoir de torréfaction de café, une activité de « *catering* » pour des événements, mais aussi désormais une entreprise de formation pour d'autres entreprises souhaitant mener la même démarche.

Autre exemple : la marque de montres **Shinola**, popularisée par Barack Obama, est née à Détroit pour prouver que l'on pouvait y faire renaître des emplois de qualité avec l'implantation de sites de production manufacturiers. Depuis 2012, elle a créé plusieurs centaines d'emplois et est devenue un mythe local (les horloges publiques dans les rues de la ville sont des Shinola) – et son activité s'est étendue à la production de vélos, d'accessoires de maroquinerie et d'écriture et plus récemment encore à la construction et l'exploitation d'un hôtel, toujours 100 % « *made in Detroit* ».

Ces exemples sont extrêmes, car les entreprises y ont pour ainsi dire inscrit un objet territorial dans leur mission, faisant office d'objet social : leur action relève presque du service public, puisque leur objet est directement le traitement d'un problème sur le territoire (la disparition des emplois de qualité à Détroit après la faillite des constructeurs automobiles, pour Shinola, par exemple). Mais elles pointent aussi le premier principe de l'entreprise hyper-locale, selon Satish Kumar, fondateur du Schumacher College, à savoir l'intégration de la communauté locale au cœur même de la raison d'être de l'activité – avec l'idée toute simple qu'il s'agit, au fond, de gagner sa vie en connaissant tout à la fois ceux qui travaillent et ceux auxquels on vend, en se mettant au service de la communauté et de personnes que l'on connaît, en humanisant les échanges. Et cela, par contraste – voire en opposition – avec l'économie globale où le but des affaires est avant tout de faire du business, sans que l'on sache vraiment qui l'on sert, sans qu'on ait de contact direct avec les clients, les communautés ou la nature, et avec un modèle de grand import-export, ce qui engendre des besoins massifs de moyens de transport et d'infrastructures (aéroports, autoroutes, etc.), facteurs de dépendance aux énergies fossiles et causes majeures du changement climatique.

Ce retour à une forme de bon sens entrepreneurial est aussi très présent dans les propos du fondateur de **Zingerman's**, Ari Weinzweig : pour lui, toutes les entreprises commencent par être locales, l'idée n'est finalement pas nouvelle, et le local n'est pas un concept marketing qui a le vent en poupe.

> « Au fond, la question existentielle qui se pose principalement aux entrepreneurs de savoir quel type d'impact ils veulent avoir dans ce monde où les gros titres et les récits dominants sont accaparés par des géants qui font d'énormes profits et vendent leurs actions dans une approche spéculative. Pour ce qui nous concerne, nous sommes plutôt porteurs d'une vision écologique ancienne : vous fabriquez quelque chose et vous le vendez à des gens que vous connaissez… Cela parle tout simplement de la façon dont vous voulez être au monde, avec dignité. »
>
> **Ari Weinzweig, PDG et fondateur de Zingerman's**

Ces exemples militants font ainsi émerger une conception très existentielle du local : l'entrepreneur qui agit localement n'est pas mû que par l'argent ; il recherche dans le localisme une manière d'entreprendre qui redonne du sens à l'économie en l'inscrivant en résonance avec le territoire où il vit. Une approche que l'on retrouve dans les mouvements militants du localisme – comme **BALLE** aux États-Unis (Business Alliance for Living Local Economies, devenue Common Future), **Local Futures**, etc.

... au localisme pragmatique

Cette approche contraste avec la conception plus fonctionnelle portée par d'autres entrepreneurs, pour lesquels le local est une manière de tirer parti de la proximité pour mobiliser (en les combinant) les ressources et les opportunités des territoires de manière à créer une offre unique. Le local est ici une composante très utile pour l'entreprise, même si elle est tournée vers l'international, car il apporte une plasticité et une efficience qui font aujourd'hui toute la différence dans les temps incertains que nous traversons.

Existentielle ou fonctionnelle, en réalité, ces deux conceptions sont aussi deux visions complémentaires de la proximité et de ce qu'elle apporte à un entrepreneur :

- Dans la conception existentielle, la proximité, c'est l'empathie, la compréhension, la communication, les sentiments, l'éthique...
- Dans sa conception plus fonctionnelle, la proximité met au jour des externalités visibles et à réduire, des opportunités adjacentes à saisir, des possibilités de déployer des symbioses et des partenariats impossibles à une échelle plus grande...

Le local, levier méconnu de prospérité économique sur les territoires

Concrètement, l'entreprise hyper-locale navigue entre l'existentiel et le fonctionnel. Les entrepreneurs peuvent eux-mêmes composer avec ces deux approches pour forger leur propre philosophie et leurs pratiques personnelles.

La bonne nouvelle, d'une certaine façon, est que ces deux conceptions se rejoignent. Car les chiffres sont sans équivoque : au-delà des convictions personnelles, une économie locale vivante, diverse et dynamique est nécessaire à la prospérité économique des territoires, quelle que soit l'échelle considérée. Et les entreprises, du strict point de vue de leur intérêt bien compris et en amont même de considérations sur les vulnérabilités des chaînes d'approvisionnement mondiales ou sur l'impact climatique de l'import-export, gagnent ainsi toujours à comprendre ce qui fait la prospérité de leur environnement, et à s'y ancrer de la manière la plus contributive possible.

Le concept est quelque peu contre-intuitif dans notre économie globalisée – puisque le paradigme dominant de notre époque reste que, pour développer un territoire et en accroître la prospérité, il faut y faire entrer un maximum de richesses, à travers les revenus tirés des exportations, du tourisme, de l'attraction de nouveaux investisseurs, de nouvelles entreprises ou de nouveaux résidents, etc. C'est d'ailleurs sur cette captation de revenus extérieurs que portent prioritairement les efforts des agences de développement et, plus largement, des collectivités territoriales. Le problème est que, aussi nécessaires soient-elles, ces richesses externes ne suffisent pas en réalité à dynamiser l'activité, l'emploi et les revenus du territoire, car elles peuvent en sortir aussi vite qu'elles y sont entrées !

Des fuites économiques à l'effet multiplicateur

Ce qui se passe le plus souvent, du fait précisément de la mondialisation des échanges et du faisceau dense d'interdépendances déjà évoqué, est que dès que ces nouveaux touristes, ces entreprises ou ces résidents veulent acheter ce qui leur permettra de vivre sur le territoire (de l'alimentation au textile, des matériaux de construction à l'électronique ou aux véhicules, etc.) mais qui n'est pas ou plus produit localement, leur dépense s'évade de ce même territoire, générant ce qu'on appelle des « fuites économiques ». Autrement dit : les territoires fonctionnent, trop souvent, comme un seau percé qui ne parvient pas à garder et à faire circuler localement les richesses extérieures qu'il a été si difficile d'attirer.

Une étude réalisée par la Vallée de Chamonix-Mont-Blanc[7] a ainsi fait apparaître que la richesse générée par les dépenses touristiques annuelles « s'évadait » du territoire à 72 %, cependant que 65 % des emplois induits n'étaient pas non plus situés sur le territoire. La raison de ces fuites est simple : 80 % des achats des secteurs touristiques (hôtellerie, restauration, agences de voyages, activités culturelles, commerce...)

> « Selon les territoires, 60 à 95 % des achats de l'hôtellerie-restauration ne sont pas réalisés localement.

7. UTOPIES, 2019.

sont réalisés hors du territoire, et c'est encore plus vrai (91 %) de l'hôtellerie-restauration. Ces résultats ne sont pas spécifiques au territoire considéré : le pourcentage des achats de ce même secteur qui ne sont pas réalisés sur le territoire[8] est de 61 % à Paris, 69 % à Bayonne, 70 % à Annecy, 73 % à Porto-Vecchio, 75 % à Nice, 77 % dans la vallée de la Tarentaise (Savoie), 78 % à Menton, 80 % aux Sables d'Olonne, 85 % à Honfleur, 87 % à Cayenne et 94 % à Marie-Galante !

À l'inverse, plus le tissu économique est capable de produire ce que les acteurs locaux consomment, plus les entreprises s'approvisionnent localement, plus les habitants se tournent vers l'offre locale, plus les acteurs publics s'appuient sur les fournisseurs de proximité, et plus les richesses « ricochent », circulent, se démultiplient et enrichissent significativement le territoire... C'est ce que l'on appelle l'« effet multiplicateur local » (et c'est aussi, d'ailleurs, ce que simulent et stimulent les monnaies locales, qui par définition ne peuvent être dépensées que localement, entre acteurs locaux – de sorte que l'argent ne sort pas du territoire, y circule davantage, et y crée plus de richesse, d'emplois, etc.). Cet effet d'entraînement n'est ni automatique et ni identique d'un territoire à l'autre. Pour un même volume de richesses captées, deux territoires ne produiront pas le même niveau de revenu : un territoire capable de faire circuler durablement les richesses créées sera plus prospère qu'un territoire dont le circuit économique local tourne à faible régime.

Après le seau percé, une seconde analogie peut être utile ici, avec le **flipper**. Pour y obtenir le score le plus élevé, il faut faire en sorte que la bille métallique qui entre dans le jeu y reste le plus longtemps possible et circule efficacement dans la machine grâce aux *bumpers* sur lesquels elle rebondit, et à des mécanismes d'impulsion qui la maintiennent et la dirigent, ce qui permet de faire grimper le nombre de points (tant que l'on parvient à éviter la sortie fatale !), de gagner des « *extra-balls* » (ou crédits), et donc d'accroître le temps de jeu et le score final.

8. « Bassin de vie » ou zone d'emploi au sens de l'Insee.

L'effet multiplicateur local fonctionne sur le principe du flipper : les revenus extérieurs entrent dans le circuit économique local, circulent (notamment si l'économie le permet par sa diversité d'offres ou d'autres mécanismes d'impulsion comme la facilitation des échanges locaux), génèrent localement des revenus, donc d'autres cycles de dépenses potentiels à travers les dépenses des ménages, du secteur public et des investissements (les « *extra-balls* »).

Le développement économique avance donc sur deux jambes : l'attraction de revenus et leur circulation locale. Il ne s'agit pas de se concentrer uniquement sur le développement des revenus internationaux ou la stimulation des échanges locaux, mais bien d'imaginer une stratégie capable d'articuler les deux.

Une étude menée par UTOPIES[9] permet de conclure, de façon significative, que la prospérité d'un pays développé dépend de sa capacité à bien combiner la captation de richesses externes et un bon niveau de performance en matière d'effet multiplicateur. Si l'on estime le poids relatif des deux variables, il s'avère que les revenus externes expliquent environ les deux tiers de la prospérité des nations, le reste étant directement lié à l'effet multiplicateur. Dit autrement : un tiers de la prospérité d'un territoire est en réalité lié au dynamisme de l'économie locale et à sa capacité à faire circuler et rebondir l'argent qui est dépensé localement… Le problème est que non seulement ce rôle-clé de l'économie locale vivante et dynamique est méconnu, mais que l'effet multiplicateur est à la peine partout dans le monde depuis plusieurs décennies. Ainsi, à l'Île Maurice[10] (où naturellement le phénomène est accentué par l'insularité qui augmente les dépendances), la captation de revenus internationaux a augmenté de 225 % depuis vingt ans alors même que l'effet multiplicateur a perdu 35 % de sa valeur. En France, l'effet multiplicateur local a été divisé par deux depuis 1950 : un euro dépensé localement aujourd'hui crée deux fois moins de richesses qu'il y a 70 ans.

Réenraciner l'économie dans les territoires

Il y a urgence à réenraciner notre économie dans les territoires, même s'il est peu réaliste de penser que nous allons sortir demain de la mondialisation (nous avons dit combien celle-ci doit être en réalité combinée avec la relocalisation

9. Enquête menée dans 82 pays classés à haut revenu ou à revenu moyen supérieur par la Banque mondiale (hors pays à profil particulier, c'est-à-dire ceux dont les services financiers représentent la majeure partie des revenus externes, les producteurs pétroliers, etc.).
10. Rapport « *Lokal is beautiful* », UTOPIES pour MCB, 2019.

partielle, et combien le local justement compris était en réalité une démarche d'ouverture et non de fermeture). L'enjeu est évidemment d'aller au-delà du piège d'une pensée binaire qui oppose le tout-relocaliser (et ce qu'il suppose de repli sur soi) au tout-mondialiser (symbolisé par les *clusters* régionaux qui hyper-spécialisent un territoire en vue de l'exportation), en oubliant qu'on ne se nourrit pas de puces électroniques, comme le rappelle Helena Norberg-Hodge, et que le territoire devra quand même importer tout le reste (ce qu'il ne produit pas ou plus). Si l'autarcie n'est donc ni souhaitable ni envisageable, tant nous sommes aujourd'hui interdépendants d'autres territoires pour nos ressources comme nos débouchés, les chiffres nous montrent qu'un travail sur l'autonomie optimale des territoires doit être envisagé.

Les expériences nord-américaines menées au sein du réseau BALLE notamment (travail mis en avant dans le film *Demain*[11], de Cyril Dion et Mélanie Laurent) montrent ainsi qu'une « relocalisation » de 5 à 10 points est possible à toutes les échelles... avec des effets vertueux sur l'emploi, la résilience des territoires aux crises, l'impact environnemental, etc.

Comment faire concrètement et quelles sont les opportunités qui s'offrent aux entreprises hyper-locales ?

- D'abord en rapprochant l'offre de la demande, en faisant en sorte que les entreprises puissent s'intéresser aux millions de niches commerciales que représentent les « fuites économiques » et la demande locale qui n'est pas aujourd'hui satisfaite localement.
- Ensuite, en faisant émerger une génération d'entrepreneurs intéressés par les marchés locaux et capables de proposer des produits de proximité compétitifs (y compris en termes de prix) et séduisants – en s'inspirant de modèles économiques plus circulaires, plus collaboratifs, plus frugaux et plus inclusifs tels que ceux développés dans ce livre. Les territoires devront demain produire davantage pour eux-mêmes, ce qui est vrai aussi des pays en développement qui ne sont plus capables d'acheter les produits que les pays riches leur commandent... et dont ils doivent de plus assumer les impacts environnementaux. C'est tout le sens du « *made in local* » qui émerge aujourd'hui, sous l'effet de multiples facteurs combinés et accélérés par les crises...

---

11. Documentaire sorti en 2015 qui a dépassé un million d'entrées en France. Il a été distingué en 2016 par le César du meilleur fim documentaire.

CHAPITRE #2

« *Local is logical* » : les facteurs d'émergence du concept

Rien n'est aussi puissant qu'une idée dont l'heure est venue.

VICTOR HUGO

Jamais n'avons-nous autant parlé de relocalisations : après la pandémie, les trois premières attentes des Français envers le gouvernement, à plus de 90 %, étaient qu'il garantisse l'autonomie agricole de la France, qu'il prenne des mesures pour la relocalisation des entreprises industrielles et qu'il favorise la production et la recherche des laboratoires pharmaceutiques dans notre pays[1].

Jamais n'avons-nous autant parlé d'autonomie et de souveraineté : entre 2021 et 2023 sont sortis officiellement en France quatre rapports parlementaires sur la souveraineté numérique, la souveraineté alimentaire, la souveraineté économique et la souveraineté énergétique.

Jamais n'avons-nous autant parlé de résilience, ce terme qui désigne la capacité d'un organisme vivant « à retrouver les structures et les fonctions de son état de référence après une perturbation » : du nom de l'opération militaire

1. Sondage Odoxa pour *Les Echos* et Radio Classique, réalisé avec Comfluence en avril 2020

lancée par Emmanuel Macron en 2020 en mobilisant les forces armées pour aider les Français à passer la pandémie à celui du plan de soutien de l'économie dans la crise ukrainienne en 2022, en passant par l'initiative créée en 2020 (pour produire des masques) regroupant 80 ateliers de confection textile engagés sur une fabrication 100 % française, créatrice d'emplois solidaires pour des personnes en situation de handicap ou d'insertion professionnelle et à l'impact environnemental maîtrisé.

Pour poursuivre cette exploration de ce que le local – voire l'hyper-local – désigne, il est nécessaire de se pencher sur les différents facteurs qui stimulent, aujourd'hui plus que jamais, l'émergence du concept.

La géographie des marchés redessinée par le découplage économique États-Unis/Chine

Le boom inouï de l'économie chinoise au cours des vingt dernières années a longtemps incarné l'attrait du marché mondial comme levier de croissance économique. S'affranchir des frontières (hexagonales ou européennes) et s'internationaliser pour capter la demande là où elle est la plus dynamique a constitué une stratégie de développement incontournable pour la plupart des grandes entreprises du continent.

Toutefois, la montée des tensions géopolitiques entre les États-Unis et la Chine fait entrer l'économie mondiale dans une nouvelle ère, comme le déclarait sans détour an début d'année 2023 Jake Sullivan, conseiller à la sécurité nationale de l'administration Biden : « L'accès au marché a été pendant trente ans l'orthodoxie de toute politique commerciale, cela ne correspond plus aux enjeux actuels. » À la volonté de plus en plus explicite de la Chine de devenir la première puissance mondiale sur les plans économique, militaire, mais aussi idéologique – remise en cause d'un ordre international dominé par les principes de la démocratie et de l'état de droit – les États-Unis répondent par une nouvelle doctrine de plus en plus hostile, visant à entraver les progrès technologiques chinois et à sécuriser les approvisionnements stratégiques[2].

En rupture avec le principe de libre-échange promu depuis les années 1980, la guerre tarifaire déclenchée par l'administration Trump en 2018 a non seulement

2. Thomas Gomart et Marc Hecker (dir.), « Chine/États-Unis : l'Europe en déséquilibre », *Études de l'Ifri*, Ifri, avril 2023.

été prolongée par la présidence Biden, mais cette dernière lui a ajouté un contrôle accru des exportations des technologies américaines de pointe (semi-conducteurs en particulier) vers la Chine, ainsi qu'un plan massif de subventions et d'avantages fiscaux destiné à soutenir la relocalisation des chaînes de valeur et l'achat de produits *made in America*. Autant de mesures ayant leur équivalent du côté chinois !

Quelles sont les implications pour l'Europe de ce mouvement de découplage entre les économies américaine et chinoise ? Parce qu'elles intègrent une large part d'intrants américains et chinois, en particulier dans le secteur des nouvelles technologies (numériques, énergies renouvelables, véhicule électrique, etc.), les exportations européennes vers ces deux principaux partenaires commerciaux pourraient être de plus en plus entravées. Les mesures de contrôle des exportations mises en place par les États-Unis s'appliquent en effet non seulement aux entreprises situées sur son territoire, mais également aux entreprises étrangères qui exportent vers la Chine des produits contenant des intrants critiques. Et *vice versa* pour les mesures de contrôle de la Chine.

Or, au regard de la part de ces deux pays dans ses marchés à l'export et dans les intrants incorporés à ses exportations, la France figure parmi les pays européens les plus exposés à ces restrictions[3]. Celles-ci constituent ainsi un risque économique majeur non seulement pour les entreprises hexagonales présentes sur les marchés américains et chinois, mais aussi pour l'ensemble de leurs fournisseurs et sous-traitants. Cette redéfinition du commerce mondial incite à porter une attention accrue aux marchés disponibles à proximité, en Europe, en France et dans les territoires.

Des attentes croissantes en faveur de produits plus durables et ancrés localement

Face à la volatilité et aux difficultés d'accès aux marchés lointains, la demande nationale, régionale ou locale reste un gisement économique « à portée de main » pour les entreprises. (Ré)investir ce marché de proximité fait d'autant plus sens que les consommateurs manifestent une aspiration croissante à consommer du « *made in local* ». Rapprocher production et consommation constitue une réponse incontournable aux déceptions de la consommation de masse : découplage entre

3. Raphaël Beaujeu, Olivier Besson, Laure Decazes, Aymeric Lachaux (2022), « L'Union européenne au défi du découplage des chaînes de valeur sino-américaines », ministère de l'Économie, *Trésor-Eco*, n° 308, juin 2022.

croissance des richesses et croissance du bien-être, banalisation rapide de l'utilité et du plaisir de toute nouvelle consommation, dissonance cognitive entre incitation à consommer et prise de conscience du coût écologique et social, dégradation de la qualité (perçue) des produits, opacité des conditions de production, etc.

Alors qu'une majorité de Français aspire à consommer autant ou moins, mais mieux[4], ils définissent la consommation responsable avant tout comme une réorientation de la consommation vers le local, la préférence nationale, les circuits courts – bien avant la réduction du gaspillage et des déchets, la réorientation de la consommation vers les besoins essentiels, ou la consommation écoresponsable[5]. La stratégie de réorientation vers le local vise avant tout, et plus encore depuis la pandémie, à soutenir l'économie française et les petits producteurs en achetant au plus proche de son domicile.

Source de transparence et de confiance renouvelée, la relation de proximité entre consommateur et producteur est également propice à une meilleure compréhension des besoins à satisfaire et donc des réponses qui y sont apportées. Face à la remise en question des offres formatées « *made in world* » et aux attentes de personnalisation, les entreprises gagnent à aller à la rencontre de leurs clients actuels ou potentiels afin de définir une proposition de valeur unique parce qu'ancrée dans son territoire.

---

4. Philippe Moati, *L'Observatoire des perspectives utopiques, Vague 3*, ObSoCo, 2022.
5. Philippe Moati, *L'Observatoire de la consommation responsable*, 1re édition, ObSoCo, 2021.

Dépendance aux importations : vers un nouvel équilibre entre optimisation et résilience des chaînes d'approvisionnement

Les crises traversées ces dernières années ont mis en lumière deux réalités longtemps négligées par les décideurs publics comme privés : la dépendance croissante de l'économie française aux importations… issues de chaînes mondiales de valeur vulnérables aux chocs[6].

Jusqu'à présent, tout déficit du commerce extérieur était interprété avant tout comme une faiblesse en matière d'exportation, un défaut de compétitivité de nos entreprises sur les marchés mondiaux. Mais lorsque l'on prend conscience que la majeure partie des produits de la vie quotidienne dépend désormais du « *made in world* » – près des deux tiers de la valeur des biens manufacturés consommés par les Français est importée, et cette part s'avère nettement supérieure pour nombre de catégories de produits[7] (équipements électroniques et informatiques, produits de santé, textiles, etc.). C'est bien sur l'autre plateau de la balance que l'attention doit être portée. D'autant plus que cette dépendance croissante aux importations concerne non seulement la consommation des ménages mais également les entreprises, puisque les exportations contiennent une part croissante d'importations !

Or, en raison de leurs caractéristiques intrinsèques – concentration des acteurs économiques à chaque étape de production, logistique en flux tendus, etc. – les chaînes de valeur mondialisées s'avèrent fragiles. Toute perturbation de la production à un point de la chaîne affecte mécaniquement les étapes suivantes du processus de production (effet de cascade) : ainsi, le tsunami japonais de 2011 a montré qu'une rupture d'approvisionnement de la part d'Hitachi, pour une pièce dont il était le fournisseur unique et qu'il fabriquait dans une usine elle aussi unique, avait des effets directs chez nous, contraignant le groupe PSA à réduire fortement la production de moteur Diesel dans ses usines européennes. Face à des enjeux croissants de résilience de leur *supply chain*, les entreprises explorent de nouvelles stratégies de *sourcing*. La relocalisation et la construction de relations de confiance avec des partenaires et fournisseurs de proximité constituent une voie privilégiée.

---

6. Boris Chabanel, « Souveraineté économique : relocaliser, pourquoi et comment ? », Millénaire 3, direction de la prospective de la Métropole de Lyon, 2020.
7. Alexandre Bourgeois et Antonin Briand – « Le *made in France* : 81 % de la consommation totale des ménages, mais 36 % seulement de celle des biens manufacturés », *Insee Première*, n° 1756, 5 juin 2019

Du mythe de l'entreprise «*fabless*» à la redécouverte des vertus de la fabrication

Recul du « *made in France* » dans le panier des ménages et désindustrialisation constituent les deux faces d'une même pièce. Largement décrite en termes d'effondrement de l'emploi industriel, la désindustrialisation se traduit aussi par un recul de la valeur ajoutée dans un nombre croissant de branches industrielles au cours des dernières décennies : seule une poignée d'industries ont conservé une dynamique positive jusqu'ici (agroalimentaire, aéronautique, chimie, produits de santé, métallurgie, raffinage du pétrole, produits électroniques, informatiques et optiques).

L'abandon de la fabrication aux pays «low-cost»

Comment en est-on arrivé là ? Le phénomène de désindustrialisation résulte notamment d'une série de choix économiques et politiques en faveur d'un abandon des activités de fabrication aux pays « *low-cost* ». Les grandes entreprises se sont recentrées sur leur cœur de compétences, selon un raisonnement consistant à dire que ce dernier se situait bien plus dans les activités de R&D, de conception ou de marketing que dans les activités de production. Considérée comme peu rentable car relevant principalement d'une compétition par les coûts, la fabrication a été sortie du périmètre stratégique de l'entreprise[8], comme l'incarne la vision de l'« entreprise sans usines » promue au tournant des années 2000 par Serge Tchuruk, alors PDG d'Alcatel. Tandis que des pays comme l'Allemagne, l'Italie ou le Japon fondent l'internationalisation de leur économie sur le renforcement et la montée en gamme de leur tissu productif afin de conforter leurs capacités d'exportation tout en conservant la maîtrise de leur marché intérieur, les grandes entreprises françaises se distinguent par un recours massif aux investissements directs à l'étranger (IDE) afin de capter les marchés cibles, au prix d'un désinvestissement dans le socle industriel national.

Des coûts cachés à la fragilisation de l'approvisionnement

Vingt ans plus tard, on constate un désengagement de la fabrication aux bienfaits discutables : le développement de filiales et le recours à des fournisseurs dans les pays « *low-cost* » révèlent un certain nombre de coûts cachés, qui s'ajoutent au

8. Gabriel Colletis, *L'Urgence industrielle*, Le Bord de l'eau, 2012.

risque d'approvisionnement évoqué plus haut : problèmes de qualité, d'image, de délais de transport ou encore d'atteinte à la propriété intellectuelle. On s'aperçoit également que la mise à distance de la production dans les pays à faibles coûts salariaux tend à fragiliser les activités d'innovation restées dans le territoire d'origine. Comme le souligne l'économiste Gabriel Colletis, on redécouvre que la conception, les savoir-faire (prototypage, de mise au point des procédés de fabrication, de production de petites séries, etc.) et la production forment un continuum que la coupure géographique met à mal. Et si la valeur créée par salarié est effectivement supérieure à l'amont et à l'aval des chaînes de valeur, la fabrication continue de représenter la majeure partie de la valeur totale[9] ! En conséquence, la valeur et les emplois perdus dans la fabrication en France n'ont jamais été compensés par ceux créés dans les activités amont et aval, avec à la clé une perte d'effet d'entraînement considérable sur le reste de l'économie[10].

Et du point de vue du consommateur ? Largement mis en avant pour justifier la substitution de plus en plus massive de la production domestique par une production importée, les gains de pouvoir d'achat ne sont pas nécessairement au rendez-vous lorsque les stratégies des firmes sont guidées par un objectif de marge. Et même lorsque le prix baisse sur l'étiquette, bien souvent consommer « *made in low-cost* » est synonyme de perte de qualité.

En toile de fond des appels à la réindustrialisation, désormais incessants depuis la crise de la Covid, reprendre la main sur la fabrication représente un défi considérable pour les entreprises : comment redévelopper des compétences et des espaces productifs aujourd'hui disparus ? Plutôt que parier sur un hypothétique « retour de l'usine perdue » grâce aux relocalisations, il semble plus fructueux de miser sur le redéploiement des capacités productives de nos territoires – savoir-faire, outils, usines, compétences, etc. – vers de nouveaux produits et activités[11].

---

9. Anne-Sophie Alsif, Vincent Charlet et Clément Lesniak, *La France est-elle exposée au risque protectionniste ?*, La Fabrique de l'Industrie, 2019.
10. Arnaud Florentin, Boris Chabanel, Vincent Guimas, « Vers des villes plus fabricantes », FabCity Index France, UTOPIES, note de position #17, juin 2018.
11. Arnaud Florentin, *Et si l'antidote à l'urgence climatique était la diversité économique ? Essai sur les forêts productives*, Éditions de l'Aube, 2023.

Climat : réduire son empreinte pour faire face au mur du coût carbone

Objectif politique mondialement partagé depuis l'Accord de Paris de 2015, la neutralité carbone est une condition-clé pour stabiliser le réchauffement climatique, à savoir réduire suffisamment les émissions mondiales de gaz à effet de serre (GES) pour être en mesure de séquestrer les émissions résiduelles grâce à des puits de carbone naturels (par exemple, les forêts) ou technologiques (par exemple, le captage et le stockage des émissions d'une cimenterie).

Si de plus en plus d'entreprises s'emparent de cet objectif, elles butent en pratique sur deux écueils[12] :

- Leur attention se concentre bien souvent sur leurs **émissions directes** : chaudières ou véhicules consommant des combustibles fossiles, procédés de production émetteurs de CO_2 ou autres GES (sidérurgie, chimie, cimenterie, élevage), etc. Ce faisant, elles laissent dans l'angle mort les émissions liées à leur chaîne d'approvisionnement et de distribution ainsi qu'à l'usage et à la fin de vie de leurs produits, alors que ces impacts indirects représentent de loin la majeure partie de leur empreinte carbone (de l'ordre de 80 %).
- Les entreprises font également fausse route lorsqu'elles se contentent de **« compenser » leurs émissions** – en achetant des **crédits carbone** – plutôt que de chercher à les réduire. Rappelons que le potentiel de séquestration de nos forêts, de nos sols, etc., que ce soit à l'échelle de la France ou à l'échelle mondiale, n'est pas suffisant pour équilibrer le niveau actuel et tendanciel de nos émissions. Pour le dire autrement, il n'y aura jamais assez de forêts à planter pour compenser les émissions de toutes les entreprises dans le monde !

Décarboner son modèle économique n'est donc plus une option, et ce d'autant qu'émettre du carbone va coûter de plus en plus cher aux entreprises. Fixée actuellement à 50 euros la tonne en France, la taxation des émissions de CO_2 pourrait se situer à 250 euros en 2030 afin de respecter les objectifs climatiques de la France. Quel serait l'impact de cette taxe carbone si elle était déployée sur l'ensemble des émissions actuelles des activités économiques[13] ? Avec un surcoût d'environ 50 milliards d'euros, cet impact serait supporté à 57 % par les entreprises et le reste par la demande finale – dont les ménages – en raison des répercussions

12. Ademe, « La neutralité carbone », *Les Avis de l'Ademe*, 2021.
13. Olivier Sautel, Caroline Mini, Hugo Bailly et Rokhaya Dieye, *La tarification du carbone et ses répercussions. Exposition sectorielle au surcoût carbone*, La Fabrique de l'Industrie, 2022.

le long des chaînes de valeur, selon la capacité des entreprises à transférer une partie du coût carbone à leurs clients et à en absorber une autre dans leur marge.

Les secteurs fortement émetteurs apparaissent comme les plus affectés, les surcoûts atteignant, dans certains domaines comme la sidérurgie ou la fabrication de ciment, des niveaux préoccupants rapportés au chiffre d'affaires ou à la marge. Pour autant, en raison des effets de transfert, les secteurs situés en aval des chaînes de valeur paient un coût du carbone qui dépasse celui de la simple tarification de leurs émissions directes.

Enfin, l'effet inflationniste de la taxe carbone pourrait induire une réduction globale de la consommation finale, qui viendrait s'ajouter aux surcoûts associés à la taxation des émissions de chaque secteur.

Réduire leur empreinte carbone constitue le meilleur moyen pour les entreprises de contribuer à l'objectif mondial de neutralité et d'assurer leur résilience face au coût croissant du carbone. L'ancrage local apparaît ici à la fois comme le levier et le bénéficiaire de cette trajectoire de transformation[14] : substitution des matières et énergies carbonées (et souvent importées) par un mix de matières et énergies renouvelables et de récupération de proximité ; relocalisation des approvisionnements afin de réduire les impacts liés au transport de marchandises et accompagnement de la décarbonation des fournisseurs locaux ; synergies énergétiques avec les entreprises voisines ; développement d'une offre de biens et de services bas carbone en substitution d'importations à fort impact…

Biodiversité : faire atterrir les enjeux planétaires grâce à un sujet « naturellement » local

Si le climat a progressivement pris plus d'importance politique et réglementaire, la crise de la biodiversité est tout aussi cruciale, avec des indicateurs au rouge depuis de nombreuses années. Pour le climat et plus encore pour la biodiversité, les limites planétaires sont franchies. Ainsi, l'indice composite Planète Vivante du WWF[15], qui suit les tendances de la biodiversité mondiale, a décliné de 68 % en moyenne entre 1970 et 2016. Cette diminution est même de 94 % pour l'Amérique latine et les Caraïbes.

14. Arthur Vetu, Annabelle Richard, Boris Chabanel, « L'économie locale, un nouveau levier pour l'action climatique », UTOPIES, note de position #28, juin 2023.

15. Raphaël Beaujeu, Olivier Besson, Laure Decazes, Aymeric Lachaux, « L'Union européenne au défi du découplage des chaînes de valeur sino-américaines », ministère de l'Économie, *Trésor-Éco*, n° 308, juin 2022.

Crise du climat et de la biodiversité

Ces deux enjeux sont par ailleurs fortement interdépendants et en étroite interaction, que ce soit sous forme de cercles vicieux (par exemple la sécheresse favorise les feux de forêt qui libèrent du CO_2 dans l'atmosphère) ou vertueux (par exemple la préservation d'écosystèmes forestiers fonctionnels a un impact sur la régulation du climat et la capture de carbone). La mise en œuvre des nombreuses solutions intégrées doit ainsi permettre d'adresser conjointement les enjeux climat et biodiversité (préservation des écosystèmes riches en carbone et en biodiversité, restauration des écosystèmes dégradés pouvant fonctionner comme puits de carbone, etc.), ce qui paraît aujourd'hui la seule approche pertinente et à la hauteur des enjeux.

En tant qu'acteurs économiques, les entreprises ont un impact direct – *via* leurs activités – ou indirect – à travers leur chaîne d'approvisionnement et l'usage de leurs produits – sur la biodiversité. En 2019, le premier rapport intergouvernemental de l'IPBES[16] (le « GIEC de la biodiversité ») rappelle en effet que les activités économiques ont un rôle majeur dans les principaux facteurs d'érosion de la biodiversité : destruction des habitats naturels induite par la mise en culture des terres, déforestation et artificialisation liées à l'agriculture et la construction ; surexploitation des ressources naturelles (eau, bois, ressources halieutiques, etc.) ; impacts du changement climatique sur les organismes vivants, qui découle en large partie de l'exploitation des énergies fossiles ; pollutions chimique, sonore et lumineuse de l'air, de l'eau, des océans et des sols liées, là aussi pour l'essentiel, aux activités économiques ; propagation d'espèces exotiques envahissantes favorisée par le commerce mondial.

La biodiversité, une « nouvelle frontière » pour les entreprises

Mais, comme pour le changement climatique, l'érosion de la biodiversité n'est pas indolore pour les activités économiques. 40 % de l'économie mondiale repose en effet sur les services gratuits fournis par la biodiversité, comme l'épuration de l'eau, la pollinisation ou la photosynthèse et 60 % de ces services sont menacés par les activités humaines[17]. En clair, les entreprises ne peuvent durablement

---

16. IPBES « Summary for policymakers of the global assessment report on biodiversity and ecosystem services of the Intergovernmental Science-Policy Platform on Biodiversity and Ecosystem Services ».
17. Rapport RSEDATANEWS : Livre blanc « Biodiversité, un nouvel impératif économique », 2019.

prospérer dans une nature en déclin et elles ont un rôle central à jouer dans la préservation du vivant. La biodiversité est pour elles une nouvelle frontière. C'est le sens des nouveaux cadres politiques qui se mettent en place à l'échelle internationale, européenne ou nationale. Définissant une nouvelle stratégie mondiale pour mettre un terme à l'érosion de la biodiversité d'ici à 2030, la COP15 biodiversité de décembre 2022 intègre une cible dédiée à la mesure et la réduction des impacts et des dépendances des entreprises à l'égard de la biodiversité, tandis que de nouveaux cadres réglementaires à destination des entreprises et des acteurs financiers sont en cours de structuration (Taskforce on Nature-related Financial Disclosure à l'échelle mondiale, taxonomie européenne, etc.).

Dans ce contexte, les entreprises sont appelées à repenser leur relation aux territoires. En effet, et à l'inverse du climat, la biodiversité est un sujet intrinsèquement local dans la mesure où l'impact d'une activité donnée est étroitement lié aux spécificités des écosystèmes locaux, ainsi qu'à leur niveau de vulnérabilité (disponibilité en eau, exposition à la déforestation, etc.). En conséquence, la protection de la biodiversité nécessite une connaissance fine de la géographie de la chaîne d'approvisionnement et une attention particulière aux conditions locales. Les entreprises qui s'approvisionnent à proximité exercent ainsi davantage de contrôle sur l'impact de leurs opérations.

Entre raréfaction des ressources et limites planétaires : vers une contrainte croissante

Pour la science économique conventionnelle, la question de la disponibilité des ressources n'a pas lieu d'être. Tout risque d'épuisement peut être contrecarré grâce aux mécanismes de marché et au progrès technique, dont les effets combinés incitent les entreprises à réduire leur consommation de ressources rares, développer des substituts plus compétitifs à certaines ressources, augmenter le recyclage ou encore rechercher et mettre en exploitation de nouveaux gisements. Toutefois, la montée et la volatilité des prix des matières et de l'énergie au cours des 20 dernières années montrent que la contrainte de ressource n'est pas un enjeu du passé[18].

18. Boris Chabanel, « Crise écologique. Le métabolisme de l'économie au cœur des enjeux », UTOPIES / Métropole de Lyon, 2023.

Les ressources qui ont forgé l'abondance matérielle de l'ère industrielle (énergies fossiles et métaux) sont non seulement disponibles en quantité limitée, mais leur exploitation est soumise à des rendements décroissants. En outre, les ressources renouvelables ou issues du recyclage semblent difficilement en mesure de prendre le relais, tant quantitativement que qualitativement. Enfin, au-delà des questions de disponibilité des ressources, la préservation des conditions d'habitabilité de notre planète (limites planétaires) appelle une réduction des flux de matières et d'énergies extraits et injectés dans l'économie dans la mesure où ces flux déterminent l'ampleur et les natures des pressions sur l'environnement (émissions de gaz à effet de serre, polluants divers, déchets, déforestation, etc.).

Pour les entreprises, toute la problématique consiste à développer un **modèle économique radicalement plus sobre en ressources**, aussi bien au niveau de la proposition de valeur (produits à longue durée de vie, biosourcés ou intégrant des matières et composants recyclés, services de réparation/remise à neuf/*up-grading*, services centrés sur l'usage des produits plutôt que leur possession, produits de seconde main, reconditionnés ou remanufacturés, etc.) que de la chaîne de valeur (privilégier l'usage de ressources, composants, équipements et procédés durables, provenant de fournisseurs relocalisés à proximité, mettre en place une logistique permettant de récupérer les produits, composants et matériaux usagés auprès des clients).

On comprend que la bifurcation vers ce type de modèle économique amène à une approche multi-locale, aussi bien dans la relation aux marchés et aux partenaires que dans l'accès aux ressources, matières et énergies, nécessaires à la production.

Une aspiration croissante à agir ici, maintenant et collectivement

La meilleure façon, peut-être la seule, de changer une situation est d'imaginer, voire de déclarer que vous resterez là où vous êtes, dans votre lieu de vie, pour le reste de votre vie.

Gary Snyder, poète américain

Une autre tendance favorable à l'ancrage local renvoie au désir de plus en plus manifeste des citoyens de retrouver une capacité d'action face à des phénomènes tels que la mondialisation ou le changement climatique qui ont longtemps nourri la déresponsabilisation, l'impuissance et le découragement. Comme évoqué, le territoire où nous vivons, auquel nous sommes attachés, dans lequel nous avons noué des relations interpersonnelles, semble offrir davantage de prise sur le réel. En s'ancrant dans un lieu, les individus peuvent participer aux projets de la communauté, rejoindre les conseils d'école, mais aussi s'engager politiquement comme en témoignent le nombre et le succès des listes citoyennes lors des dernières élections municipales de 2020.

C'est en s'investissant localement, dans la durée et de manière collective qu'une population peut surmonter la sidération face aux enjeux globaux et construire une volonté et un pouvoir d'agir ensemble autour d'un projet mobilisateur offrant un sens partagé. Penser le monde à partir des territoires et penser les territoires comme autant d'espaces de coopération peut permettre d'agir à la fois localement et globalement[19]. En ce sens, l'engagement local apparaît comme un levier de choix pour résoudre les multiples « crises de la relation » de notre époque : crise de la relation entre l'humanité et la biosphère dont les dérèglements, entre les personnes, entre les citoyens et les institutions, entre États souverains et les biens publics mondiaux, entre les valeurs et les actes de chacun.

> En s'investissant localement, dans la durée, on peut surmonter la sidération face aux enjeux globaux.

Ce mouvement est aussi l'affaire des nouvelles générations d'entrepreneurs qui, comme le souligne l'anthropologue Sonia Lavadinho, « ont de plus en plus envie d'être mieux ancrés dans le local et dans des circuits courts, y compris dans leur vie personnelle… Ils ne visent pas l'hyper-croissance mais veulent maintenir leur activité à une échelle qui ne les épuise pas – or, l'ancrage local permet encore de préserver ses relations, de continuer à faire du sport et de prendre soin des corps comme on sauvegarde les ressources, sans passer son temps dans des avions ou en décalage horaire, en respectant son rythme biologique. Ils restent aussi car ils sont attachés au territoire, où ils trouvent un langage commun et le terrain de jeu pour tester leurs idées, de la bière au matériel sportif. »

Cette approche porte en elle, auprès des mêmes générations, de vrais bénéfices en termes de fidélisation des salariés, qui cherchent à aligner leurs choix de vie et leurs choix professionnels sur un même bassin de vie, et d'image – car le local oblige aussi à être plus congruent, plus cohérent.

19. Étude *Les Echos*, avril 2020.

Le rôle-clé des écosystèmes et des réseaux dans l'économie

Avec la digitalisation (qui facilite l'échange rapide d'informations, de produits ou de services), la complexité croissante de ces produits ou services (qui nécessite souvent, une collaboration entre plusieurs acteurs), l'émergence de l'économie de la connaissance et du développement durable (qui exige un partage des meilleures pratiques et ouvre des champs de partenariats non concurrentiels), avec, enfin, les nouveaux modèles d'affaires basés sur des plateformes où des réseaux d'utilisateurs et de fournisseurs interagissent et où chaque nouvel utilisateur augmente la valeur de l'ensemble pour les autres, les écosystèmes et les réseaux sont devenus essentiels à l'économie moderne.

De ce point de vue, les écosystèmes locaux peuvent être des sources d'avantages stratégiques – ce qui renforce encore leur émergence. Par exemple, il y a plus de chances que des start-up réussissent dans la Silicon Valley qu'à Chicago parce que les réseaux de relations locales sont un avantage concurrentiel et un actif rare, qui ne s'achète pas et qui a de la valeur... Dans un secteur de la tech en quête d'investisseurs, tout se passe en Californie, à Berlin, autour de la Route 66 ou sur le plateau de Saclay... – des lieux où l'on trouve des universités, des réseaux avec d'anciens start-uppers, des sociétés de capital-risque, etc. Comme le dit Woody Allen : « Le seul fait d'être présent pèse pour 80 % dans le succès. » Et on n'est vraiment présent, physiquement, que localement. Sonia Lavadinho rappelle ainsi qu'à Melbourne, « une étude a conclu que les entreprises trouvaient important d'être à moins de 30 minutes de marche les unes des autres, car cela avait un impact sur leur chiffre d'affaires et sur la désirabilité de leurs bureaux, qui étaient de ce fait moins enclavés et au cœur d'un réseau plus dense de liens, ce qui montre que même dans une grande ville la proximité change tout ».

Bien connaître le tissu local, les associations et les pouvoirs publics territoriaux est un atout précieux. Et la sérendipité qu'apporte également le local : « Le fait de pouvoir croiser des gens par hasard est un avantage dont on ne tire pas assez parti, c'est toute la force des coins de rue dans la Silicon Valley. Un start-upper s'y promenant a une probabilité élevée de croiser un *business angel* par hasard alors que ça fait souvent dix mois ou plus qu'il essaie d'obtenir un rendez-vous », insiste-t-elle. Il en va de même avec les chercheurs sur les campus : dorénavant les canaux formels ne sont plus suffisants, et l'informel occupe une part croissante dans la résolution des problèmes et la génération d'idées – ce qui joue également en faveur du local, à condition que celui-ci soit suffisamment varié, divers et riche.

« Les réseaux de relations locales sont un actif rare, qui ne s'achète pas.

CHAPITRE #3

Petit guide de déconstruction des idées reçues sur le local

La remise en cause, même partielle, de notre modèle globalisé ne se fera pas simplement. Les résistances sont à l'œuvre dans nos esprits, dans les récits dominants sur l'entrepreneuriat et le succès économique, dans les discours de nos responsables politiques, dans les médias et l'imaginaire collectif, dans les chiffres sur lesquels nous fondons notre compréhension du monde et prenons nos décisions : tout est mis en œuvre pour que les avantages de la mondialisation nous apparaissent plus importants que ses désagréments de plus en plus manifestes. Ces résistances sont normales : elles sont le propre de tout être humain confronté à un changement et font partie des étapes incontournables de ce que les psychologues appellent la « courbe du deuil » : avant d'accepter la nouvelle situation et de pouvoir s'engager à construire l'avenir, l'individu passe par des états de déni, de perte de repères, voire de colère.

Face aux signaux évidents qui appellent tout à la fois consommateurs, entrepreneurs et politiques à un (certain) retour au local, des discours et préjugés récurrents se font entendre, dont voici un florilège que nous vous proposons de déconstruire.

Préjugé #1 : « Le local est un bocal, symbole de repli sur soi et de protectionnisme »

Nous l'avons déjà évoqué : le local n'existe pas indépendamment du global – et inversement. Ainsi le localisme évoqué ici n'est pas celui du repli défensif, des crispations identitaires et des fantasmes autarciques, mais bien celui qui fait de l'ancrage local un moyen de redécouvrir les richesses du territoire et un tremplin vers de nouvelles coopérations plus ou moins proches… La philosophe Catherine Larrère insiste ainsi sur la dimension d'abord culturelle de la démarche : « Il s'agit de redécouvrir ses propres possibilités, sans renoncer au reste, mais en se disant qu'on le découvrira plus tard comme quelque chose de nouveau. Il ne faut pas dire qu'on se replie sur le local mais plutôt qu'on se redéploie localement, pour bien signifier que ce n'est pas du tout une fermeture, mais au contraire une ouverture sur de nouveaux réseaux de relations. » Ce que confirme aussi Jean-François Caron, ancien maire médiatique du village de Loos-en-Gohelle, dans les Hauts-de-France : « L'enjeu est de reconnaître l'identité locale pour s'ouvrir à l'altérité, et non de chercher l'autarcie ou de miser sur le local contre le reste du monde qui aurait tort ».

Au demeurant, on l'a dit, un territoire n'est jamais isolé, il est un emboîtement de d'échelles et de relations, comme dans la théorie des fractales. Et un regain d'intérêt pour le local peut finalement motiver et faciliter les relations avec l'extérieur du territoire, à différentes échelles. Car l'ancrage local implique de développer une culture de la coopération et des compétences visant à tisser des liens, que l'entreprise et les individus peuvent ensuite déployer à des échelles différentes, avec le monde entier ! D'autant plus que d'une certaine façon, le « *made in France* » ou le « produit en Bretagne » développent le goût du « *made in local* » par opposition à la standardisation que nous offre la mondialisation…

Derrière cette crainte du repli se trouve aussi la crainte que l'ancrage local incite à rester le même et à ne pas bouger… ce qui va à l'encontre du récit dominant autour de l'entrepreneuriat, agile et mobile. Sonia Lavadinho s'appuie sur son expérience d'anthropologue pour souligner combien, désormais, on peut avoir accès à des sources variées d'inspiration… même sans bouger !

« Il y a une uniformisation évidente dans la façon dont on voyage désormais, surtout si on voyage au bout de la terre avec le nez dans son téléphone ! Et il faut souvent aller très loin pour voir quelque chose qui n'est pas comme chez soi – alors qu'il suffit de prendre un bus pour découvrir quelque chose de très différent. Ainsi, ce n'est plus la distance qui fait l'inspiration : c'est l'écoute attentive, y compris pour mieux répondre aux besoins des gens. Si on a les qualités d'observation et la capacité d'écoute, pas besoin d'exotisme : on voit bien cela chez les créateurs aujourd'hui, cette capacité à s'intéresser aussi à ce qui se passe autour d'eux pour trouver des idées... »

Ce n'est plus la distance qui fait l'inspiration mais l'écoute attentive.

Cette approche rejoint celle de Navi Radjou, expert en innovation *jugaad* et écoefficace : « On peut être local et décentralisé dans ses opérations tout en évitant une forme d'insularité, et sans forcément réinventer la roue à chaque fois : tout ce qui relève des connaissances, des idées et de l'apprentissage peut s'essaimer facilement, et se diffuse facilement dans une logique de collaboration locale et en réseaux. » C'est ce que font très bien les banques coopératives de réseaux, notamment. Et Navi Radjou de citer le **Crédit Agricole**, dont « l'activité repose sur une quarantaine de caisses indépendantes dotées d'une gouvernance régionale et d'administrateurs locaux, avec un système d'information qui permet d'avoir accès aux meilleures pratiques des différentes régions, et aux enseignements des expérimentations locales pour gagner en compétences au niveau national. Cette façon de régionaliser et de territorialiser son activité est sans doute une voie à suivre pour les autres entreprises. »

Préjugé #2 : « Le local est moins performant : il ne permet ni standardisation ni massification »

Produire pour le marché mondial offre des économies d'échelle avec lesquelles le marché local, dont la taille est par définition limitée, ne pourra jamais rivaliser. L'idée fait sortir de ses gonds l'entrepreneur du « *made in France* » Guillaume Gibault, fondateur du **Slip Français** : « Mais non... le local est plus performant et il faut se battre pour le dire. »

En réalité, le local est beaucoup plus compétitif qu'on ne le pense – notamment si l'on s'intéresse aux coûts de transaction, en forte inflation ces dernières décennies du fait de la globalisation et de la complexification des chaînes de valeur : recherche d'information (prospection, comparaison du rapport qualité/prix des différentes prestations proposées, étude de marché etc.), intermédiation (mise en relation d'une offre et d'une demande), négociation et décision (rédaction et conclusion d'un contrat etc.), surveillance et exécution (contrôle de la qualité de la prestation, vérification de la livraison etc.). Ainsi, aujourd'hui, 1 dollar de PIB aux États-Unis nécessite 0,63 dollar de services de transaction contre 0,46 dollar en 1960 et à peine 0,20 dollar en 1870. Or, comme nous l'avons expliqué, l'une des caractéristiques du local est de réduire ces coûts de transaction. En favorisant les relations *intuitu personae* répétées, le local apparaît comme le périmètre à l'intérieur duquel il est plus facile, et donc moins coûteux (comme dans les écosystèmes naturels où cela demande moins d'énergie) d'exploiter les opportunités adjacentes, parce que les relations s'opèrent dans un climat de confiance avec une bonne qualité d'information et surtout au sein d'un patrimoine productif commun, un ensemble d'actifs (matériels ou immatériels) et d'institutions transmises au cours de l'histoire[1].

À ces coûts de transaction, il faut ajouter les coûts de transition et d'adaptation climatiques (prix des matières premières, taxes carbone, risques réglementaires et juridiques, risque d'image et de réputation, etc.) dont le poids devrait être de plus en plus élevé dans les prochaines décennies. Le facteur transport risque de ne pas être si invisible sur l'étiquette avec d'une part, la raréfaction et le renchérissement des énergies fossiles et d'autre part la « facture carbone » (notamment l'ajustement carbone aux frontières dont les modalités restent à définir) qui, si elle était valorisée au juste prix (disons entre 75 et 150 euros la tonne de CO_2 à l'horizon 2030), impacterait significativement le prix des produits fabriqués en dehors de l'UE. Si les entreprises devaient assumer le vrai coût social des émissions de GES (sur l'environnement ou la santé humaine), elles ne pourraient tout simplement pas payer la facture avec les bénéfices réalisés. Plusieurs études récentes, dont celles de la réputée German Environmental Agency, font grimper ce chiffre à 600-700 dollars la tonne de CO_2 (en prenant en compte l'impact sur les générations futures).

---

1. « Au-delà du capital, le patrimoine ? », Christian Barrère, Denis Barthélemy, Martino Nieddu, Franck-Dominique Vivien, in *Réinventer le patrimoine*, L'Harmattan, 2004.

Parce que tous les coûts ne sont pas visibles

Le vrai coût caché de la mondialisation, qui est systémique, difficile à prévoir tel un « Cygne Noir »[2], et capable de mettre à genoux la plupart des entreprises est aujourd'hui souvent absent des raisonnements. Il s'agit des coûts associés aux aléas climatiques extrêmes. Le grand dérèglement climatique, déjà amorcé avec les effets d'inertie, va inéluctablement accroître la survenance d'un certain nombre d'événements extrêmes que nous maîtrisons mal, dans de multiples lieux, de façons différentes et de manière surprenante : tempêtes, vagues de chaleur, inondations, submersions marines, sécheresse, incendies et feux de forêt, mouvements de terrain, invasions biologiques, etc. Les répercussions économiques de ces événements pourraient être considérables : fragilisation des infrastructures, endommagement du matériel, rupture de l'activité, rupture des approvisionnements, interruption des transports, forte volatilité des marchés, pénuries, raréfaction des ressources, dévalorisation brutale des actifs, baisse de la productivité, chute des rendements agricoles, incertitude sur les contrats, non prise en charge des risques de catastrophe naturelle par les assureurs, risques bancaires, etc. Et plus les goulets d'étranglement seront importants, du fait de la concentration géographique de la production dans une poignée de pays – voire une poignée de sites –, plus le coût des dommages augmentera face à un aléa climatique.

Le local nous invite ainsi à redéfinir notre approche de la performance économique en rééquilibrant quête d'efficacité et quête de résilience face aux aléas. Face au modèle centralisé, qui concentre les forces économiques en quelques lieux, le modèle hyperlocal propose l'alternative de l'économie distribuée. Tandis que l'essentiel de ce qui est produit dans les territoires est exporté (vers le reste du pays ou l'étranger) et que l'essentiel de ce qui y est consommé est importé, distribuer l'économie vise justement à raccourcir les distances entre production et consommation en développant l'activité économique au plus près des besoins et des ressources de chaque territoire. Inversant la logique de spécialisation, l'approche locale contribue à la diversification du tissu économique, source d'agilité puisqu'offrant davantage d'options en cas de choc et permettant de percevoir plus rapidement certains signaux faibles et de réagir de façon plus appropriée en identifiant des solutions adaptées aux particularités du territoire[3] (principe d'antifragilité).

2. Nassim Nicholas Taleb, *Le Cygne Noir. La puissance de l'imprévisible*, Les Belles Lettres, 2020.
3. Arnaud Florentin, 2023, *ibid.*

À rebours de toute logique égoïste, la construction de tels écosystèmes hyperlocaux rend possible un fonctionnement plus « modulaire », et donc plus résilient, du système économique global. En effet, en favorisant la redondance et la diversité des ressources et des activités de chaque territoire, la recherche d'une plus grande autonomie contribue à éviter qu'un élément du système ne devienne indispensable à la survie de l'ensemble, tout en permettant à chaque « module » – ici, le territoire – de continuer à fonctionner en cas de choc touchant le reste du système. De plus, avec des territoires plus autonomes, ceux qui sont touchés par un choc externe ou interne peuvent trouver un soutien auprès des territoires moins exposés ou plus résistants à cette perturbation.

Il n'empêche, l'option locale pourrait être aussi plus compétitive et performante si elle était plus efficiente. Les entreprises exploitent-elles suffisamment ce que les territoires ont à leur offrir ? Quelques chiffres :

- En France, les sites de production sont aujourd'hui (en moyenne) sous-exploités (depuis les années 1970, 20 % des capacités de production sont structurellement inexploitées dans l'industrie française (ce taux monte à 25 % depuis 2021)[4].
- Même constat du côté des stocks. En Europe, il y aurait près de 3 milliards d'euros de stocks dormants pour la maintenance industrielle (environ 20 à 30 % des stocks), sur les étagères des usines. Bien souvent, cet immense trésor de pièces détachées inutilisées se transforme en véritable gâchis[5].
- Depuis plus de vingt ans les difficultés de recrutement ne descendent pas en dessous des 30 % (et dépassent les 40 % depuis 2015).
- Sur la même période, les responsables industriels sont près de 40 % à rencontrer régulièrement des difficultés sur les débouchés ; et 10 à 15 % des problèmes de trésorerie.
- Le nombre d'industriels qui rencontrent régulièrement des difficultés d'approvisionnement se situe entre 15 et 20 % depuis de longues années. Ce chiffre montait à 45 % fin 2021 !
- Hors fumier et lisiers, le taux de déchets valorisés et qui constituent ensuite un intrant pour d'autres activités économiques est de 53 %. Seulement 4 % des déchets sont réalisés directement sans traitement préalable.

---

4. Source : Insee, enquêtes trimestrielles de conjoncture dans l'industrie.
5. Source : KHEOOS.

Le local, à travers les synergies, les mutualisations, les substitutions, les partenariats, les boucles circulaires[6], le patrimoine (souvent peu ou mal inexploité) et les ressources (naturelles, déchets, coproduits) qu'il a à offrir, pourrait répondre aux différents enjeux listés ci-dessus. En particulier, le local peut rendre les entreprises plus efficientes, rentables et les aider à mieux maîtriser le prix de vente.

Dans une étude récente, Pedro Gimenez-Escalante, Guillermo Garcia-Garcia et Shahin Rahimifard[7] ont ainsi démontré qu'une fabrication localisée distribuée (*Distributed Localised Manufacturing* – DLM) pouvait être plus efficiente et compétitive à long terme qu'une fabrication centralisée (*Centralized Manufacturing* – CM). Leur étude de cas a cherché à évaluer l'intérêt d'un modèle de type réseaux de micro-brasseries distribuées *vs* le modèle de brasserie plus traditionnel. Une étude minutieuse des deux modèles a mis en évidence la supériorité du modèle DLM sur le sourcing, la fraîcheur des ingrédients, la gestion des déchets pré ou post-production, les distances de transport et surtout la maîtrise globale des coûts (approvisionnement, production, travail, distribution).

Dans ce nouveau monde qui s'annonce, où la prise en compte (financière) des externalités, des risques, de la raréfaction des ressources et des pénuries et de la volatilité des marchés sera davantage généralisée, le débat sur la performance du local est loin d'être clos.

La rentabilité des PME passée au crible

Autre signe que la massification n'est pas la seule clé de la rentabilité, l'analyse de la rentabilité des PME que nous propose l'économiste américain spécialiste du local Michael Shuman : elles ne sont pas moins rentables que les entreprises de taille intermédiaire ou de grande taille, tout comme on ne peut pas affirmer l'inverse. En réalité, cela dépend

---

6. L'économie circulaire permet de diminuer les coûts en réduisant la consommation de matières premières et en augmentant l'efficacité des processus de production. Elle encourage également la réutilisation, la réparation, le recyclage et la valorisation des déchets, ce qui permet de réduire les coûts liés à la gestion des déchets et de maximiser l'utilisation des ressources.

7. Pedro Gimenez-Escalante, Guillermo Garcia-Garcia et Shahin Rahimifard, « A method to assess the feasibility of implementing distributed Localised Manufacturing strategies in the food sector », *Journal of cleaner production*, 2020, vol. 266.

grandement du secteur d'activité. Selon les chiffres de l'Insee, la rentabilité économique[8] est ainsi supérieure dans les PME dans 46 % des secteurs, identique dans 21 % et inférieure dans 33 % – sachant qu'une analyse comparative n'est pas possible dans des secteurs où la part des grandes entreprises (GE) ou entreprises de taille intermédiaire (ETI) est majoritaire, comme dans les activités extractives, dans certaines industries, dans les transports par voie d'eau ou aériens, dans la production d'énergie, dans les banques et les activités immobilières.

Dans l'industrie, l'écart médian de rentabilité économique entre les PME et les ETI/GE est de +17 % (en faveur des PME) : la rentabilité économique des PME est notamment supérieure dans la métallurgie et le travail du métal, l'industrie alimentaire, l'habillement ou l'industrie du verre et produits céramiques. C'est notamment dans l'industrie des transports et des boissons que la rentabilité des PME est nettement inférieure. Cet écart de rentabilité économique est également positif dans le BTP (+18 %) et les services aux entreprises (+5 %), mais il est en revanche inférieur dans le secteur des TIC et du numérique (–58 %), de l'hôtellerie-restauration (–21 %) et de la culture-loisirs (–25 %).

Si les PME ne sont pas moins rentables, elles sont en revanche clairement sous-capitalisées dans la grande majorité des secteurs, insuffisamment pour atteindre une taille minimale nécessaire (barrière à l'entrée sur certains marchés, seuil de rentabilité) et gagner en productivité. L'écart médian sur l'intensité capitalistique[9] est de –44 % (dans 85 % des secteurs, l'intensité capitalistique est inférieure dans les PME *vs* les ETI/GE). Ceci altère la productivité, qui est est moindre dans les PME pour 83 % des secteurs. Cette sous-capitalisation des PME touche ainsi tous les secteurs : industrie (–54 %), commerce (–52 %), services aux entreprises (–43 %), hôtellerie-restauration (–30 %), transports (–41 %), BTP (–36 %) et numérique – TIC (–41 %). Elle est en partie imputable à un plus faible taux d'investissement. C'est surtout le cas dans l'industrie, où les PME présentent un taux d'investissement inférieur de –18 % et une productivité du travail de –25 %, et dans le commerce (–33 % sur le taux d'investissement et –29 % sur la productivité).

---

8. La rentabilité économique mesure la capacité de l'entreprise à transformer ses capitaux en résultat, quels que soient leur provenance. La rentabilité financière est un indicateur qui permet d'appréhender la capacité de la société à dégager des profits des seuls capitaux apportés par les investisseurs (actionnaires). Autrement dit, on les calcule ainsi : rentabilité économique = (résultat d'exploitation – impôts sur les bénéfices) / (capitaux propres + dette financière) et rentabilité financière = (résultat d'exploitation – impôts sur les bénéfices – intérêts versés sur dettes financières) / capitaux propres.

9. L'intensité capitalistique mesure, pour une unité, les actifs nécessaires pour générer un revenu. Elle se calcule en rapportant des immobilisations corporelles brutes à l'effectif salarié en équivalents temps plein (ETP).

Au-delà des chiffres, cette idée reçue repose sur une autre, qui postule que la standardisation est facteur de performance. Une idée que challenge Navi Radjou : « Plus on uniformise, comme le font les grands groupes, plus on pense que la diversité n'est pas compatible avec les économies d'échelle... mais ce n'est pas forcément vrai : on évolue aujourd'hui vers des modèles plus horizontaux avec la fabrication distribuée qui est plus latérale, soit en copiant-collant un modèle dont on a déjà prouvé qu'il marche par ailleurs (avec des micro-usines, par exemple) soit en développant un modèle hyper-local, 100 % personnalisé dans chaque ville. » Selon Navi Radjou, l'offre va devenir de plus en plus personnalisée, car chaque individu est différent : l'ancrage local facilite la transition de la production de masse (qui veut vendre à tous, avec force marketing, un même produit dont la plupart n'ont pas besoin, ce qui génère du gaspillage en aval, chez ceux qui l'achètent sans l'utiliser, comme en amont, avec l'accumulation des invendus) vers un monde d'expériences et de services personnalisés, apportés par des écosystèmes locaux capables de délivrer cela aux clients. Ce que confirme l'économiste Michael Shuman à partir de l'évolution de la consommation des ménages américains : « Désormais 70 % des dépenses concernent des services, qui sont plutôt simples à relocaliser et peuvent être rentables à l'échelle locale. Sur les 30 % restants, deux tiers concernent des biens non durables comme l'alimentation ou les matériaux de construction, qui ont une faible valeur par unité de poids, de sorte que cela n'a pas de sens de les transporter sur de longues distances. C'est le cas pour l'alimentation, qui redevient locale un peu partout dans le monde parce qu'elle est principalement composée d'eau ! »

Une nouvelle idée de la performance ?

Enfin, c'est la manière même dont on mesure la performance de l'entreprise qui est à réinterroger. Si l'on intègre des indicateurs sociaux, environnementaux et climatiques, le local a clairement des atouts à faire valoir qui restent dans l'angle mort de la performance financière traditionnellement mesurée, laquelle échoue à prendre en compte le coût global des impacts négatifs et ce que l'entreprise devrait débourser si elle devait assumer ce coût (à titre d'exemple, le groupe **Frey** publie chaque année son Résultat net Part du groupe (RNPG) carbone qui affiche les conséquences financières potentielles de son impact carbone sur sa rentabilité, réduisant par exemple son résultat net de 14 % en 2019 avec un coût carbone estimé à 7 M€).

© Adam Fagen, CC BY-NC-SA 2.0

Zingerman's Delicatessen
à Ann Arbor, Michigan

Préjugé #3 : « Le local limite la croissance et fait perdre des opportunités »

Pour Ari Weinzweig, cofondateur de **Zingerman's**, cette idée est plutôt cocasse : « Souvent, quand je parle de l'exemple de Zingerman's, les gens me demandent en effet si je n'ai pas l'impression que notre approche nous prive de saisir des opportunités nouvelles. Ce à quoi je réponds généralement en leur demandant quels sont ceux dans le public qui sont mariés. Puis en demandant à ceux qui ont levé la main s'ils n'ont pas l'impression qu'ils ratent ainsi des opportunités qui pourraient se présenter ! »

Plus sérieusement, Zingerman's montre à l'extrême que choisir de rester local ne veut pas dire refuser la croissance. Au contraire, l'entreprise a connu une croissance spectaculaire, mais en un seul lieu. Comme le dit le second cofondateur, Paul Saginaw : « Nous grandissons verticalement, et non horizontalement. »

Dès les années 1990, en effet, Paul et Ari ont appliqué leur plan stratégique pour faire croître l'entreprise en développant leur épicerie *delicatessen* d'origine par intégration en amont et en aval, mais toujours dans la ville de Ann Arbor (Michigan), pour servir la même communauté. En 1992, ils créent ainsi une première entreprise, The Bakehouse (« Le Fournil »), qui permet de relocaliser la production du pain servi dans l'épicerie. En 2001, The Creamery relocalise le fromage et la crème glacée. Suivront ensuite The Coffee Company, entreprise de torréfaction artisanale, en 2004, puis, en 2009, The Candy Manufactory (« La Fabrique de bonbons »). Parallèlement, ils ont cherché à créer de la valeur en internalisant les services qu'ils achetaient précédemment à l'extérieur. Une société de vente par correspondance a été créée en 1994 pour commercialiser leurs produits à l'échelle nationale, puis Zing Train, une entreprise de conseil et de formation spécialisée dans la qualité du service client… et enfin un restaurant, le Roadhouse, en 2003. Après le choc de la pandémie, les deux dirigeants et leurs équipes (regroupées dans ZCoB – Zingerman's Community of Businesses) sont répartis dans une stratégie à long terme qui prévoit d'établir huit à dix nouvelles entreprises, dont un restaurant tunisien, un stand mobile de nourriture asiatique, un restaurant à tarif libre, où les habitants à revenu faible ou nul pourront acheter des aliments sains et locaux, servis avec soin et dignité, en payant ce qu'ils peuvent.

La croissance de ZCoB, devenue l'une des principales entreprises d'Ann Arbor, est impressionnante : elle a permis de générer plus de 500 emplois, quatre à cinq cents stagiaires en formation professionnelle par an, près de 100 % d'approvisionnement local, 43 millions de dollars de chiffre d'affaires et 1,5 million de dollars de bénéfices. Rien ne dit ce qu'auraient été ces résultats si les fondateurs avaient fait le choix de franchiser leur modèle pour se développer dans tout le pays, mais l'histoire de Zingerman's montre en tout cas que rester local ne veut pas dire refuser la mondialisation (l'entreprise continue à acheter dans le monde des ingrédients ou produits qu'elle ne trouve pas localement, en insistant sur la dimension responsable de ses achats) et encore moins refuser la croissance.

L'innovation sous contrainte locale, un gisement d'idées

Un autre atout du local est qu'il constitue un formidable cadre d'innovation. Si l'on en croit Sonia Lavadinho, le local invite à innover dans les contraintes de son environnement direct. Cette contrainte est, comme c'est souvent le cas, facteur de créativité : comment créer un service ou un produit d'une valeur équivalente, en mobilisant d'autres ressources ou d'autres procédés, et en les mobilisant localement ? Le local maximise en quelque sorte le principe d'« *affordance* », qui consiste à explorer toutes les actions possibles offertes par un objet (ressource, territoire, procédé...) donné. « L'innovation est toujours un détournement ! » nous rappelle Sonia Lavadinho. Le local invite à questionner de façon plus systématique la valeur de ce qui entoure l'entreprise, à la détourner, et *in fine* à se réinventer.

Si le local offre de réelles opportunités de croissance et d'innovation aux entreprises, il leur permet aussi de les confronter de façon plus immédiate et tangible aux limites sociales et environnementales de leurs activités, donc de les intégrer plus facilement. Dit autrement, lorsque le consommateur est aussi le salarié, le dirigeant ou le voisin de l'usine (ou du champ), et donc lorsque les personnes susceptibles de subir ou d'observer les impacts négatifs de l'activité sont proches – voire sont les mêmes – que celles qui les provoquent, la recherche active de solutions aux problèmes de dégradation des ressources locales, de pollutions ou de conditions de travail dégradées paraît plus probable que lorsque les parties prenantes sont éclatées aux quatre coins du monde !

> ” L'innovation est toujours un détournement !

Confrontées au « principe de réalité » local, les entreprises hyperlocales sont mieux armées pour définir un modèle économique tirant parti des opportunités et des ressources économiques, humaines, matérielles ou culturelles du territoire, tout en ajustant leur croissance et leur fonctionnement de manière à préserver ce socle à long terme.

Pour Sonia Lavadinho, cette question renvoie une nouvelle fois au récit dominant et au référentiel utilisé pour définir la juste mesure du développement et de la croissance : « Si un entrepreneur cherche avant tout à créer les conditions d'une vie bonne, on est assez loin du narratif encore très répandu qui postule que le succès entrepreneurial est au rendez-vous quand il vend son entreprise après trois ans en empochant des millions… »

La posture entrepreneuriale mérite d'être questionnée : il y a évidemment un niveau de croissance qui est suffisant au regard des limites du territoire, de la planète, des écosystèmes… et des propres limites des individus. Ce qui revient à se poser la question : ai-je besoin de grandir, jusqu'où et pourquoi ? Si l'on prend une analogie, un enfant grandit physiquement pour devenir adulte puis sa croissance revient à s'épanouir dans son être et dans sa contribution au monde. Un enfant qui continuerait à grandir ne serait pas normal, et d'ailleurs nous ne faisons pas tous cinq mètres de haut ! Autrement dit, cela ne se passe jamais comme ça dans le vivant. À partir d'un certain niveau de développement, il faut sans doute trouver d'autres expressions ou extensions de sa valeur.

Du mythe à la réalité

Le mythe consistant à dire qu'il faut grandir ou périr est très répandu chez les entrepreneurs, mais c'est un mythe. Certaines entreprises vivent très bien autrement, et depuis longtemps – par exemple **Caran d'Ache** en Suisse, maison familiale créée en 1915 qui est restée petite et emploie 300 personnes environ (dont une quinzaine de personnes handicapées), depuis toujours ancrée localement à Genève où sont conçus et fabriqués ses produits mais connue dans le monde entier. Elle utilise de l'énergie locale pour sa manufacture (avec des panneaux solaires et un système de chauffage nourri par les copeaux de bois provenant de la production des crayons) et renforce encore son ancrage local en s'engageant à passer à 20 % de bois local suisse pour ses crayons, etc. Tout cela nous ramène au fait que le véritable succès d'une entreprise est d'être aimée, et que la véritable question n'est pas tant de savoir si elle doit grandir mais si elle est appréciée pour ce qu'elle fait.

Et Ari Weinzweig de conclure avec humour : « Le local ne suffit sans doute pas à contenter Elon Musk ou Donald Trump, mais il est largement suffisant pour la plupart des entrepreneurs ! »

Préjugé #4 : « Le local n'est plus d'actualité car il n'y a plus ou pas assez d'usines en France »

C'est un fait que la désindustrialisation de nos territoires et la perte de nombreuses chaînes de valeur et de savoir-faire peuvent freiner des entrepreneurs désireux de se réimplanter ou de mieux s'ancrer. Toutefois, les territoires regorgent de « biens dormants » (matières premières, machines, ...), de résidus de production, de ressources naturelles ou de sites de production sous-exploités, de compétences insuffisamment valorisées, de souches productives (artisanat industriel) et de savoir-faire invisibles, oubliés ou méconnus parce que trop petits, cachés dans les entreprises locales. Nous avons clairement perdu en densité industrielle, mais il reste une certaine diversité productive que les entreprises peuvent encore exploiter pour trouver des fournisseurs, des partenaires ou pour se diversifier. Pour filer une métaphore forestière (où chaque arbre représenterait un secteur d'activité), nous sommes dans une grande forêt qui a perdu beaucoup d'arbres... mais qui a tout de même conservé une certaine diversité d'espèces. C'est sur ce patrimoine qu'il faut travailler[10].

Selon les chiffres publiés en 2020 par le Growth Lab de Harvard, la France se classe (encore) au cinquième rang mondial pour sa diversité productive (sur la base du panier des produits exportés). En clair, nous avons moins d'usines (et moins de grands sites de production notamment) mais nous avons préservé une certaine mixité du tissu productif. Ce panachage industriel permet à la France de maintenir un bon score de « résilience productive » comparativement à d'autres pays (en cas de choc, la France est en capacité de produire dans des quantités raisonnables près de 45 % des produits consommés par les entreprises et les

10. Fanny Rouxelin, Annabelle Richard, Boris Chabanel, Élisabeth Laville, « Résilience alimentaire, nourrir les territoires en temps d'incertitude », UTOPIES, note de position #25, février 2022, https://utopies.com/publications/note-de-position-25-resilience-alimentaire-nourrir-les-territoires-en-temps-dincertitude/.

ménages en mobilisant ou en combinant ses savoir-faire)[11]. Si, toujours selon le Growth Lab, cette diversification est à l'arrêt depuis 15 ans[12] et si l'économie française présente des « trous dans la raquette », nous ne partons pas d'une feuille blanche. Il existe même un certain nombre de secteurs où le potentiel d'une offre locale apparaît comme une évidence.

Prenons l'exemple des pâtes[13]. Actuellement trois opérateurs majeurs assurent plus de 90 % de l'approvisionnement *made in France*. En 2021, près des deux tiers des pâtes consommées en France étaient importés. La France est aujourd'hui le premier importateur par habitant. Or, il serait tout à fait envisageable de produire des pâtes alimentaires de façon plus décentralisée à condition de mieux valoriser les savoir-faire et les ressources de chaque territoire : faire « monter » les entrepreneurs qui disposent de ces savoir-faire vers la production de pâtes (ou les entreprises connexes, notamment les machines[14]), faire émerger des pratiques collaboratives ou de mutualisation (de salariés[15], d'intrants, de machines, etc.) entre de futurs investisseurs et le tissu économique local, ou accompagner l'implantation de producteurs de pâtes en valorisant les ressources locales (les céréales comme le blé tendre, l'orge, le blé dur et le maïs occupent de nos jours environ 60 % des terres arables françaises).

> « Intégrer le local au cœur même du modèle d'affaires, c'est mieux exploiter la diversité, être ingénieux et plus efficient.

11. Élisabeth Laville, Arnaud Florentin, Boris Chabanel, Annabelle Richard, « COVID 19 : une question de résilience productive », UTOPIES, note de position #20, mai 2020, https://utopies.com/wp-content/uploads/2020/05/Notedepo20_ResilienceProductive_mai2020_french_web-1.pdf/.
12. Pour l'année 2020, l'université Harvard attribue à la France la note « C » (sur une échelle de A+ à D–) pour son faible élan de diversification.
13. Arnaud Florentin, *ibid.*
14. Essaimage, incubation-accélération, mise à disposition d'espaces de production partagés, hubs alimentaires, solutions de micro-fabrication mobiles, en container (par exemple à la ferme ou sur un site industriel), systèmes de production en franchise et nouveaux modèles de contractualisation (mise à disposition de savoir-faire ou d'actifs), système de reconversion d'entreprises, appels à projets locaux, etc.
15. Une quarantaine de secteurs d'activité présentent une similitude dans les métiers mobilisés d'au moins 50 % avec le secteur de production de pâtes.

Préjugé #5 : « Le local est plus onéreux »

Le prix facialement plus élevé d'un produit « local » est très probablement l'argument le plus souvent avancé par les entreprises, les décideurs publics et certains consommateurs pour ne pas (trop) s'engager dans cette voie, qu'il s'agisse de leurs achats ou de leurs débouchés. Et cette idée reçue mérite, pour cette raison, d'être étudiée avec une attention particulière.

Sur un très grand nombre de biens de consommation, c'est en effet une réalité. Une étude du Centre d'études prospectives et d'informations internationales (CEPII) a ainsi conclu que la consommation de produits provenant de « pays à bas salaires » permettrait à chaque ménage français d'économiser entre 100 et 300 euros par mois, par rapport au coût d'un même panier de produits « *made in France* ». Une différence de prix qui est due à plusieurs facteurs : le coût de la main-d'œuvre (le salaire moyen en France tourne autour de 2 238 euros quand il peut descendre jusqu'à 260 euros en Indonésie), l'écart d'exigence dans les certifications et réglementations (notamment en phase de production) ainsi que l'efficacité du transport international. L'introduction de la conteneurisation a entraîné une réduction massive des coûts de transport. Marc Levinson[16] rapporte qu'avant l'ère des conteneurs, le transport de marchandises coûtait environ 16 % de la valeur des marchandises ; après l'introduction de la conteneurisation, ce chiffre est tombé à moins de 1 % de la valeur des marchandises[17].

Même à l'échelle nationale, le « *made in local* » souffre parfois d'un certain manque de compétitivité. Une récente étude a montré qu'une famille de Québec qui choisit de consommer principalement des produits locaux doit débourser en moyenne 25 % de plus comparativement à un panier de consommations plus

---

16. Auteur de *The Box: How the Shipping Container Made the World Smaller and the World Economy Bigger*, 2008. Traduction française : *The Box. Comment le conteneur a changé le monde*, éditions Max Milo, 2011.

17. Cela est dû à plusieurs facteurs. Premièrement, le chargement et le déchargement de marchandises sont beaucoup plus rapides avec les conteneurs. La conteneurisation a réduit la nécessité d'une main-d'œuvre intensive pour charger et décharger les navires. L'utilisation de conteneurs a réduit les dommages et le vol de marchandises, ce qui a entraîné des économies sur les coûts d'assurance. Enfin, grâce à l'optimisation de l'espace à bord des navires, des camions et des trains offerte par les containers, un seul navire peut transporter beaucoup plus de marchandises, ce qui réduit le coût unitaire.

conventionnel[18]. Assez logiquement, l'un des principaux freins au développement d'une production locale est la difficulté à créer une économie d'échelle, qui se produit lorsqu'une augmentation des volumes fabriqués conduit à une baisse du coût de production unitaire. Les entrepreneurs qui aspirent à se lancer dans une activité de production ou de transformation, se diversifier ou investir dans une activité secondaire, font face à la problématique des coûts fixes (investissement dans un nouvel outil de production ou dans de nouveaux équipements) : plus ces coûts fixes sont élevés, plus il faut attendre un certain seuil de production pour voir le coût moyen unitaire diminuer. C'est le principal argument avancé en faveur de la concentration de la production dans un même lieu et contre la micro-fabrication locale.

Face à ce constat, la conclusion traditionnelle est de déprioriser la solution locale face à une solution globale, plus optimale. Pourtant la question mérite d'être explorée et ce pour au moins deux raisons :

- D'une part, comme indiqué précédemment, l'offre globale présente des coûts cachés, parfois hypothétiques mais dont l'importance devrait être croissante dans les prochaines décennies au point d'interroger la viabilité même des entreprises ;
- D'autre part, l'offre locale pourrait être davantage compétitive si elle était plus efficiente et si de nombreuses barrières à l'entrée étaient éliminées. L'offre locale ne peut être compétitive face à l'offre globale si elle utilise le même schéma, le même modèle économique et le même canal de distribution. Pour diminuer les coûts, elle doit réinventer le lien entre territoire et création de valeur.

En ce qui concerne les coûts cachés de la globalisation, outre ce qui a été développé précédemment sur les coûts de transaction, les coûts de transition et d'adaptation climatiques mais aussi les coûts éventuels d'aléas climatiques extrêmes, il est évident qu'à l'étranger le droit du travail n'étant pas le même, cela a pour effet de renchérir par contraste le prix des produits locaux. Mais comme le souligne l'économiste Eloi Laurent, le moins-disant à l'achat est toujours un moins-disant social, environnemental ou éthique. La prise de conscience collective sur les coûts cachés des prix bas a beaucoup progressé ces dernières années grâce aux émissions « chocs » (voir, par exemple, la séquence de l'émission *Cash Investigation* dédiée au travail forcé dans les champs de coton ouzbeks),

---

18. https://www.lapresse.ca/xtra/2022-10-29/aliments-du-quebec/les-aliments-locaux-coutent-ils-reellement-plus-cher.php

aux campagnes d'associations environnementales (comme la campagne Detox de Greenpeace sur l'utilisation de composés chimiques toxiques dans le textile) mais aussi, hélas, aux scandales sanitaires (du « horsegate » en 2013 au saumon de Norvège nourri aux antibiotiques et aux pesticides) et aux accidents dramatiques (comme l'effondrement, début 2013, du Rana Plaza au Bangladesh, qui a fait plus de 1 100 morts parmi les ouvriers travaillant pour les plus grandes marques occidentales).

Dans l'agroalimentaire plus spécifiquement, les acteurs du commerce équitable (pour qui la garantie d'un prix rémunérateur aux producteurs est le point de départ fondamental d'une transition agricole et alimentaire) ont historiquement tenté de chiffrer le vrai coût des prix bas dans les pays du Sud, en l'absence de filières équitables. Ainsi une étude a été menée en 2016 pour chiffrer les coûts cachés de la filière cacao en Côte d'Ivoire et au Pérou. Les résultats sont sans appel et font apparaître que la facture des impacts sociaux et environnementaux (déforestation, pollution des eaux, évasion fiscale, travail des enfants, etc.) pèse très lourd sur les pays producteurs. Pour 1 € de valeur créée, il y aurait 77 centimes de coûts cachés dans la filière conventionnelle du cacao en Côte d'Ivoire (un produit qui ne pourrait de toute façon être relocalisé). *A contrario*, l'étude montre que ces coûts cachés peuvent diminuer de 80 % avec le commerce équitable – en particulier lorsqu'il est combiné avec une approche environnementale forte comme l'agroforesterie.

Ces éléments apportent de l'eau au moulin des lanceurs d'alerte dont les prises de parole sur le sujet sont anciennes. Et l'éditorialiste du *New York Times*, Michael Pollan, de répéter depuis plusieurs années que « l'alimentation bon marché est de toute façon malhonnête, car le vrai prix à payer est en fait déraisonnablement élevé » – qu'il s'agisse de santé, de pollution, de disparition des emplois dans l'agriculture, d'entretien ou plutôt de dégradation des paysages, etc. Dans le même esprit, le médecin Lylian Legoff affirmait, il y a quelques années, que le prix des aliments issus de l'agriculture conventionnelle serait multiplié par deux, voire trois ou quatre, s'il reflétait leur « vrai » coût global pour la santé des hommes et pour la planète. Il est vrai que les prix sont souvent artificiellement maintenus à un niveau bas en raison de différents facteurs venant « fausser » leur fixation, comme les subventions, les offres promotionnelles permanentes ou encore le fait que les externalités environnementales et sociales ne sont de toute façon supportées financièrement par aucun acteur de la chaîne, ou alors par la collectivité tout entière (*via* les impôts), voire pire encore par les générations futures... Comme le dit Jean-François Caron, ancien maire de Loos-en-Gohelle

(Pas-de-Calais) et fondateur de La Fabrique des Transitions, « tout dépend de ce qu'on prend en compte pour dire que le local est plus cher : il faut une vision holistique, car les citoyens devront payer de toute façon. Pour réduire ce qu'ils devront prendre en charge, il faut s'inscrire dans des boucles locales. »

Les prix cassés ne font pas toujours le marché

Alors que la globalisation n'est aujourd'hui pas payée à son coût réel, il est essentiel d'interroger la notion de « prix juste » en regardant comment se répartit la valeur entre les différents intervenants. Ce dernier sujet est d'ailleurs devenu l'une des principales attentes des consommateurs à l'égard des marques : 32 % d'entre eux plébiscitent désormais des informations sur la répartition du prix entre les différents acteurs[19]. Ainsi, à l'image de ce que faisait historiquement le commerce équitable en dévoilant la décomposition du prix pour tous les acteurs de la chaîne de valeur, les initiatives se multiplient, tout particulièrement chez les acteurs du « *made in local* » pour rendre le prix plus intelligible, plus compréhensible, plus juste pour tous. Avec l'idée que les gens ne cherchent pas forcément le prix le plus bas s'ils savent ce qu'ils payent. C'est le cas notamment, article par article, pour la marque de produits équitables locaux[20] **Paysans d'Ici**, lancée en 2011 par l'entreprise coopérative Ethiquable, dont près de la moitié du prix bénéficie aux petits producteurs des 14 coopératives avec lesquelles elle travaille en France. C'est le cas aussi du **Slip Français**, à l'appui des propos de son fondateur Guillaume Gibault expliquant que si le local coûte plus cher, c'est qu'il défend un modèle social pour lequel les citoyens sont aussi prêts à descendre dans la rue – avec en France les cinq semaines de congés payés, le SMIC, etc. Il décompose donc, à titre d'exemple, dans sa communication et de manière très transparente le prix de vente de son boxer phare, commercialisé en boutique à 40 euros et dont les principales composantes (hormis la TVA pour 6,68 euros) sont la confection en France (9 euros), les boutiques (5,50 euros), le marketing (4,20 euros)... loin devant la marge de la marque (3,40 euros) ou la matière première (3,10 euros).

L'initiative la plus probante à cet égard est, sans doute, en France, celle de la marque **C'est Qui le Patron ?**, qui s'est fait connaître en 2016 en proposant une brique de lait équitable dont le succès a été immédiat et soutenu dans le temps, puisqu'elle est devenue en 2021 la première marque nationale vendue au rayon

19. Baromètre Greenflex-ADEME, 2016.
20. La loi n° 2014-856 du 31 juillet 2014 relative à l'économie sociale et solidaire a ouvert la possibilité d'exercer un commerce équitable Nord-Nord, dénommé « commerce équitable local ».

lait UHT en hypermarchés et supermarchés, devant les géants du secteur Lactel et GrandLait[21] – et alors même qu'elle n'est présente que dans 59 % des magasins. Créée sous la forme d'une coopérative de consommateurs qui souhaitent « reprendre en main différemment leur consommation et redonner des sourires à l'autre bout de la chaîne en rémunérant les producteurs au juste prix », elle affiche désormais plus de 30 produits créés (œufs, fraises, pizzas, beurre, jus de pommes...) vendus en grande distribution, plus de 3 000 producteurs soutenus partout en France et plus de 13 000 sociétaires engagés dans la démarche ! Son originalité tient au fait que les cahiers des charges et les prix – assurant une juste rémunération aux producteurs – ont été fixés par des consommateurs. Le principe est assez simple : il consiste à demander au consommateur son avis sur les qualités souhaitées pour un produit donné et le « juste prix » qu'il est prêt à mettre en contrepartie, afin de garantir une rémunération décente au producteur (laquelle est construite à partir des coûts des producteurs, ajustée en continu en fonction de leurs besoins et des variations de leurs charges, selon des contrats triennaux permettant de se projeter dans l'avenir et d'investir dans l'exploitation). Depuis son lancement, C'est Qui le Patron ? a vendu plus de 380 millions de produits solidaires à 15 millions de consommateurs. Sans publicité, sans commerciaux, elle a réussi à conquérir les consommateurs avec un modèle d'achats solidaires remettant en cause le concept du « prix le plus bas », établi par la grande distribution.

Concrètement, la bouteille de lait est ainsi vendue quelques centimes de plus que ses concurrentes (elle n'est pas nécessairement plus onéreuse que celle des grandes marques, dont le marketing pèse lourd), permettant de dégager des revenus plus décents pour les éleveurs alors que le monde agricole traverse une crise exceptionnelle. « Mais attention, précise le fondateur de la marque, Nicolas Chabanne[22], ce n'est pas de la charité : pour en moyenne 4 euros de plus par an, le consommateur sait qui produit son lait et comment il travaille ; c'est un engagement bilatéral. » Dans un climat morose pour la filière française de production de lait, l'initiative (qui permet de payer correctement tous les

21. Nielsen, CAM P06, 2021, en hypermarchés et supermarchés, hors marques de distributeur et promotions.
22. « C'est qui le patron ?, la marque qui rend consom'acteur », site du ministère de l'Agriculture et de l'Alimentation, 23 août 2017.

maillons de la chaîne et de les relier) a fait, par exemple, du bien à la coopérative de Bresse-Val-de-Saône (Ain), qui regroupe une cinquantaine d'exploitations, dont certaines étaient en grande difficulté. C'est Qui le Patron ? leur garantit en effet 39 centimes d'euro par litre de lait *via* la laiterie de Saint-Denis-de-l'Hôtel, soit environ 25 % en plus du prix consenti par les grands collecteurs de lait français. Et pour le producteur, ces quelques centimes font toute la différence. « Cela montre qu'il est possible de faire différemment », explique Martial Darbon, président de la coopérative. Y compris dans la grande distribution… et ce n'est pas la moindre vertu de cette initiative que d'acculturer ses enseignes partenaires.

Car le circuit de distribution peut changer assez significativement la fixation du prix. Un exemple en grandes surfaces est le choix de la marge appliquée aux produits, indépendamment du prix pratiqué par le producteur. Une étude de l'UFC-Que Choisir[23] avant la crise de la Covid a ainsi montré que si remplir son panier de fruits et de légumes biologiques coûte 79 % plus cher qu'avec des produits conventionnels, 46 % de ce surcoût était dû à des « surmarges » de la grande distribution visant à profiter d'un marché de niche – l'autre moitié étant liée à la spécificité de l'agriculture biologique, dont les rendements sont moindres et le besoin de main-d'œuvre supérieur. Dans le même esprit, on trouve souvent dans les grandes surfaces des aberrations sur le sens même des prix cassés, aboutissant par exemple à ce qu'une écorecharge de telle marque de lessive connue soit couramment vendue 15 % plus cher[24] (prix ramené au nombre de lavages) que le bidon correspondant (qui reste le produit d'appel), au mépris de la règle qui voudrait que le prix soit une information donnée au client sur le coût global (et, en l'occurrence ici, écologique) d'un produit et une incitation à choisir l'offre la plus responsable.

Mettre la main à la pâte… plutôt qu'au portefeuille ?

Dans l'agroalimentaire, contrairement à une idée reçue, les circuits alternatifs proposent, pour des produits locaux et souvent bio, des prix moins élevés que ceux des autres circuits de distribution. Le prix des paniers de produits locaux offerts n'apparaît donc pas comme un frein à leur extension aux plus modestes.

---

23. Extrait de l'étude de l'UFC-Que Choisir : « Fruits et légumes bio en grandes surfaces : une consommation freinée par une offre indigente et des marges indigeste », 29 août 2017.
24. Exemple d'écart constaté sur la lessive Briochin : + 15 % par lavage pour l'écorecharge sur le site Carrefour.com, juin 2023.

Au contraire, en favorisant l'approvisionnement en produits frais à cuisiner, ces systèmes peuvent contribuer à une réduction du budget consacré à l'alimentation comparé à l'achat de produits préparés.

Dans 63 % des cas, selon une étude menée en Rhône-Alpes, les prix des paniers proposés en AMAP (Associations pour le maintien de l'agriculture paysanne) sont plus faibles que ceux relevés dans les autres circuits de distribution[25].

Les choses évoluent et l'économiste expert du local Michael Shuman insiste aussi, concernant les marchés non alimentaires, sur le fait que les avantages liés à la production globalisée et au recours aux importations se réduisent au fur et à mesure de la montée des enjeux climatiques notamment, mais aussi du renchérissement des coûts de transport, du coût avéré des problèmes de délais ou de non-qualité, des ruptures dans les chaînes d'approvisionnement lors des crises récentes et enfin du fait qu'en Chine, qui était l'usine *low-cost* du monde, l'émergence de la classe moyenne a pour conséquence un travail dit à bas prix qui ne l'est plus vraiment.

Préjugé #6 : « Le local, ce n'est pas pour les grandes entreprises »

À l'évidence cette idée-là est fondée sur du bon sens : toutes les organisations commencent localement, sans doute, et donc créer une entreprise locale est plutôt facile au début. Comme le dit Olivier Sibony, professeur de stratégie à HEC et Oxford, « c'est un problème de passage à l'échelle. On pourrait donc se dire que par définition l'avenir de l'entreprise locale c'est la petite entreprise, qui collectivement pèse beaucoup. Mais on peut aussi se poser une question plus militante, qui consiste à savoir si le local est un sujet important (pour l'économie, pour le climat, etc.) ou plus anecdotique. La réponse n'est pas binaire, sans doute : on peut combiner les approches et être une grande entreprise avec un fort ancrage local ou même multi-local… »

25. « Le prix des paniers est-il un frein à l'ouverture sociale des AMAP ? Une analyse des prix dans sept AMAP de la Région Rhône-Alpes », Patrick Mundler, été 2013

Timothée Duverger, chercheur et expert de l'économie sociale et solidaire, le confirme : ses travaux sur la RTE montrent que le local est tout aussi adapté aux grandes entreprises qu'aux PME-PMI. « Les grands groupes peuvent développer des fonctions de médiation territoriale, affirme-t-il, et ont même tout intérêt à le faire, car l'acceptabilité de leurs activités et leur marque employeur en dépendent ». Il insiste aussi sur le rôle des grandes entreprises dans la création de nouveaux récits entrepreneuriaux et dans le changement des normes sociales : « Si elles s'y mettent, tout le monde s'y mettra, c'est un vrai levier de changement. La bonne nouvelle est qu'en ce moment beaucoup de grands groupes s'intéressent au local, et pas juste par opportunisme – je constate *a minima* une réelle curiosité. »

Les grandes entreprises ont un rôle majeur à jouer en effet, par la création de nouveaux imaginaires entrepreneuriaux mais aussi par leur capacité à organiser ce mouvement en réseaux ou en plateformes, à incuber, à accélérer, à financer, etc.

La santé, terrain de jeu local par excellence

Parmi les exemples les plus probants, on trouve notamment celui du laboratoire danois **Novo Nordisk**, groupe centenaire détenu par une fondation-actionnaire, et qui emploie plus de 50 000 personnes à travers 80 pays : leader de la lutte contre le diabète, Novo Nordisk est aussi pionnière des stratégies de développement durable et a lancé en 2014 son programme Cities Changing Diabetes avec deux partenaires principaux, le Steno Diabetes Center de Copenhague et l'University College de Londres. L'objectif est simple : il est indispensable de ralentir l'épidémie de diabète, faute de quoi les entreprises comme Novo Nordisk ne parviendront plus à fournir de l'insuline en quantités suffisantes. Pour cela, la prévention est clé – et notamment de l'obésité : d'après les études, pour limiter la hausse des cas de diabète à 10 % à horizon 2045, il est indispensable de réduire la prévalence mondiale de l'obésité de 25 %. Pour lutter efficacement contre l'obésité, l'échelle locale est clé – car il faut pouvoir activer les deux leviers principaux que sont une alimentation plus saine et une meilleure activité physique : cela suppose de pouvoir agir en même temps sur les comportements et sur les infrastructures, ce que permet évidemment l'échelle locale. Et ce, d'autant plus que les 75 % des patients atteints de diabète de type 2 vivent en ville. Le programme Cities Changing Diabetes[26], qui a donc initialement été lancé dans huit grandes villes pilotes (dont Copenhague, mais aussi Houston, Mexico, Rome, Vancouver ou Shanghai...), est

26. www.citieschangingdiabetes.com/.

désormais déployé dans plus de quarante villes au monde, avec plus de 150 partenaires locaux, dont les équipes municipales mais aussi des universités locales, des associations de patients, des assureurs, des entreprises, etc. Novo Nordisk mène avec eux des actions de terrain, soutenues par un travail continu de recherche et publications visant à inspirer l'action (bonnes pratiques, outils méthodologiques, etc.) mais aussi des initiatives de lobbying comme une déclaration sur le diabète en ville signée par une vingtaine de maires de grandes agglomérations (comme Berlin, Bologne, Gênes, Houston, Milan, etc.) engagés pour faire de la santé de leur population un thème transversal dans les politiques publiques, en intégrant aussi la question de la justice sociale et de l'équité dans l'accès aux soins.

Cette approche très locale de la prévention en santé est également celle de **Meiji Yasuda**, la plus ancienne (1881) et troisième plus grande mutuelle d'assurance-vie au Japon, avec près de 50 000 salariés. Pendant la pandémie de Covid-19, Meiji Yasuda a élargi la mission de ses salariés, passant de la protection contre les conséquences des maladies à la prévention et à la préservation de la vitalité et de la santé de ses clients à celle, plus holistique, des communautés locales. En avril 2020, l'entreprise a lancé MY Mutual Way 2030, un plan de 10 ans pour transformer Meiji Yasuda en leader de son secteur autour d'une mission visant à « assurer le bien-être des individus et la vitalité des communautés » d'ici à 2030. Dans la foulée, Meiji Yasuda a conclu des accords de partenariat avec 800 municipalités pour promouvoir la santé et le bien-être localement, en renforçant aussi la solidarité et le lien social. Dans le cadre de son projet de « revitalisation des communautés », la mutuelle s'est aussi associée avec J League, la ligue professionnelle de football japonaise, pour organiser des séances d'activité physique en visio ou en présentiel dans plusieurs villes. Et en avril 2022, l'entreprise a aussi étendu le rôle de ses agents à des tâches traditionnellement effectuées par les assistantes sociales – considérant que pour ses clients âgés vivant seuls (les plus de 65 ans représentant 30 % de la population de l'archipel, dont l'espérance de vie est de 84 ans), « les médicaments ne sont pas la seule solution et qu'un soutien non médical revêt un énorme potentiel pour aider ces personnes à augmenter leur espérance de vie en bonne santé », comme l'explique Hideki Nagashima, PDG de Meiji Yasuda.

Même thème (la santé et l'activité physique pour tous) et même approche encore chez **Nike**, marque qui est passée en quelques années d'un vendeur de chaussures et d'équipements sportifs globalisé à une entreprise dont la vocation est d'inciter chacun à pratiquer une activité sportive là où il se trouve. Nike affirme, dans son rapport de développement durable, que son objectif est d'avoir un impact avant tout local – puisque tous les sports sont par définition liés à un lieu particulier, à un terrain de sport, qu'il soit improvisé ou tracé dans les règles de l'art... Sa stratégie intègre donc officiellement la promotion de l'activité physique dans toutes les villes où la marque est présente, en partenariat avec les acteurs locaux, publics et privés. De l'organisation de sessions de running régulières et gratuites dans ses principales villes d'implantation (pour les clients comme les non-clients) à la réhabilitation d'infrastructures à l'abandon, notamment dans des quartiers qui en manquent (voir, à Paris, la rénovation du terrain Duperré dans le 9e arrondissement ou la transformation d'une église de Chicago en *playground* de basket-ball pour les équipes locales), Nike encourage la pratique sportive de tous les citadins. Un engagement de marque axé sur le sport, certes, mais qui prend aussi la liberté de s'en éloigner. En liant la mobilité à l'exercice d'une pratique sportive (le vélo), Nike a notamment réussi à se faire un nom dans un domaine a priori en dehors de son cœur de business : la mobilité urbaine. En juillet 2016, la marque a lancé un système de vélos en libre-service dans la ville de Portland, aux États-Unis : 1 500 vélos labellisés Biketown (dont certains sont adaptés au public handicapé) sont ainsi à disposition des habitants et des salariés de Nike. Avec à son actif le plus grand parc à vélos des États-Unis à ce jour, la marque de sneakers souhaitait investir dans une ville hautement stratégique – la plus proche de son siège social – et devenir, par la même occasion, le premier équipementier sportif à financer une flotte de vélos en libre-service en zone urbaine. Nike a financé le projet à hauteur de 10 millions de dollars et conçu l'ensemble des stations, équipées de vélos orange et siglées d'une discrète virgule. À noter : l'utilisation du service est gratuite pour les étudiants boursiers, pour les lycéens de plus de 16 ans, mais aussi pour les bénéficiaires d'un logement social, les chômeurs, les retraités...

Toujours en matière d'activité physique, l'enseigne de sport **Decathlon** (plus de 100 000 salariés et 1 700 magasins partout dans le monde) a lancé, en 2001 en France, le concept innovant des Decathlon Villages, pensés comme de véritables « hubs » ou écosystèmes locaux dédiés au sport, ancrés au cœur des communautés locales. Chaque Decathlon Village est ainsi un lieu de promotion du sport à l'échelle locale, où des espaces d'activités coexistent avec un magasin Décathlon : partenaires associatifs, clubs de sport locaux, salles et aires de pratique (squash, padel, escalade, équitation, etc.), terrains à louer, parcours extérieurs souvent gratuits, cabinets d'ostéopathes, etc. L'objectif est de favoriser la rencontre, l'échange et le partage autour de la pratique sportive. En 2023, on compte dix Decathlon Villages en France, dans des villes telles que Lyon, Caen, Toulouse, Lille, Pornic, Angers, Rennes ou Bouc-bel-Air (Bouches-du-Rhône). Les partenaires locaux varient d'un village à l'autre, allant des clubs de foot locaux aux écoles de yoga, à l'image du tissu sportif local. Par ailleurs, ces Decathlon Villages organisent régulièrement des animations gratuites pour faire découvrir aux habitants de nouveaux sports, ce qui contribue aussi à renforcer le lien entre l'enseigne et la communauté locale.

Quand les petits inspirent les grands…

Signe des temps, les grands groupes s'y mettent : le géant de l'hôtellerie **Accor**, bien déterminé à devenir un groupe « multi-local », a lancé en 2023 Greet, une nouvelle enseigne « engagée localement » – sous le nom de laquelle il envisage d'ouvrir 300 hôtels en Europe à l'horizon 2030. Pour définir ce nouveau concept, le groupe Accor s'est associé avec l'Atelier Consommateur & Citoyen, un nouveau collectif créé à l'initiative de la marque C'est Qui Le Patron ? : « L'objectif de ce partenariat est de travailler *via* une nouvelle approche visant à tout construire directement avec les consommateurs, de la cocréation du projet aux pistes de progrès et évolutions constantes du concept pour faire de Greet le modèle hôtelier durable de référence », explique le groupe. Concrètement, les hôtels sont positionnés sur le segment économique, avec un concept qui met notamment en avant l'économie circulaire dans l'aménagement (tous les éléments de décoration et de mobilier, sauf la literie, sont issus de vide-greniers, d'organismes solidaires ou de créateurs locaux), l'offre de restauration locale et le « *social hub* » : un espace de détente de 100 m^2 pour permettre aux clients de l'hôtel comme à ses voisins de se détendre, de travailler ou de se divertir – avec une bibliothèque partagée et des jeux vintage pour adultes ou enfants, ainsi qu'occasionnellement des événements organisés en partenariat avec des acteurs locaux ou des associations des environs. Dernier point-clé de l'ancrage local du concept : l'objectif de la marque est de séduire et de reconvertir des hôtels indépendants, dirigés par des entrepreneurs locaux.

Autant dire que le local séduit de plus en plus les grandes entreprises, qui y trouvent sans doute un moyen de retisser un lien de proximité (dans tous les sens du terme) avec leurs clients et leurs salariés actuels ou potentiels.

Préjugé #7 : « L'approche locale ne vaut que pour certains secteurs »

La rubrique « Activités locales » du *Strategor*[27] suggère que l'approche locale est avant tout le fait « de secteurs réglementés, encore fermés à la concurrence étrangère », comme les services postaux, les transports urbains ou ferroviaires, la distribution de gaz et d'électricité ; mais qu'elle domine aussi dans « des secteurs fragmentés dans lesquels les économies d'échelle sont limitées, les spécificités locales fortes, les avantages dont jouissent les premiers installés difficiles à rattraper, et le transport des produits ou la délocalisation des services peu aisés ». Les auteurs citent, par exemple, les services de proximité (plomberie, coiffure, blanchisserie, services de santé, etc.) qui sont fournis par des prestataires locaux. À l'inverse, les activités dites « multidomestiques » sont des industries internationales dans lesquelles la concurrence se joue avant tout pays par pays.

Pour Olivier Sibony, professeur de stratégie à HEC et Oxford, la question-clé est : « Cette approche locale peut-elle être déployée sur des marchés qui ne sont pas fondamentalement locaux ? » Il reprend la distinction du *Strategor* entre des produits fragiles et chers à transporter comme le lait ou la bière et les oppose aux moteurs d'avion, par exemple, dont la production est naturellement onéreuse et qui doivent être amortis sur le marché mondial.

> « Certes, la bière est devenue un marché mondial mais en réalité cela n'est pas tellement justifié, il y a une vraie logique stratégique sur de tels marchés à avoir des acteurs mondiaux opérant des activités multi-locales. De même, lorsqu'Uber a annoncé qu'il allait construire un leader mondial des applications pour commander des taxis, j'ai fait partie des gens qui ont écrit que fondamentalement il n'y avait pas de raison que ce *business* très local devienne mondial, car je pense en effet qu'il n'y a pas de fatalité à ce que tous les marchés deviennent mondiaux. D'une certaine façon, la charge de la preuve va à celui qui revendique une approche locale : c'est lui qui doit expliquer l'avantage qu'il en retire, pour motiver un choix positif de ses clients. »
>
> **Olivier Sibony**

27. Bernard Garrette, Laurence Lehmann-Ortega, Frédéric Leroy, Pierre Dussauge, Rodolphe Durand *et al.*, Dunod Éditeur, 8e édition, 2019.

L'économiste Gabriel Colletis va plus loin : « L'approche sectorielle n'est pas la bonne car elle conduit trop souvent à résumer ce qu'est une entreprise à l'offre qu'elle met sur le marché. Cette approche restrictive nous fait passer à côté de l'essentiel, à savoir le besoin adressé par l'entreprise et les multiples ressources internes et externes (savoir-faire, matières, technologies, éléments culturels, etc.) qu'elle combine pour délivrer une réponse à ce besoin. » Ainsi, n'importe quelle entreprise, quel que soit son secteur, peut s'orienter vers un modèle hyper-local. Ce qui compte ici avant tout c'est l'attention accordée à la demande locale et la manière avec laquelle l'entreprise redéploie ce qu'elle sait faire pour y répondre.

Préjugé #8 : « Le local, c'est un impératif éthique mais le pragmatisme économique est ailleurs »

Cette idée reçue ne résiste pas, comme souvent, au déminage du piège de la pensée binaire qui la fonde. Car l'ancrage local repose sur plusieurs arguments éthiques forts, soutenus par divers courants de pensée philosophique et sociologique :

- D'abord, évidemment, il renvoie directement à l'idée d'un exercice « en conscience » de l'entrepreneuriat, à la notion d'une responsabilité plus large de l'entreprise envers la société et le territoire qui lui permettent l'exercice de ses activités – en lui fournissant des ressources humaines et naturelles, des routes et autres infrastructures, un tissu économique sur lequel s'appuyer, etc.
- Ensuite, on l'a vu, l'ancrage local favorise des chaînes d'approvisionnement courtes, ce qui réduit l'empreinte carbone et s'inspire du fonctionnement des écosystèmes naturels, de manière précisément à mieux respecter la vie sur Terre, en reconnaissant sa valeur intrinsèque plutôt que de considérer la « nature » comme une inépuisable banque de ressources qui ne vaut que par son utilité pour l'usage humain[28].
- Par ailleurs, soutenir l'économie locale peut aider à réduire les inégalités et à promouvoir une répartition plus équitable des ressources – ce que défend par exemple l'économiste Ernst Friedrich Schumacher dans son livre *Small is Beautiful : une société à la mesure de l'homme*[29]. Enfin, l'engagement local de l'entreprise contribue à prendre soin du tissu social et à renforcer le sens de la solidarité, un « chemin de société » qui rend les communautés

28. Voir notamment sur ce sujet la pensée du philosophe norvégien et fondateur de l'écologie profonde Arne Naess.
29. Points Seuil, édition originale : Hartley & Marks Publishers, 1999.

plus résilientes face aux crises, comme le rappellent les experts du GIEC au fil de leurs rapports sur le climat qui abordent aussi des dimensions non-techniques. Cela s'aligne aussi avec l'éthique du *care*, popularisée notamment par la psychologue et féministe américaine Carol Gilligan, dont les travaux valorisent l'attention aux autres, la responsabilité et la réponse aux besoins d'autrui.

L'entreprise ancrée localement développe ainsi une économie qui n'est plus uniquement fondée sur des échanges de biens, mais aussi sur des relations de confiance et de proximité : elle opère dans un champ plus sensible, dépassant la simple transaction monétaire. L'ancrage de l'entreprise hyperlocale est aussi guidé par l'attachement au territoire des hommes et femmes qui la compose et par leur volonté de contribuer à la prospérité de la communauté locale.

© 1083

Comme le dit bien Thomas Huriez, créateur de la marque textile **1083** (chapitre #9), « quand on est proches de ses clients, quand il y a moins d'intermédiaires entre les acteurs d'une filière, on s'accorde mieux et on forme une meilleure filière. Cette responsabilité résulte de l'émotion plus que de la réflexion, puisque l'on est confronté aux conséquences immédiates de ce que l'on fait. »

De l'ancrage à l'intérêt général

Une entreprise n'est pas locale toute seule. Elle fait partie d'un écosystème « avec lequel elle entretient une boucle positive entre ce qu'elle donne et ce qu'elle reçoit », comme le rappelle Gabriel Colletis. Le local permet à l'entreprise non seulement d'assumer une responsabilité à l'égard de ses impacts directs, mais de se positionner plus largement en coresponsabilité des destinées locales.

Autrement dit, il y a de vraies raisons éthiques qui poussent les entrepreneurs à travailler leur ancrage local. Gandhi fut d'ailleurs historiquement l'un des grands promoteurs d'une économie décentralisée sur les territoires et de l'entrepreneuriat hyper-local. Rappelons-nous que le mot « commerce » a la même racine étymologique que « merci » – ce qui dit assez l'importance des relations interpersonnelles et de la dimension de service aux autres dans l'aventure entrepreneuriale.

Comme l'écrivait Khalil Gibran dans *Le Prophète*[30] : « Le travail c'est de l'amour rendu visible. » De ce point de vue, souligne Satish Kumar, ancien moine Jaïn, activiste de la paix et fondateur du Schumacher College, la connaissance d'un lieu contribue à la connaissance de soi : « L'entreprise locale prend soin, littéralement, de la culture, des liens sociaux, au-delà des biens matériels. En ce sens, l'économie locale est importante pour la spiritualité : les religions nous disent toutes d'aimer notre prochain ou nos voisins – mais dans l'économie globalisée nous n'avons plus de voisins dont prendre soin, et plus de relations directes avec personne ! Car nous devons développer une conscience globale et cosmique, mais il est impossible d'aimer notre prochain et de respecter la vie de manière abstraite : nous ne pouvons le faire que concrètement, là où nous sommes, dans le lieu où nous vivons... »

> ”
> L'entreprise locale prend soin, littéralement, de la culture, des liens sociaux, au-delà des biens matériels.

Si le choix d'insertion ou d'ancrage de l'entreprise sur son territoire est donc indéniablement éthique, il est d'ailleurs sans doute aussi politique, au sens où il est fondé sur une vision du vivre-ensemble, sur un parti pris de « coconstruction de la maison » que l'entrepreneur veut défendre par ses pratiques.

Comme expliqué précédemment, le local permet de faire « atterrir » la puissance économique de l'entreprise, et de mener des arbitrages *in situ*, allant jusqu'à questionner des dynamiques plus descendantes – réglementations européennes ou nationales : une puissance d'agir sur le réel qui profite à la vitalité politique locale.

En faisant se rencontrer une idée entrepreneuriale et un territoire, nombre d'entrepreneurs du local présentés dans ce livre participent, à leur échelle, à la résolution de défis politiques territoriaux :

- **Soutenir le développement économique et social**. **Michelin Développement** (chapitre #7) ou le **groupe Archer** (chapitre #5) se donnent pour mission de soutenir les petits entrepreneurs dans des territoires parfois en déclin économique. Ils constituent de véritables points d'appui financier pour les politiques de développement économique et social.

---

30. Ouvrage paru en anglais en 1923 aux éditions Alfred A. Knopf, New York. Traduction de Nicola Hahn et Lassaâd Métoui (préface d'Amin Maalouf), Le Livre de Poche, 1996.

- **Valoriser le patrimoine local**. Le constructeur **Cella Building Company** (chapitre #9) a ainsi su mettre son expertise au service de la préservation et du renouvellement du patrimoine architectural d'une région, quand d'autres comme la marque **Oaklandish** (chapitre #7) célèbrent l'identité, la créativité et la diversité de leur ville d'origine.
- **Offrir de nouveaux espaces d'expression citoyenne**. **Colu** (chapitre #6) a permis de renouveler les démarches de concertation et d'animation dans plusieurs grandes villes du monde. La banque **Raiffeisen** (chapitre #6) facilite le financement de projets portés par les citoyens et permet d'agir directement sur le quotidien et le cadre de vie de la communauté locale. **Bouge Ta Boîte** (chapitre #7) soutient l'entrepreneuriat au féminin en développant des cercles locaux de rencontre et de mise en réseau, tandis que Start-up de territoires, une initiative du **groupe Archer** (chapitre #5) propose, lors de soirées rassemblant plusieurs milliers de participants, de générer des idées entrepreneuriales qui répondent à des enjeux locaux, offrant ainsi un nouveau souffle à l'engagement citoyen.
- **Accompagner la transition des modes de vie**. Grâce à sa plateforme entièrement personnalisable de gestion de fermes solaires locales, **Neighborhood Sun** (chapitre #6) a réussi le pari de la démocratisation des énergies renouvelables : tarif préférentiel pour les ménages à faible revenu, sensibilisation aux usages des renouvelables et à la sobriété, se posant comme un partenaire-clé des politiques climatiques dans sa région.
- **Œuvrer à la préservation des communs écologiques** : explorant des modèles économiques à revenus mixtes, **Soqtapata** (chapitre #7) et **Feronia Forests** (chapitre #5) parviennent à générer de la valeur économique (touristique, alimentaire ou intellectuelle), tout en préservant des écosystèmes forestiers dont ils – comme tout leur territoire – dépendent.

Le local permet aux entreprises de répondre à l'invitation formulée par Jean-François Caron, ancien maire de Loos-en-Gohelle : « Si l'entreprise souhaite s'assurer de produire des communs, c'est-à-dire des biens et des services reconnus collectivement comme utiles à la société, il est essentiel qu'elle confronte sa propre vision avec celle des élus. C'est une question évidemment politique : en quoi mon ancrage local est-il au service de l'intérêt général ? »

De l'éthique à l'économique

Pour autant, et même si les militants de l'ancrage local le sont souvent d'abord pour des raisons éthiques, des arguments économiques solides sous-tendent cette approche. Car l'entreprise locale y gagne une meilleure compréhension de son marché et de la communauté qu'elle sert, ce qui peut conduire à des produits ou services plus adaptés et pertinents, et par conséquent à une plus grande satisfaction des clients et à une fidélité accrue.

Le renforcement des relations avec la communauté locale conduit aussi l'entreprise à bénéficier d'une réputation et d'une image de marque positives, ce qui attire les consommateurs en quête de produits locaux et facilite les partenariats bénéfiques avec d'autres acteurs du territoire. Enfin et de manière évidente, en créant des emplois et en contribuant positivement à une économie durable sur leur territoire, les entreprises locales sont plus susceptibles d'être soutenues par les institutions locales et les politiques publiques.

Deux exemples récents de territoires qui montrent la voie, en France : consciente que la transformation du modèle économique régional passe par celui du modèle des entreprises du territoire, et dans la lignée de son objectif de devenir « la première région à économie engagée » en permettant à 50 % des entreprises locales de se lancer dans une évolution vers un modèle plus durable, la **Région Occitanie** a rendu obligatoire, début 2023, l'autoévaluation des entreprises avec l'Impact Score du Mouvement Impact France, afin de mettre en œuvre une conditionnalité des aides régionales (sans condition de performance ou de niveau minimal dans un premier temps). De la même façon, la **Métropole de Lille** demande aux entreprises sollicitant une subvention, depuis 2022, d'autoévaluer leurs pratiques RSE avec un outil inspiré du questionnaire B Corp.

CHAPITRE #4

Réinventer le localisme : vers un nouveau récit inspiré des circuits courts

Le sujet de l'alimentation parle à toutes et à tous. Nos choix alimentaires, aussi insignifiants soient-ils en apparence, sont autant d'occasions quotidiennes de faire progresser des alternatives meilleures pour notre santé et pour celle de la planète. Ces sujets, par chance, convergent quasi parfaitement[1] et c'est une autre vertu pédagogique de l'alimentation que d'illustrer l'interdépendance des enjeux : ce que nous faisons à la nature par le biais de ce que nous mangeons, et par la façon dont nous le mangeons, c'est à nous-même, et aux générations futures, que nous le faisons. Manger est devenu un acte agri-culturel, écologique et politique, et c'est sans doute pourquoi il est utile de penser un nouveau récit du localisme à partir d'une analogie alimentaire, qui inspire déjà la transformation de certains secteurs, comme ceux de l'énergie ou de la banque, autour des concepts-clés de circuits courts, de transparence et de traçabilité.

1. Voir la double pyramide développée par le Barilla Center for Food and Nutrition.

L'agroalimentaire, secteur emblématique des enjeux de la transition… et d'une économie « hors-sol »

Car si l'alimentation est notre première médecine, elle est aussi décisive pour la santé… de notre planète : pour pouvoir nourrir 3 milliards de bouches supplémentaires en 2050 et réduire aussi de moitié le nombre de personnes sous-alimentées dans le monde, l'humanité est engagée dans une logique de production de plus en plus industrialisée. Résultat : environ 80 % de ce que mangent les humains est désormais issu de l'industrie agroalimentaire[2] et il faut en moyenne quinze calories-pétrole pour produire une calorie-alimentaire[3].

Bienvenue en absurdie

La révolution agro-industrielle a introduit un biais dans notre alimentation et, ce faisant, dans notre lien à la nature et au local. En effet l'alimentation est, fondamentalement, ce qui relie les êtres vivants que nous sommes, comme tous les animaux, à la nature, à la fertilité de la terre qui nous entoure et à l'énergie du soleil. Parce que l'agriculture transforme les paysages et les espèces, parce que nos aliments nous relient aux autres espèces, notre alimentation est révélatrice de notre relation à la nature et au local. Cela peut être difficile à percevoir aujourd'hui, mais même une barre chocolatée ou le contenu d'une boîte de conserve nous relie, dans une certaine mesure, à la nature et au local, de manière certes distanciée (et c'est une partie du problème).

Car la chaîne alimentaire n'est finalement, depuis la nuit des temps[4], qu'une façon pour les espèces de se transmettre l'énergie solaire que seuls les végétaux ont la capacité de synthétiser, et que nous récupérons, sous forme de calories, quand nous mangeons des plantes ou des animaux qui se nourrissent de ces plantes. Avec l'avènement de la nourriture industrielle, les règles du jeu ont changé, pour la première fois dans l'histoire de l'humanité : d'une alimentation dépendante à 100 % de l'énergie solaire, nous sommes passés à une chaîne alimentaire qui puise l'essentiel de l'énergie qu'elle consomme dans les carburants fossiles (une énergie qui vient aussi, initialement, du soleil mais qui est finie et non renouvelable, contrairement à l'énergie solaire). Aujourd'hui, les trois quarts

---

2. *L'avenir en vert*, Comité 21, Seuil, 2007.
3. Élisabeth Laville et Marie Balmain, *Un régime pour la planète*, Pearson-Village Mondial, 2007.
4. Voir *The Omnivore's dilemma*, de Michael Polan, Penguin Press, 2006.

de l'énergie nécessaire pour notre alimentation sont en effet consommés après la production agricole, par des phases de transport, transformation, emballage, conservation et distribution... qui ne se font plus en proximité.

Ainsi, nous exportons désormais la majorité de ce que nous produisons alors que, dans le même temps, nous importons la majorité de ce que nous consommons : les États-Unis exportent 1,4 million de tonnes de bœuf et importent exactement la même quantité du même produit chaque année, l'Angleterre exporte 270 millions de litres de lait par an et en importe 170 millions, et en 2007 la Grande-Bretagne et l'Australie ont échangé 20 tonnes d'eau en bouteille[5] ! Notre alimentation voyage plus que nous, de manière à nouveau irrationnelle : la moitié des fruits de mer pêchés en Alaska sont transformés en Chine... mais la plupart atterrissent ensuite dans les supermarchés américains, où ils côtoient des poires argentines emballées en Thaïlande et autres aliments d'absurdie ! Car ces pratiques de transport longue distance requièrent aussi davantage de traitements chimiques, d'emballages et de logistique carbonée pour que les produits restent « frais » à l'arrivée.

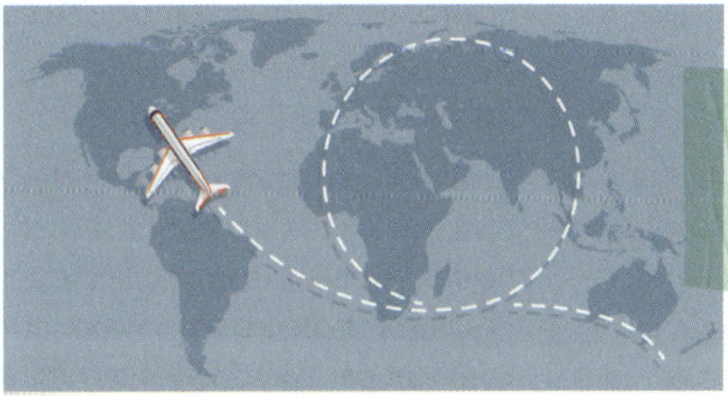

À l'échelle locale, c'est la même chose : en France, l'autonomie alimentaire des aires urbaines est de 2 % (2 % seulement de ce qui finit dans nos assiettes, qu'il s'agisse de produits frais ou de produits transportés, a été produit sur le territoire) alors que 3 % seulement de ce qui est produit sur le territoire est consommé localement[6]. Ce phénomène se retrouve, dans une moindre mesure, à l'échelle nationale : dans l'agriculture, nous exportons 30 % de ce que nous produisons et importons 38 % de ce que nous consommons[7]. Et l'alimentation est simplement révélatrice d'un phénomène général : dans la métallurgie, ces taux sont de 45 % et de 62 % ; dans les machines et équipements, ils sont de 60 % et 67 % ; dans la mode, de 63 % et 73 % ; et dans la chimie, de 45 % et 55 %. Autrement dit, nos territoires sont en passe de devenir des plates-formes logistiques où transitent à

5. Voir le film *Local Food Can Save The World*, produit par Local Futures, 2021, https://www.youtube.com/watch?v=TnGz8E4Xwzg

6. Voir la note « Autonomie alimentaire des villes », UTOPIES, mai 2017.

7. Voir la tribune « Il faut réenraciner l'économie dans nos territoires » d'Élisabeth Laville et Arnaud Florentin, *Le Monde*, 11 janvier 2017.

longueur de journée, dans un sens et dans l'autre, des camions transportant peu ou prou la même chose ! Et ces pratiques ont des conséquences importantes. D'abord sur l'environnement : pollutions liées au transport, vulnérabilité écologique, minimisation de nos impacts environnementaux (les émissions de CO_2 de la France n'intègrent pas celles liées à ses importations, et ces « omissions de CO_2 » pèsent environ 40 % du total) mais aussi consolidation de modèles économiques linéaires visant à produire pour d'autres ce dont nous avons besoin localement. Ensuite, sur le plan économique, cette approche nous rend ultra-dépendants de certains secteurs d'activité « amont » (matières premières, produits semi-finis, biens d'équipements ou agricoles, etc.), mais aussi ultra-dépendants « en aval » de marchés extérieurs souvent lointains et aléatoires… surtout lorsque survient une pandémie, par exemple ; ce qui accroît encore les risques de délocalisation.

Point de saveurs sans savoir

Cela n'est pas sans effet non plus sur le lien social : ces modèles de production sont peu ancrés sur leur territoire puisqu'ils ne visent pas à vendre en priorité sur celui-ci – de sorte que le lien transparent et porteur de sens entre producteurs et consommateurs est coupé, et que les délocalisations et autres fermetures prennent par surprise les territoires qu'elles affectent pourtant.

Sur le front culturel, enfin, notre intégration à la mondialisation se fait par l'ultra-spécialisation et l'uniformisation d'une offre « *made in world* » plutôt que par une approche fondée sur la diversification économique, qui ferait de nos patrimoines, de nos différences et des identités locales le cœur des échanges, comme le prônait d'ailleurs David Ricardo, fondateur de la théorie classique du commerce international.

Ainsi, l'alimentation industrielle est devenue une chaîne tellement longue et complexe que nous avons perdu le lien avec les saisons ou le terroir : nous ne savons plus ce qui est cultivé dans notre région, ni à quelle saison. Nous voulons consommer tout, tout de suite, tout le temps, nous estimons normal de manger n'importe quel fruit ou légume, quelle que soit la saison et en tout lieu. Peu importe, dans ces conditions, qu'une fraise importée par avion et achetée en France en mars consomme 24 fois plus d'énergie que le même fruit cultivé localement et acheté en saison, au mois de juin. Comment le saurions-nous d'ailleurs ? Nous ne nous demandons plus, ou trop rarement, d'où viennent les produits que nous consommons, nous ne nous interrogeons plus sur leur histoire et les conséquences de leur production sur les Hommes et les écosystèmes, près de chez nous ou à l'autre bout de la planète. Trop souvent, notre ignorance fait de nous des consommateurs peu exigeants et facilement satisfaits, attachés à quelques critères de choix simplistes (la marque, la qualité perçue, le prix, la disponibilité, l'envie, etc.). Quand bien même nous nous intéresserions à cette information, il reste difficile, la plupart du temps, de reconstituer l'histoire des produits que nous achetons. Les étiquettes et les publicités ne la racontent pas, ou alors de façon mensongère (il en va ainsi de la plupart des « herbes de Provence » ou des « escargots de Bourgogne » qui sont en réalité produits dans l'est de l'Europe). Et cette opacité n'est pas un hasard, car la véritable histoire est encore trop souvent affligeante. « Manger industriel, c'est manger dans l'ignorance, sans conscience », affirme le journaliste et auteur américain Michael Polan. Une façon de rappeler qu'il n'y a pas de saveurs sans savoir, que notre alimentation est fondamentalement une transformation de la nature en culture, et que le plaisir gustatif est renforcé, toujours, par la connaissance de ce que nous mangeons, par la proximité du terroir et des traditions qui ont amené l'aliment jusqu'à nous.

Un autre problème est que si l'objectif initial de l'agriculture industrielle était de pouvoir nourrir tout le monde, elle a manqué sa cible. Certes, les denrées alimentaires sont désormais moins chères : en 1960, 38 % du budget de consommation des ménages français était consacré à son alimentation mais cela n'était plus que 25 % en 2007[8]. Mais cette évolution, qui a longtemps été perçue comme un progrès, a de nombreux revers :

- D'abord, un nombre croissant de produits agro-industriels sont en réalité plus chers, du fait de la sophistication de leur transformation et de l'accumulation des emballages (par exemple, 80 % du prix de l'eau en bouteille est dû à l'emballage[9]).
- Ensuite, le prix des aliments ne reflète pas leur coût réel puisqu'il n'intègre pas le coût du transport des produits à travers le Globe (l'énergie peu chère rend le coût de la logistique négligeable par rapport à celui du coût humain), ni celui des dégâts environnementaux et sanitaires liés à l'utilisation de produits

8. « 50 ans de consommation des Français de 1959 à 2009 », Insee, 2009.
9. Ministère de l'Écologie et du Développement durable (www.ecologie.gouv.fr/Campagne-de-communication-de-l-eau.html).

phytosanitaires, ni celui de la surconsommation ou de la pollution de l'eau, de la maltraitance animale, de l'appauvrissement de la biodiversité, et pas non plus celui de l'affaiblissement culturel avec la disparition des produits du terroir et des recettes traditionnelles, etc. Ces coûts sont supportés par les États ou plus grave, par les générations futures. Enfin, l'agriculture industrielle ne parvient à proposer des prix bas que parce qu'elle est soutenue par 400 milliards de dollars de subventions[10] (les paysans français dépendent pour 37 % de leurs revenus des subventions européennes[11]) !

Le vrai coût de l'alimentation industrielle n'est pas celui que nous payons. Les agriculteurs, espèce en voie de disparition à la faveur des départs à la retraite et d'une crise des vocations renforcée par les difficultés d'installation –, ne touchent que 10 % du prix affiché lorsque leurs produits sont vendus au supermarché…

Circuits courts et filières locales : la solution est sous nos yeux

Si notre économie mondialisée est pour partie cette économie de l'absurde, l'alimentation est emblématique de ce qui pose problème… mais aussi des solutions qui sont à portée de main – notamment dans une relocalisation partielle, qui assure la sécurité alimentaire et la souveraineté des communautés et des agriculteurs… tout en stimulant la création d'emplois dans la transformation notamment (80 % de ce que nous mangeons est transformé). En écho à la déclaration du Président Emmanuel Macron pendant la Covid-19 (« Déléguer notre alimentation à d'autres est une folie ») et aux attentes des Français après la pandémie (93 % attendaient d'abord du gouvernement qu'il garantisse l'autonomie agricole de la France[12], les militants écologistes mondiaux l'affirment depuis longtemps : il est urgent de revenir à une alimentation plus locale, qui seule est capable de sauver la planète… C'est notamment le combat historique d'Helena Norberg-Hodge, fondatrice de **Local Futures** : « Les petites exploitations abritent 95 % de la biodiversité agricole mondiale ; les systèmes agricoles locaux restaurent le sol, les écosystèmes et la biodiversité ; Ils produisent aussi plus de nourriture par hectare ; ils créent plus de travail épanouissant et retissent les liens dans les communautés ; ils traitent les animaux de manière plus éthique ; ils fournissent

---

10. Vandana Shiva, rapport d'activité Alter Eco 2005, www.alterecosud.com/PDF/RapportActiviteNovembre2005.pdf
11. *L'avenir en vert*, Comité 21, Seuil, 2007.
12. Sondage *Les Echos*, avril 2020.

de la nourriture durable et saine ; et les agriculteurs empochent 80 % du prix de vente sur les marchés fermiers locaux. » Ce mouvement pour une alimentation plus locale (et souvent biologique) est entamé : il a été boosté par la pandémie – d'autant plus que la défiance croît simultanément en matière de traçabilité et d'empreinte carbone (import-export, culture sous serre chauffée, production intensive), et que les produits locaux sont souvent plus abordables que certains produits bio importés, en cette période de tension sur le pouvoir d'achat.

C'est arrivé près de chez vous

Plus intéressant encore : ce modèle des circuits courts alimentaires et d'échanges locaux, boosté par la Covid-19, marqué par une décentralisation et une réappropriation citoyenne, pourrait bien à terme inspirer d'autres secteurs variés, comme illustré ci-dessous pour les médias, l'énergie ou la banque.

Sur le papier, le circuit court répond en effet à la fois à la demande de traçabilité des consommateurs, au besoin de lien social entre ceux qui consomment et ceux qui produisent, aux enjeux de réduction du coût économique et écologique de la distribution, à la demande d'une meilleure qualité des produits et à la volonté de soutenir l'économie locale. Il constitue ainsi un « nouveau récit collectif » convaincant qui parle à tous, contribue à faire atterrir et à rendre désirable la transition qu'il nous faut effectuer dans presque toutes les dimensions de la vie moderne, en donnant du sens à l'aventure et en motivant le plus grand nombre à faire l'effort de changer, ensemble. Car dans un monde en quête de sens, notre capacité à imaginer des scénarios alternatifs et désirables pour le futur précède et active notre capacité à les réaliser, comme le souligne l'essayiste Daniel Kaplan. Ce besoin d'un nouveau récit collectif appelle et justifie, notamment, un plus grand engagement des entreprises sur ces sujets (mais aussi, soit dit en passant, des intellectuels et des artistes), car elles peuvent aussi contribuer, par leur marketing et leur communication, à redéfinir ce qui est « cool » et ce qui ne l'est plus, à faire évoluer les représentations et les normes sociales...

Barrières à l'entrée et point de bascule

Le mouvement vers des circuits courts alimentaires témoigne de l'existence d'un point de bascule (que l'éditorialiste américain Malcolm Gladwell situe à 10 % d'une population), un seuil à partir duquel une minorité active, en adoptant de nouveaux comportements, peut effectivement changer la norme sociale et entraîner dans son sillage la majorité silencieuse. Une étude de Kantar de 2017 montre que les marques locales devancent, partout dans le monde, leurs concurrentes internationales : ces dernières ne représentent plus que 35,4 % des dépenses, tandis que les marques locales croissent deux fois plus vite. Dans le même esprit, **La Ruche qui dit Oui !**, entreprise solidaire d'utilité sociale (ESUS, chapitre #6) créée en 2011 et qui compte désormais plus de 700 Ruches (les points de distribution) sur le territoire français, a triplé pendant la pandémie son nombre de commandes dans l'Hexagone. Et 57,5 % des clients le deviennent pour soutenir les producteurs locaux mais aussi pour « consommer des produits plus sains » (à 38,3 %) et pour « découvrir de nouvelles saveurs » (à 34,3 %).

Un autre exemple intéressant est celui des bières artisanales et locales, issues de brasseurs indépendants. La France comptait par exemple près de 3 500 brasseries à la fin du XIXe siècle… dont 200 seulement existaient encore en 2009 : c'est alors que sont entrés dans le jeu des passionnés, des brasseurs amateurs ou de jeunes diplômés qui, par goût ou ambition, ont su identifier les opportunités d'un marché à haut potentiel doublé de barrières à l'entrée relativement faibles. Mi-2019, la France comptait 1 500 brasseries et micro-brasseries. Et le phénomène est mondial : aux États-Unis, marché de référence, les bières locales et artisanales représentent 13 % des volumes et 25 % du chiffre d'affaires 2022[13]. Sur le plan mondial, les industriels du secteur (AB InBev, Heineken ou Carlsberg) représentaient moins 50 % des parts de marché dans le monde en 2019[14].

Ce nouveau récit puissant que représentent les circuits courts alimentaires a le vent en poupe, et pourrait bien inspirer d'autres secteurs en offrant un modèle alternatif qui démontre les avantages tangibles de cette approche. En particulier, au sein des circuits courts, les filières constituent un élément structurant de ce nouveau récit inspiré par l'alimentaire. Comme le soutient le collectif **Osons les Territoires !**, les crises que nous connaissons

13. Voir le numéro annuel (mai/juin) de la revue *The New Brewer*, publiée par l'association professionnelle américaine the Brewers Association.
14. Source : Xerfi.

sont d'abord des crises de la relation – entre l'humanité et le vivant, entre l'économie et la société, entre les humains eux-mêmes... Et la solution doit reposer sur des acteurs pivots « capables d'organiser les relations et les coopérations entre différents types d'acteurs autour d'un projet commun, qui lui-même relie économie, société et environnement » : c'est le cas des territoires, et c'est aussi, plus spécifiquement, celui des filières. Les filières alimentaires, a fortiori quand elles sont écologiquement et socialement durables, reposent en effet par définition sur un lien au territoire et au terroir, sur une répartition équitable de la valeur entre les acteurs, sur une traçabilité des pratiques et des impacts tout au long du cycle de vie des produits, sur des normes écologiques et sociales exigeantes à chaque étape... tous sujets-clés dans la transition nécessaire.

Le récit des « circuits courts » dans les médias

Certains médias, en particulier la presse quotidienne régionale ou les éditions numériques, prennent déjà modèle sur les circuits courts pour promouvoir des contenus locaux, responsables et transparents.

Pour comprendre les enjeux de la responsabilité dans le secteur des médias, et identifier des solutions, la métaphore alimentaire s'avère très puissante.

D'abord, comme le souligne Jodie Jackson dans son livre judicieusement intitulé *You are what you read. Why changing your media diet can change all the world*[15], il appartient à chacun de faire attention à ce qu'il ingère comme information et de changer son « régime informationnel », sous peine de nuire à sa santé – non pas physique mais mentale. Très concrètement, Jodie Jackson affirme que l'information et le journalisme dominant, qui s'intéressent avant tout aux problèmes et aux « trains qui n'arrivent pas à l'heure », ont un impact sur notre bien-être et cultivent en chacun la tristesse, l'anxiété et la culpabilité de ne pas faire plus pour changer le monde. La bonne nouvelle est qu'à l'inverse, le journalisme de solutions, positif sans être naïf, active chez ceux qui le lisent une envie de prendre soin d'eux-mêmes et d'agir dans le monde. D'où l'idée d'inviter chacun à changer radicalement la façon dont il ou elle consomme l'information, vers un régime « plus équilibré ».

De ce point de vue, la perspective de Sébastien Boher dans son livre *Le bug humain*[16] est intéressante : il y rappelle que le paléolithique représente encore

15. Unbound, 2019.
16. Éditions Robert Laffont, 2019.

99 % du temps que l'humanité a passé sur Terre et que notre cerveau a assez peu évolué depuis, malgré les changements profonds de notre environnement. La zone la plus profonde et ancienne de notre cerveau (le *striatum*) reste essentiellement programmée pour survivre dans la savane, et envoie de la dopamine à notre cerveau pour l'encourager dans tous les comportements favorisant la survie de l'espèce. C'est ce qui explique que nous ne sachions pas réfréner nos fringales par exemple, malgré la société d'abondance dans laquelle nous vivons. Dans la savane, la nourriture était rare et lorsqu'on en trouvait, on mangeait sans limite car on ne savait pas quand on en aurait de nouveau. Sur l'information, dit-il, c'est la même chose et ce comportement conduit à ce que d'aucuns nomment « infobésité » – par analogie, donc, à l'alimentation : dans une société de la profusion où le robinet de *news* coule en continu, nous sommes incapables de faire autre chose que de consommer l'information sans limite puisque, dans la savane, notre survie dépendait de notre capacité à trouver de l'information, laquelle était à la fois pauvre et vitale (elle signalait la présence d'une proie ou autre contraire celle d'un prédateur). Sur l'alimentation comme sur l'information, notre besoin fondamental et primitif n'a pas été programmé pour se limiter, et notre cerveau continue d'envoyer de la dopamine générant de la surconsommation, des addictions, etc. C'est ce qui pousse certains à opter plus radicalement pour un refus des médias et de l'information – ce qu'on pourrait qualifier, toujours par analogie à l'alimentation et aux troubles du comportement qui lui sont associés, de « médianorexie ».

Dans tous les cas, ce qui est certain, c'est que la surconsommation du plus grand nombre engendre, très logiquement, une crise de foi(e) : ainsi les Français sont très divisés sur la confiance à accorder aux médias traditionnels, puisque seule la moitié a foi en la presse écrite (52 %) et en la télévision (48 %) ; mais c'est encore pire sur Internet, avec un Français sur quatre seulement jugeant crédibles les informations qu'il y trouve[17].

Les solutions anti-gaspi aussi prolongent le parallèle avec l'agroalimentaire, puisque le local et la proximité y jouent un rôle significatif. D'abord, donc, et malgré la difficulté liée à notre cerveau primitif, il est recommandé d'opter pour une consommation responsable et équilibrée, avec un « régime-santé » dans notre façon d'ingérer de l'information. Le journaliste américain Clay Johnson avait déjà souligné dans son ouvrage *The Information Diet: A Case for Conscious*

---

17. 31e Baromètre de confiance dans les médias, réalisé par Kantar/Sofres pour *La Croix*, janvier 2018.

Consumption[18] en 2012 : si l'on poursuit ce parallèle entre notre consommation d'information et nos habitudes alimentaires, dit-il, cela n'a pas de sens de blâmer les quantités proposées, ou la nourriture elle-même – c'est à chacun de prendre en main sa consommation, de discipliner ses habitudes, d'être vigilant à la façon dont il occupe son temps nécessairement précieux et limité, etc.

Ensuite, et toujours par analogie avec les tendances de la consommation responsable dans l'alimentation, s'intéresser à la façon dont est produite l'information que nous consommons et prendre avec circonspection l'information « industrielle » et standardisée : 67 % de l'information qui circule sur Internet ne serait ainsi que du « copier-coller » de base, sans aucun travail de construction ni de vérification, rapporte Julia Cagé.

Enfin et surtout, il est possible de privilégier un « circuit court » de l'information, une production plus artisanale et locale qui est une bonne façon de lutter contre les *fake news* par une relation directe producteur-consommateur, ou plutôt journaliste-lecteur… De ce point de vue, la presse régionale a un rôle majeur à jouer, et la bonne nouvelle est que près de 70 % des quotidiens vendus en France sont régionaux ou départementaux. Au plus près des territoires, des solutions locales aux problèmes globaux, et surtout de la vie quotidienne de ses lecteurs, la presse locale peut, mieux sans doute que les médias nationaux dont beaucoup sont devenus des marques mondiales, répondre au besoin d'un nouveau récit collectif – voir par exemple le travail mené par **La Voix du Nord** autour de sa nouvelle raison d'être lancée en 2018 : « Ensemble, écrire la nouvelle histoire du Nord ». Elle s'accompagne d'un plan d'action ambitieux qui comprend une charte éditoriale sur le journalisme de solutions (pratique centrée sur les réponses aux problèmes sociaux), une plateforme participative d'innovation et d'action à l'attention des lecteurs, un salon annuel consacré aux produits locaux, un soutien plus actif au dynamisme économique local, et la volonté d'être une entreprise exemplaire dans ses pratiques.

Le récit des « circuits courts » dans l'énergie

Dans le secteur énergétique aussi, les circuits courts constituent une narration inspirante pour développer des solutions locales d'énergie renouvelable, avec une forte implication citoyenne comme dans les coopératives d'énergie solaire ou

18. O'Reilly.

éolienne. Ces modèles renforcent les liens communautaires, soutiennent l'économie locale, et permettent une plus grande transparence et responsabilité dans la production d'énergie.

L'émergence et le développement de nouvelles technologies de production, plus distribuées et locales, rendent aussi l'électricité et l'énergie moins impersonnelles, moins immatérielles, ce qui prédispose sans doute à la sobriété. Car on en connaît désormais la provenance – qu'elle soit produite par les panneaux photovoltaïques installés sur son propre toit, par l'éolienne située dans le champ d'en face, par la valorisation des déchets ou des coproduits d'une usine locale ou encore par la récupération des calories de l'océan voisin.

Cette approche change le rapport à l'énergie qui n'est désormais plus un sujet d'expert, comme cela a longtemps été le cas, dans un pays où l'énergie est, depuis les années 1950, un sujet régalien et centralisé, orchestrée par un réseau mobilisant la technologie nucléaire, tenant de fait la population relativement éloignée des principaux arbitrages et investissements.

Mais parler d'énergie, aujourd'hui, c'est de plus en plus souvent parler de territoires, plus que de réseaux. Parler d'énergie, c'est imaginer de nouveaux modèles économiques, et non plus seulement faire de l'innovation industrielle. Parler d'énergie, c'est redessiner en profondeur nos modes de vie et notre rapport à l'abondance.

L'incertitude de l'hiver 2022 sur la capacité du réseau français à répondre aux pics de consommation électrique, la flambée des prix de l'énergie et la fermeture des stations essence plusieurs semaines consécutives ont questionné la robustesse du modèle énergétique national, remettant en question notre capacité à nous déplacer, à nous chauffer et à accéder à des biens essentiels à des prix abordables.

Cette incertitude a accéléré un mouvement de fond déjà perceptible sur l'alimentation, en faveur d'une plus grande autonomie des territoires et des ménages grâce aux circuits courts. Ainsi, selon une étude commandée par EDF ENR, plus de 70 % des ménages français estiment désormais que produire et consommer sa propre énergie constitue la meilleure façon de maîtriser son budget, et appellent à la mise en place de mécanismes incitatifs pour leur massification. Enedis note de son côté le doublement, en quelques mois, des installations photovoltaïques en autoconsommation individuelles.

L'essor de l'autoconsommation constitue un marqueur intéressant d'une réappropriation de la question énergétique par les citoyens. Elle conforte l'idée d'un réseau plus distribué, articulant projets de grande puissance, efforts de R&D industrielle et unités de production-stockage de petites et moyennes puissances, offrant l'opportunité de collaborations locales et de connexions entre les différentes échelles, qui offriront au système une plus grande capacité de redondance et de résilience.

La réappropriation citoyenne constitue un point d'appui précieux pour massifier les énergies renouvelables, puisque la France est très en retard sur le développement de son parc renouvelable : à l'échelle européenne, elle est le seul État membre à avoir manqué son objectif pour 2020 (la part renouvelable dans la consommation finale brute d'énergie a atteint 19,1 % en 2020, pour un objectif fixé à 23 %).

Une mise en perspective intéressante est proposée par l'Institut de développement durable et des relations internationales (Iddri) : ce retard en énergies renouvelables nous aura coûté, cet hiver, entre 6 et 9 milliards d'euros d'import de gaz, soit autant que l'ensemble des investissements français dans les énergies renouvelables sur l'année 2018 ! L'accélération des énergies renouvelables est plus que jamais nécessaire pour renforcer notre capacité électrique, surtout lorsque ces projets sont développés avec et pour le territoire, offrant alors un formidable levier de prospérité locale.

En France, les coopératives citoyennes d'énergie se développent depuis les années 2010, en associant directement les collectivités locales et les citoyens à la gouvernance et au financement des projets ENR, permettant ainsi de favoriser leur acceptation et leur adaptation au territoire. Un exemple : **Énergie d'Ici** est un fournisseur d'électricité 100 % renouvelable et locale créé dans le sud-ouest de la France et né d'un regroupement de producteurs en 2016, autour d'un modèle de vente directe du producteur au consommateur – dont sept années d'activités et un chiffre d'affaires de 62 millions d'euros en 2022 (en croissante de 23 % malgré un contexte énergétique tourmenté) prouvent la viabilité.

Mais le mouvement de décentralisation du réseau peine à gagner en puissance. Si, depuis une dizaine d'années, certains territoires montrent la voie, comme le **réseau des Territoires à Énergie POSitive (TEPOS)** – un territoire qui produit autant ou plus d'énergie qu'il n'en consomme en misant sur les énergies renouvelables et la baisse de la consommation énergétique – lorsque l'on parle d'énergie, le rôle des collectivités est encore trop souvent envisagé sous un angle négatif, à savoir la capacité de l'acteur public à s'opposer à un projet, *via* le droit de veto du maire ou la mobilisation de résidents inquiets d'un futur projet éolien ou de méthanisation dans le voisinage.

Toutes les industries en général, puisqu'elles sont très gourmandes en énergie, ont leur rôle à jouer dans la diversification de notre mix énergétique. En allant au-delà de l'innovation industrielle, elles peuvent, si elles prennent conscience des ressources locales qui les entourent, faire évoluer leur modèle énergétique et par le même temps leur modèle économique. Les industries peuvent, si elles prennent conscience des ressources locales qui les entourent, faire évoluer leur modèle énergétique et leur modèle économique.

Fondée il y a plus de 130 ans, l'entreprise **AustroCel** à Hallein (chapitre #9), historiquement productrice de pâte à papier est par exemple devenue, en développant progressivement son activité de bioraffinerie, l'un des plus grands producteurs d'électricité verte en Autriche. Ancrée localement, l'entreprise utilise le bois d'épicéa résiduel des scieries régionales comme matière première pour sa production de papier et valorise ensuite les résidus et les sous-produits de la production en bioénergie *via* une centrale de cogénération biomasse sur le site. Les écorces et la poussière de bois sont recyclées, et les déchets de cellulose valorisés en bioéthanol. En 2020, AustroCel a ainsi fourni environ 100 000 MWh d'électricité verte et 110 000 MWh de chauffage urbain au réseau public.

L'efficacité énergétique et l'économie circulaire sont au cœur du modèle économique et des priorités d'innovation de l'entreprise. Ainsi, l'un des gisements envisagés demain réside dans la valorisation en bioéthanol de la cellulose de textiles ni réparables ni recyclables sur le territoire.

Autre exemple, cette fois-ci dans le secteur de la papeterie, **Eska**, entreprise néerlandaise de produits faits à partir de carton ou de papier 100 % recyclé (livres, puzzles, jeux, emballages de luxe), a renforcé son autonomie énergétique en valorisant ses propres déchets sur site. L'usine a été pensée de manière circulaire : les résidus de papier recyclé sont collectés et valorisés en vapeur, dans une centrale de gazéification, alimentant directement la chaîne de production et évitant l'achat de gaz naturel et le transport des déchets. 100 % des déchets à base de papier sont ainsi réutilisés et la consommation de gaz est réduite de 30 %.

Les industries lourdes, telles que celles du fer, de l'acier ou du béton sont fortement consommatrices de combustibles et de matières premières. Bien plus que l'amélioration de la performance énergétique de ces industries, c'est la mise en place de boucles circulaires qui offre le principal gisement d'énergie, en évitant la consommation nécessaire à l'extraction et à la transformation des matériaux primaires (on estime par exemple les gains en énergie primaire de 94 % pour l'aluminium et de 85 % pour le plomb).

L'entreprise **MTB** (chapitre #5), actrice du recyclage depuis 40 ans, a inventé une solution adaptée aux contraintes des industriels : la BOX system, une mini-usine modulaire de recyclage pouvant facilement s'implanter sur les usines ou les chantiers et recycler sur place les déchets, qu'ils soient dangereux ou non. Câbles électriques, pneus, matières plastiques... Elle fournit une nouvelle matière première de qualité, notamment en cuivre ou en aluminium, pouvant être immédiatement réutilisée, sur site.

L'énergie, terreau du renouveau politique et citoyen local

Ces exemples le montrent : l'énergie est une question passionnante, un formidable terrain de développement économique, d'innovation et de renouveau politique et citoyen. Elle doit pour cela continuer à occuper le débat public, à sortir du seul pré carré des experts et des acteurs historiques pour prendre la place qui lui revient, toujours plus centrale dans nos choix de société, toujours plus locale dans les territoires. À la manière de ce qu'a initié Jean François Caron, ancien maire de Loos-en-Gohelle (Pas-de-Calais), qui a réussi à faire de l'énergie un sujet fédérateur, de fierté locale autour de son église solaire, et une occasion de renouveler le débat citoyen sur son territoire.

Le récit des «circuits courts» dans la banque

Dernier exemple d'un secteur qui pourrait s'inspirer de la narration des circuits courts alimentaires pour développer des produits plus transparents et responsables : les banques.

D'abord, évidemment, le secteur gagnerait à refuser, à la suite de scandales comme les *subprimes*, la production et la commercialisation d'ingrédients et produits « toxiques » : ce qui, dans l'alimentation, cela se traduit par le refus d'utiliser des pesticides nocifs, des conservateurs ou des OGM, pourrait amener dans la banque à éviter d'investir dans des entreprises ou des industries qui ont des pratiques nuisibles, comme les combustibles fossiles ou la *fast-fashion*, mais aussi à limiter ses pratiques de spéculation (transactions sur devises, produits dérivés, etc.).

En 2008, lors de la crise financière mondiale, il a été souvent souligné que le volume de ces échanges financiers spéculatifs avait considérablement dépassé la valeur de la production économique mondiale réelle, pesant 60 fois celle-ci et alimentant des bulles financières insoutenables. *A contrario*, certaines banques, comme **Triodos Bank**, née aux Pays-Bas, se sont engagées à n'investir que dans des entreprises et des projets locaux qui ont un impact positif sur la société ou l'environnement : elle s'estime d'ailleurs peu affectée par les crises financières et avance comme explication sa connexion directe avec l'économie réelle et les besoins réels de la société, qui passe par la garantie qu'elle apporte à ses clients que leur argent est utilisé « exclusivement pour financer des entrepreneurs et des projets qui contribuent à des changements sociaux, environnementaux et culturels positifs, près de chez vous » : bâtiments passifs, éoliennes, PME à vocation sociale... La liste complète de ces projets région par région, avec les financements accordés, est d'ailleurs disponible sur le site Web de la banque à l'attention de ses clients et du grand public.

Vers toujours plus de traçabilité

Cette approche renvoie assez simplement à une démarche de traçabilité rigoureuse et exigeante assez semblable à ce que l'on trouve dans l'alimentaire : de la même manière que les consommateurs, échaudés par les crises alimentaires, veulent savoir d'où viennent leurs aliments, les clients des banques veulent savoir d'où vient l'argent de leur banque et comment est utilisée leur épargne. Souvenons-nous, à nouveau, de la crise des *subprimes* qui au fond n'est pas très éloignée de celle de la viande de cheval polonais en 2013 : tout a commencé quand des organismes financiers américains, peu scrupuleux et peu régulés, ont distribué à tour de bras des crédits hypothécaires immobiliers sans se préoccuper du risque de surendettement de leurs clients, tablant sur la hausse des prix de l'immobilier pour saisir et revendre les biens en cas de défaillance des clients. Dans la foulée, des banques avaient racheté ces créances, sans vraiment s'intéresser aux activités qu'elles finançaient (dans la vie réelle) ni aux risques sociaux qu'elles génèrent. On connaît la suite... Ce temps est révolu et le récit des circuits courts alimentaires montre la voie aux acteurs financiers. Demain, investisseurs et épargnants voudront et devront savoir quelles activités sont financées avec leur argent, quel niveau de risque social ou environnemental ces activités entraînent, et comment ce risque est géré. Et les pratiques de traçabilité ou de transparence, qui devraient être boostées par l'arrivée de la taxonomie verte européenne, gagneraient à ne plus être seulement l'apanage des banques alternatives, comme **Triodos Bank** ou la **NEF**, établissement français qui offre une transparence totale sur les prêts qu'elle accorde, permettant aux déposants de voir comment leur argent est utilisé.

Éviter l'effet boomerang

Le second élément de réponse consiste à s'assurer que les risques sociaux ou environnementaux les plus importants sont effectivement gérés, même s'ils semblent *a priori* sans conséquence financière, de façon à éviter les effets boomerang non anticipés. Or aujourd'hui seule une infime partie des fonds confiés aux banques sont gérés selon les principes de l'investissement socialement responsable (ISR).

Très clairement, la connexion avec l'économie réelle et les projets locaux est une réponse à ces enjeux de traçabilité, de transparence et de lien direct entre l'amont et l'aval. Il est significatif à cet égard de voir comment fonctionnent les monnaies locales, comme le Sol Violette à Toulouse ou l'Eusko au Pays basque, qui favorisent les échanges directs entre acteurs locaux, soutiennent les petits commerçants et producteurs. De manière moins alternative (et aussi moins focalisée sur un double objectif local et durable), les grandes banques coopératives de réseaux comme le **Crédit Agricole**, le **Crédit Mutuel** ou les **Caisses d'Épargne** en France, mais aussi **Vancity** au Canada, valorisent de manière croissante dans leurs communications cet ancrage local, revendiquant que les clients sociétaires « servent à quoi sert leur argent » (Vancity), que « votre banque est ici, et que les projets qu'elle finance sont là, là ou là » c'est-à-dire à côté sur la carte qui est représentée (Crédit Agricole) et que par conséquent « être sociétaire, c'est être utile à son territoire » (Caisses d'Épargne).

Quand la traçabilité essaime...

Dans le sillage de cette approche de traçabilité issue de l'alimentaire, les banques peuvent aussi développer, comme évoqué, des filières locales, génératrices d'emploi et de résilience pour le territoire. Ainsi, dans la lignée de son soutien historique au Cluster Montagne depuis 10 ans, la **Caisse d'Épargne** a lancé en mars 2022, en Rhône-Alpes, la Communauté Montagne, animée par l'objectif de soutenir le développement économique et écologique de la filière Montagne locale. Cette initiative regroupe une équipe de 50 collaborateurs dédiés, répartis dans quatre grands pôles spécialisés : domaines skiables et remontées mécaniques, collectivités locales, aménageurs publics et logement social, artisans, commerçants et professions libérales et, enfin, promotion immobilière. Ce projet a déjà démontré son influence significative, avec un taux de pénétration de 90 % sur les exploitants de remontées mécaniques et un en-cours de crédit de 175 millions d'euros sur ces exploitants et fournisseurs de remontées mécaniques. Ce programme conforte la position de la Caisse d'Épargne en tant que premier banquier des communes hébergeant des stations de ski avec un en-cours de crédit de 400 millions d'euros. La Communauté Montagne s'engage aussi activement en tant qu'actionnaire durable *via* la Foncière des Alpes et détient 15 participations dans les sociétés de remontées mécaniques. Son rôle ne se limite pas à un simple soutien financier ; elle a également établi des partenariats durables avec des acteurs majeurs, tels que les Domaines Skiables de France, le Cluster Montagne, l'Union Sport & Cycle. Elle est partenaire officiel de la Fédération française de ski depuis 25 ans.

Dans d'autres régions, c'est l'économie bleue qui retient l'attention de la banque coopérative qui veut être utile à son territoire. Après son lancement sur la Côte d'Azur en 2019, la Caisse d'Épargne a donc étendu à la Bretagne (en 2022), puis à la Normandie (en 2023), son initiative Nautibanque – entièrement dédiée à la filière maritime, pour renforcer la croissance et le rayonnement de ce secteur stratégique dans des régions côtières. La première structure consacrée à la filière maritime locale a vu le jour sur la Côte d'Azur en 2019, après le lancement de deux centres d'affaires spécialisés, Luxury Properties et Vitibanque, dédiés respectivement à l'immobilier de luxe et à la viticulture. Le centre d'affaires Nautibanque, basé à Cannes, a pour mission de soutenir les acteurs du monde de la mer et du nautisme sur le littoral azuréen – un centre névralgique européen de la plaisance, avec près de 90 ports et 50 000 anneaux. Afin d'accompagner ce secteur dynamique, Nautibanque veut être l'interlocuteur privilégié de tous les acteurs de la filière nautique, grâce à un dispositif à 360° fournissant un éventail complet de services – du financement à l'accompagnement à l'international, en passant par l'optimisation de la trésorerie et la simplification des services bancaires au quotidien. Ainsi positionnée comme un partenaire-clé pour les plaisanciers souhaitant investir dans une place au port ou financer l'achat d'un bateau, pour les concessionnaires ou les importateurs qui cherchent des solutions de financement pour leurs clients, la Caisse d'Épargne Côte d'Azur participe également à la gestion du port d'Antibes et à l'administration de la SEM Port Fréjus. Elle est déterminée à accompagner des projets structurants pour le territoire, tels que la construction et la rénovation des infrastructures portuaires. Elle est aussi partenaire de l'Union des ports de plaisance de la région Provence-Alpes-Côte d'Azur et Monaco, et de la Fédération des industries nautiques.

Plus que de simples initiatives commerciales, il s'agit donc de véritables démarches partenariales visant à fédérer les acteurs économiques des filières-clés des territoires autour de projets communs et à favoriser l'émergence d'une économie locale plus forte et plus durable.

Ces exemples l'attestent, le localisme économique est un récit puissant, à fort potentiel, notamment parce qu'il retisse les liens entre économie, société et environnement – mais aussi parce qu'il mobilise deux acteurs collectifs majeurs du XXIe siècle :

- Les territoires qui sont à même de relier l'économie, la société et l'environnement, et d'orchestrer les coopérations entre différents types d'acteurs autour d'un projet commun.
- Les filières qui sont les mieux placées pour organiser les relations entre la myriade d'acteurs économiques concourant à la production – pour assurer une répartition équitable de la valeur, une bonne gestion du cycle de vie, une traçabilité des émissions de GES, la compatibilité entre composants, et le respect des droits humains tout au long du processus de production… autant de conditions pour des filières écologiquement et socialement durables.

PARTIE 2

RÉINVENTER SON MODÈLE ÉCONOMIQUE GRÂCE AUX TERRITOIRES

PLONGÉE AU COEUR DES NOUVEAUX MODÈLES DE L'ENTREPRISE HYPER-LOCALE

L'hyper-localisme entrepreneurial consiste à maximiser l'utilisation des ressources et des opportunités locales pour développer l'entreprise, améliorer son efficience, son agilité et sa résilience.

Le local constitue une formidable opportunité pour l'entreprise de retravailler son modèle d'affaires et son schéma de création de valeur afin de :

- repenser son offre et mieux la calibrer pour l'adapter au marché local, à ses caractéristiques et à sa taille ;
- réinventer une relation client plus intelligente et plus agile ;
- intégrer le territoire dans la mission de l'entreprise, élargir son périmètre d'action et offrir de nouvelles expériences client ;
- explorer les innombrables opportunités de synergie avec d'autres structures locales et mobiliser tous les « biens dormants » du territoire ;
- mieux valoriser les ressources locales – qu'il s'agisse du patrimoine, du capital humain, des actifs naturels, des coproduits ou des déchets ;
- (ré)apprendre enfin à tisser des partenariats, des collaborations et à mieux exploiter les savoir-faire disponibles à proximité.

Cette partie dresse un large panorama de l'hyper-localisme entrepreneurial à travers les **6 dimensions d'hyper-localisme** exposées, **30 modèles économiques hyper-locaux**[1] et des **zooms sur des organisations inspirantes** du monde entier.

Autant d'histoires entrepreneuriales hétérogènes (secteurs, localisations, tailles et types de structures) mais qui présentent un point commun : le local est au cœur même du modèle économique de ces organisations.

1. Les *business models* sont numérotés en jaune dans les chapitres ci-après.

Explorer les 6 dimensions du local

Pour devenir **hyper-locale**, l'entreprise peut questionner les différentes composantes de son modèle d'affaires et explorer, par la même occasion, les multiples opportunités offertes par le territoire.

- LE LOCAL COMME MARCHÉ
- LE LOCAL COMME NOUVELLE RELATION CLIENT
- LE LOCAL COMME MISSION
- LE LOCAL COMME ESPACE DE MUTUALISATION
- LE LOCAL COMME GISEMENT DE RESSOURCES
- LE LOCAL COMME VIVIER DE PARTENAIRES

››› *voir, en p. 249, le « Zoom sur les 6 dimensions du local »*

CHAPITRE #5

Le local comme marché

Vulnérabilités du commerce mondial, aspiration des consommateurs à des produits de proximité qui leur ressemblent, enjeux complexes nécessitant des approches *in situ* : face à ces défis, le local constitue un nouveau marché aux formes multiples. L'entreprise peut choisir de se diversifier au sein de la communauté locale, de développer des offres spécifiques à chaque territoire, ou encore de tirer parti de l'innovation industrielle pour produire à la demande, au plus près de ses clients.

1 *Business to Territory* (B2T) : construire son offre avec et pour le territoire

Construire sa proposition de valeur à partir de la demande locale, quoi de plus naturel pour le modèle *Business to Territory* (B2T), dont l'ambition est de proposer des solutions sur mesure et adaptées aux besoins locaux ?

La singularité du modèle B2T tient à sa logique de coconstruction avec les acteurs du territoire : écoute active des préoccupations locales pour comprendre les besoins spécifiques, proposition de solutions pensées en fonction des besoins, collaboration étroite avec des partenaires locaux pour mettre en place les solutions envisagées.

Le modèle B2T est en forte croissance aujourd'hui car les enjeux territoriaux sont de plus en plus complexes et exigent une approche holistique. Les entreprises qui adoptent ce modèle peuvent faire preuve de créativité pour répondre aux enjeux territoriaux. Elles peuvent également se positionner comme des partenaires fiables et engagés auprès des communautés locales, renforçant ainsi leur réputation et leur image de marque.

UN MODÈLE PARTICULIÈREMENT ADAPTÉ POUR RÉPONDRE AUX ENJEUX SUIVANTS

- Inscription dans le circuit économique local (achat/vente).
- Réduction des transports (et de l'empreinte carbone associée).
- Coopération avec d'autres acteurs locaux (associations, acteurs publics, etc.).
- Contribution à l'attractivité et au rayonnement du territoire.
- Dialogue avec les parties prenantes locales, acceptabilité locale.

Revolution Foods est une entreprise de restauration scolaire fondée par Kristin Groos Richmond et Kirsten Saenz Tobey en Californie, en 2006. Partant du constat que de nombreux enfants ne bénéficiaient pas d'une alimentation équilibrée, elles ont souhaité améliorer la qualité des repas servis dans les écoles de leur quartier.

Aujourd'hui, l'entreprise fournit chaque année près de 20 millions de repas à des écoles et des districts scolaires à travers les États-Unis. Pour atteindre son objectif, l'organisation adopte une approche participative et collaborative avec les écoles, les organisations à but non lucratif, les parents d'élèves, les mairies et les gouvernements locaux pour comprendre les besoins alimentaires et les préférences culinaires de chaque communauté.

En travaillant avec des partenaires locaux pour produire, préparer et distribuer ses repas, l'entreprise peut répondre aux besoins spécifiques de chaque communauté tout en favorisant le développement économique local. Les ingrédients utilisés dans les repas sont souvent frais et de saison, et reflètent les traditions alimentaires locales.

L'entreprise œuvre également auprès d'écoles et d'associations locales pour offrir des subventions et des remises sur les prix des repas, permettant aux enfants, même d'origine modeste, de bénéficier de menus sains et équilibrés. En 2023, Revolution Foods diversifie son activité en lançant un partenariat avec le comté de Kern, autour d'un ambitieux programme de livraison à domicile de repas à haute qualité nutritionnelle pour les seniors.

GREEN MOUNTAIN POWER

Parc d'éoliennes dans le Vermont

L'entreprise américaine Green Mountain Power (GMP) s'inscrit complètement dans le modèle économique « *Business to Territory* », qu'elle met au service de la transition énergétique. GMP s'est fixé pour objectif de devenir le premier fournisseur d'électricité 100 % renouvelable aux États-Unis à horizon 2030, et a pour cela mis en place une démarche de coconstruction en local, qui lui permet de répondre aux besoins spécifiques de chaque territoire.

GMP travaille en étroite collaboration avec les communautés pour comprendre les besoins énergétiques locaux et propose ensuite des solutions énergétiques innovantes et adaptées à chaque contexte. GMP a ainsi développé des projets de production d'énergie renouvelable, tels que des parcs éoliens, des centrales solaires, des projets de stockage d'énergie, de micro-grids, de valorisation de la biomasse ou encore des programmes pour encourager l'utilisation des véhicules électriques.

> GMP est dans le top 5 des entreprises les plus innovantes

Prenons l'exemple de la centrale solaire de Rutland, dans le Vermont. Avant de la concevoir, Green Mountain Power a travaillé en étroite collaboration avec les habitants pour comprendre les besoins et questionnements vis-à-vis de l'énergie solaire dans la région, *via* des séances de cocréation avec les citoyens. Les échanges ont permis de déterminer les sites les plus opportuns pour implanter la centrale et d'adapter ses caractéristiques aux besoins de la communauté.

GMP a également travaillé à sensibiliser la communauté aux usages de l'énergie, en organisant des programmes de formation pour aider les habitants à réduire leur consommation d'énergie et à maximiser l'utilisation de l'énergie solaire. Un projet de coopérative, permettant à l'utilisateur de « revendre » sa production solaire au réseau, sous forme de crédits, a même été créé.

La réussite du projet fait de Rutland une référence nationale en matière d'énergie solaire, tandis que GMP est aujourd'hui le premier fournisseur d'électricité renouvelable du Vermont, avec près de 80 % de son électricité provenant de sources renouvelables. GMP a intégré le top 5 des entreprises les plus innovantes d'Amérique du Nord de *Fast Company* en 2022.

Remorqueur dans le port de Brest (Finistère)

Le modèle B2T peut également s'appliquer dans le secteur bancaire, comme en témoigne la « filière Mer » du Crédit Agricole, entité du groupe dédiée au financement et à l'accompagnement des acteurs économiques du secteur maritime : pêcheurs, mareyeurs, conchyliculteurs, transformateurs de produits de la mer, ports, chantiers navals ou encore projets d'énergies renouvelables en mer.

Créée par la Caisse Régionale de Bretagne en 2014, la filière Mer couvre aujourd'hui l'ensemble de la façade maritime de la France métropolitaine et propose des services financiers tels que des prêts et des crédits-bails pour accompagner les projets de développement des acteurs de la filière maritime.

La filière Mer offre également ses services en matière de gestion et de financement pour aider les acteurs locaux à faire face aux enjeux économiques et environnementaux. Elle travaille par exemple avec les associations de pêcheurs pour financer la modernisation des flottes, avec les ports pour subventionner des équipements portuaires ou avec les collectivités territoriales pour des projets de développement économique et de transition énergétique en lien avec la mer. Elle est également impliquée dans des programmes de R&D pour soutenir l'innovation dans la filière maritime et contribuer à la transition écologique de cette filière (projets d'aquaculture durables, recyclage des bateaux de plaisance en fin de vie, par exemple).

Si la démarche a été lancée dans le Finistère, premier département maritime de France, avec ses 1 200 km de côtes, ce n'est évidemment pas le fruit du hasard : l'économie bleue y représentait, en 2019, près de 15 % du PIB et 820 000 emplois, contre seulement 4 % du PIB pour le secteur automobile, qui disposait pourtant de produits et de services dédiés au sein du Crédit Agricole. Il a donc fallu défricher ce secteur qui n'était pas naturel pour la banque, la part de marché historique étant de 70 % sur le secteur de l'agriculture.

Fin 2018, 4 ans après son lancement, la filière Mer Finistère avait doublé sa part de marché dans le secteur de l'économie bleue, ainsi que le volume financier correspondant. En quelques années, la filière Mer du Finistère a financé plus de 150 projets finistériens, créé un fonds d'investissement de 4 millions d'euros, cocréé le « Village by CA » regroupant des dizaines de start-up innovantes, lancé « Finistère Mer Vent » (une coopérative pour favoriser l'implantation et le développement d'entreprises liées à la mer) et participé au lancement de la Fondation CA Finistère qui accompagne et octroie des subventions pour des projets liés à la mer. Elle compte aujourd'hui 12 « référents Mer » répartis dans les différentes agences du département.

2 *Community of businesses* (CoB) : croître localement par la diversification

La communauté d'entreprises (CoB) fait le pari que la croissance n'implique pas nécessairement une course à la taille (de l'activité et du marché), mais peut passer par la création d'un écosystème d'entreprises diversifiées permettant de s'adresser à différents segments du marché local. Cette diversification peut prendre plusieurs formes, allant de la production de nouveaux biens ou services complémentaires à une offre de formation, de conseil ou de soutien aux entreprises.

Concrètement, les entreprises membres d'une CoB travaillent de concert pour maximiser leur potentiel de croissance en partageant des ressources, en collaborant sur des projets et en tirant parti des avantages d'une communauté d'entreprises dynamique partageant une même culture entrepreneuriale. L'objectif final est de créer un écosystème complet et durable, ancré dans son territoire et offrant des avantages économiques, sociaux et environnementaux.

Bien sûr, les CoB ne se font pas en un jour ! Les entreprises qui les composent peuvent commencer par travailler ensemble sur des projets ponctuels ou pour répondre à des besoins spécifiques de la communauté locale. Au fil du temps, elles peuvent constater les avantages qu'il y a à collaborer et à décider de se diversifier en créant de nouvelles entreprises, ou en étendant leurs propres activités. Par ailleurs, une CoB peut être portée par de multiples entreprises ou être créée et gérée par un seul entrepreneur.

UN MODÈLE PARTICULIÈREMENT ADAPTÉ POUR RÉPONDRE AUX ENJEUX SUIVANTS

- Créativité – Différenciation – Adaptation aux nouvelles attentes des consommateurs.
- Facilitation des innovations technologiques.
- Limitation de la vulnérabilité face à la raréfaction des ressources et des matières premières.
- Réduction des émissions de GES de scope 3 amont (*supply chain*, déplacements, etc.).
- Dialogue renforcé avec les parties prenantes locales – Acceptabilité et coopérations locales.

Zingerman's est une entreprise américaine souvent citée en exemple pour illustrer la notion de « *Community of businesses* » (CoB). Fondée en 1982 par Paul Saginaw et Ari Weinzweig, elle a développé un modèle économique original basé sur la création d'un réseau d'entreprises alimentaires complémentaires dans la ville d'Ann Arbor, dans le Michigan.

L'écosystème Zingerman's comprend une dizaine d'établissements, tels qu'une ferme, une épicerie fine, une boulangerie, une pâtisserie, un restaurant, une fromagerie, une entreprise de livraison et même un centre de formation. Cet écosystème s'est développé au fil du temps : initialement traiteur, l'entreprise Zingerman's s'est progressivement diversifiée pour ouvrir des perspectives d'évolution à ses salariés, mais en priorisant le développement d'activités locales complémentaires à son business initial plutôt que le développement de ce même business dans d'autres villes ou États américains.

Les établissements sont tous des entreprises indépendantes mais entretiennent des liens capitalistiques et des partenariats étroits. La structure mère, Zingerman's Community of Businesses, est détenue en partie par les membres de son personnel, qui sont tous copropriétaires de l'entreprise. Les établissements partagent des ressources et des compétences, ainsi qu'une même vision et une même culture d'entreprise.

Le succès de Zingerman's a inspiré de nombreuses organisations à travers le monde qui ont ainsi créé des réseaux d'entreprises complémentaires qui partagent des valeurs et une vision communes, tout en contribuant au développement économique et social de leur communauté.

Zingerman's est également connue pour son programme de formation approfondi et son engagement envers l'apprentissage continu, *via* ZingTrain, qui vise à faire grandir des professionnels passionnés et compétents qui partagent ses valeurs.

Aujourd'hui, la chaîne emploie 700 personnes et génère un chiffre d'affaires annuel d'environ 60 millions de dollars.

groupe Archer

Cité de la chaussure, Romans-sur-Isère (Drôme)

Le Groupe Archer est un modèle de proximité qui a fait ses preuves, même en temps de crise. Implanté à Romans-sur-Isère dans la Drôme depuis plus de 30 ans, avec la mission d'être un accélérateur d'innovations au service du développement économique, social et durable du territoire, le groupe teste des modèles et réunit les acteurs locaux pour créer des emplois et des start-up.

Lancé en 1987 pour aider les travailleurs de l'industrie de la chaussure à se reconvertir, le groupe Archer a depuis relancé la filière en relocalisant la production et en créant la marque Made in Romans, puis la Cité de la chaussure en 2019.

Le groupe compte également plusieurs filiales et sociétés d'intérim, ainsi que des prises de participation dans d'autres entreprises. Il déploie plus de 100 métiers dans une vingtaine d'activités différentes et emploie aujourd'hui environ 1 000 personnes.

Outre son activité économique, le Groupe Archer promeut l'insertion par l'activité économique en reprenant des petites entreprises en difficulté pour maintenir l'emploi sur le territoire. Il a également développé une stratégie de coopération à grande échelle, grâce au concept de « Start-up de territoire », qui vise à rassembler plusieurs milliers de citoyens pour développer, lors d'un même événement, des idées novatrices et créer des start-up à impact, en réponse à des défis locaux. Plusieurs projets ont ainsi vu le jour, comme une coopérative ENR (Voisiwatt) ou encore un système de consigne (Ma bouteille s'appelle revient), trouvant peu à peu leur modèle économique.

Enfin, le groupe a lancé en 2022, en partenariat avec Valence Romans, une école des Entrepreneurs du Territoire (la fab.t), qui propose aux porteurs de projets drômois une formation gratuite de 4 mois pour « apprendre à entreprendre », une première réponse au défi de la formation d'une nouvelle génération d'entrepreneurs du local.

Pour en savoir plus sur la fab.t

3 Fabrication à la demande : produire au plus proche et à l'initiative des clients

Démarrer la production lorsque l'entreprise reçoit une commande de la part d'un client, voici le principe de la fabrication à la demande (ou « fabrication à la commande »). Ce modèle est souvent utilisé dans le contexte de la fabrication de petites séries ou de produits personnalisés pour lesquels une production de masse n'est pas viable ou souhaitable.

La production à la demande réduit les coûts de stockage et de transport et permet à de petits producteurs, agiles et équipés d'outils de production spécifiques (micro-usines), d'accéder à de nouveaux marchés locaux (abaissement des barrières à l'entrée). Elle contribue à la réduction de l'impact environnemental en limitant les émissions de carbone associées (moins de transport). De plus, la fabrication à la demande peut permettre aux entreprises de se connecter avec leur communauté territoriale et d'offrir des produits personnalisés qui répondent à des besoins particuliers et reflètent la culture locale.

UN MODÈLE PARTICULIÈREMENT ADAPTÉ POUR RÉPONDRE AUX ENJEUX SUIVANTS

- Maîtrise des coûts de délocalisation (logistique, assurance, formation, défauts, etc.).
- Maîtrise du coût de la main-d'œuvre.
- Réduction de la dépendance aux approvisionnements lointains.

- Gain de qualité – Innovation – Créativité et personnalisation.
- Réduction des délais (production, livraison) – accélération de la mise sur le marché.
- Réparabilité renforcée.
- Réduction des émissions de GES de scope 1 (fabrication du produit) et scope 3 amont (*supply chain*, déplacements, etc.).
- Limitation du gaspillage – Préservation des ressources et de la biodiversité.
- Inscription dans le circuit économique local (achat/vente).

Lulu

Lulu Press est une entreprise d'autoédition et de publication à la demande, fondée en 2002 aux États-Unis par Bob Young, également créateur de Red Hat, l'un des leaders mondiaux de l'open source. L'entreprise, qui propose son offre aux États-Unis et en Europe, s'appuie sur une technologie d'impression numérique permettant de produire des livres, e-books et autres supports à la demande – qui peut d'ailleurs se limiter à un seul exemplaire.

Cette approche innovante permet aux auteurs de publier leurs œuvres sans avoir à investir dans une grande quantité de papier ou à s'inquiéter des coûts de stockage. Lulu propose également des services de conception de couverture, de mise en page et de révision, améliorant la qualité des ouvrages. Les auteurs peuvent vendre leur livre sur la plateforme Lulu, ou dans des librairies en ligne comme Amazon ou Barnes & Noble, offrant ainsi une plus grande visibilité à leur travail.

Lulu Press a recours à une stratégie d'ancrage local en établissant des partenariats avec des imprimeurs locaux pour produire les livres à la demande : les auteurs peuvent télécharger leur livre sur la plateforme, spécifier le format de publication souhaité et commander des copies imprimées ou numériques de leur livre. Lorsqu'une commande est passée, Lulu envoie le fichier à l'imprimerie partenaire la plus proche de l'adresse de livraison, ce qui réduit les coûts de transport et permet de fabriquer les ouvrages plus rapidement à moindre coût.

En mobilisant des imprimeurs locaux, Lulu soutient également le tissu économique local auquel elle procure des commandes régulières.

TEKYN

Fondée en 2017 et basée à Saint-Denis (Seine-Saint-Denis), en Île-de-France, TEKYN a développé une solution globale pour le secteur du textile afin de favoriser une production de vêtements à la demande, en quelques jours et en circuit court.

L'entreprise propose aux marques de produire des vêtements en fonction des quantités qu'elles sont certaines de vendre, évitant ainsi surstockage et invendus, qui représentent un volume conséquent – et donc une vraie fragilité économique – dans l'industrie de la mode.

Les marques peuvent ajuster leurs approvisionnements en fonction de l'évolution des ventes et d'autres facteurs, tels que la météo. La production est ainsi gérée de manière plus rentable. La société utilise des technologies robotiques et digitales pour automatiser certaines étapes de la production textile. Une plateforme Web permet aux marques d'interagir avec des fournisseurs, des ateliers, des couturiers et des designers afin de développer leurs projets à proximité.

Les lignes robotiques de TEKYN sont utilisées pour couper, tailler, marquer et emballer les composants nécessaires à la production des vêtements commandés, qui sont ensuite envoyés en atelier pour finaliser la confection.

Une véritable révolution dans le modèle de production du prêt-à-porter qui permet de garantir la diversité et la variété des collections tout en évitant la surproduction.

opendesk

© Yandle/Flickr – CC BY-SA 2.0

Pensée comme une « plateforme mondiale qui permet une production locale », OpenDesk est une entreprise de mobilier créée à Londres, qui a longtemps proposé des designs open source pour des meubles pouvant être fabriqués localement, n'importe où dans le monde.

L'approche de fabrication distribuée adoptée par OpenDesk permet une production la plus proche possible des clients. Les plans de conception peuvent être téléchargés depuis n'importe où dans le monde, et les clients peuvent ainsi trouver des menuisiers locaux pour fabriquer et assembler les meubles à la demande, en fonction de leurs besoins et de leurs préférences, sans avoir à se déplacer dans un magasin ou à attendre que les produits soient expédiés depuis un entrepôt centralisé.

L'entreprise travaille avec une communauté de designers et de fabricants locaux pour produire des meubles personnalisés, à partir de matériaux durables tels que le bois massif ou le contreplaqué, *via* des outils de fabrication numérique (usinage CNC, impression 3D, découpe laser). L'approche de production distribuée d'OpenDesk permet de réduire considérablement l'empreinte carbone et les coûts de transport associés à la production et à la livraison de meubles. Elle favorise également l'économie locale en travaillant avec des fabricants du territoire.

4 *Plug-and-Play* (P&P) : proposer des solutions clé en main pour des sites ou activités préexistants

Une solution P&P est une petite unité productive qui fonctionne comme une clé USB que l'on connecte à n'importe quel site. De petit format et modulaire, le plus souvent en container, camion ou en kit, parfois mobiles, utilisant souvent des nouvelles technologies digitales, les offres P&P sont capables de se greffer rapidement et facilement sur ou à proximité d'un site industriel, d'une zone d'activité, d'une exploitation agricole, d'un magasin, d'un hôtel, d'un hôpital, d'un parking, d'un stade, d'une gare ou d'un aéroport.

Elles permettent de densifier le tissu productif en apportant rapidement des solutions de production locale, mais aussi de le diversifier, de créer des synergies et des complémentarités, de déployer des solutions d'urgence, et de rendre ainsi le territoire plus agile et autonome dans de nombreux secteurs d'activité (énergie, alimentation, industrie, etc.).

Clin d'œil au local, ces solutions associent le container, une invention géniale de 1956 qui symbolise à la fois la mondialisation (standardisation, économies d'échelle, globalisation des échanges…) et ses limites (éloignement entre lieux de production et de consommation, impact des transports, etc.), à la quatrième révolution industrielle et aux nouvelles technologies.

UN MODÈLE PARTICULIÈREMENT ADAPTÉ POUR RÉPONDRE AUX ENJEUX SUIVANTS

- Maîtrise de la consommation d'énergie liée à la production (préparation, transformation, packaging).
- Maîtrise de coûts d'approvisionnement, de transport ou de distribution.
- Raccourcissement des délais de livraison – Accélération de la mise sur le marché d'une nouveauté.
- Limitation de la vulnérabilité face aux aléas qui fragilisent des infrastructures, à l'endommagement du matériel ou aux pénuries ou goulets d'étranglement.
- Soutien à l'économie et aux entrepreneurs locaux.

MTB

© Cédric Michel

Concept **CABLEBOX** de **MTB**

Basée à Saint-Chef (Isère), la société française MTB propose des solutions de recyclage en containers (les BOX MTB) permettant le traitement et le recyclage des déchets industriels directement sur site. Ces équipements de recyclage mobiles constituent une solution clé en main pour les entreprises qui souhaitent recycler leurs déchets sur place et mettre en place des boucles de recyclage fermées.

Facilement transportables d'un site à un autre, les containers de recyclage de MTB sont équipés de machines capables de traiter différents types de matériaux, tels que les câbles, les cartes de circuits imprimés, les métaux, le bois et le plastique. Équipés de générateurs d'énergie, de panneaux solaires et de batteries, les BOX MTB permettent également un fonctionnement autonome sans besoin d'une connexion au réseau électrique.

La solution imaginée par MTB part d'un constat simple : le transport représente plus de 50 % de l'impact carbone total du recyclage de câbles, et une part non négligeable du coût final du recyclage.

Le modèle industriel distribué permet à MTB de trouver un équilibre économique complexe à atteindre avec le système classique (usine de tri), qui demande un investissement en capital important, parfois en décalage avec le gisement de déchets effectivement mobilisable à proximité, incitant à la massification des flux et dégradant la qualité du tri.

En réduisant les coûts de transport et en augmentant la pureté des matières recyclées au niveau de celle des matières vierges, l'entreprise parvient à un nouvel équilibre financier pour le recyclage.

Basée en Afrique du Sud, Afri-Can Microfactories propose des solutions de micro-fabrication pour les communautés locales. La volonté d'Afri-Can est d'industrialiser l'Afrique rurale en l'équipant de solutions adaptées, robustes et autosuffisantes.

Les containers proposés sont intégralement équipés et peuvent être installés dans une zone dépourvue d'accès à l'électricité (celle-ci provient alors de panneaux installés sur le toit) et à l'eau (le container est équipé d'un réservoir et d'un système de filtration). Les containers permettent de transformer, et donc de mieux conserver, voire de vendre à des prix supérieurs, des produits agricoles qui seraient sinon rapidement périssables. Les unités englobent, par exemple, les opérations de séchage des fruits (400 kg de fruits séchés par jour), de production des jus (300 kg de fruits transformés par heure), de stérilisation et d'embouteillage du lait (900 litres par jour) ou encore de ravitaillement des communautés en eau potable (3 000 litres par jour).

L'entreprise a su se diversifier par la fabrication de biens à petite échelle, tels que des meubles, des jouets et des produits ménagers, en utilisant des matériaux recyclables et disponibles à proximité, permettant ainsi aux communautés locales de fabriquer des biens sur place plutôt que de les importer.

La solution est parfois *« inside the box »* !

La volonté d'Afri-Can est également de former et de soutenir l'entrepreneuriat en Afrique, en hébergeant des ateliers de formation pour apprendre l'informatique, le travail du bois ou du métal, la plomberie ou encore la coiffure.

« On dit souvent qu'il faut penser *"outside the box"*. C'est justement ce que nous avons fait et, dans ce cas précis, la solution était *"inside the box"* ! »

RM Group est une entreprise basée au Royaume-Uni qui fournit des solutions de conditionnement mobiles pour les industries de l'agriculture, de la construction et de l'alimentation animale. La société s'est spécialisée dans la conception et la fabrication de machines d'emballage qui peuvent être facilement transportées et installées sur site. Celles-ci sont équipées de technologies avancées de pesage, d'emballage et de palettisation, permettant une production rapide et efficace de sacs d'aliments pour animaux, de produits chimiques et de matériaux de construction. Personnalisable, le système est particulièrement intéressant pour des structures qui ont des besoins saisonniers, ou des besoins supplémentaires que leur propre chaîne industrielle ne peut absorber.

Autre entreprise britannique, **Carbon8 Systems** est spécialisée dans les technologies de pointe en matière de capture et la conversion du dioxyde de carbone (CO_2) pour produire des matériaux de construction. L'une des solutions proposées se loge dans un simple container. Déployable sur site industriel, le CO_2ntainer est une solution clé en main offrant un triple avantage aux entreprises utilisatrices : réduire l'empreinte carbone par la capture du CO_2, donner à ce dernier une valorisation économique par la production de matériaux de construction de qualité et à faible impact carbone tels que des agrégats de béton ; réduire la mise en décharge de déchets industriels en intégrant à ces matériaux des résidus industriels de carbonate.

Le CO_2ntainer constitue également une solution flexible, permettant une capture et une conversion du CO_2 à petite ou grande échelle. Un container est capable de valoriser 12 000 tonnes de déchets industriels et de capturer entre 1 400 et 4 000 tonnes de CO_2 par an. En 2022, l'entreprise a bénéficié d'un investissement de 5,8 millions d'euros de la part d'EDF et du groupe cimentier Vicat pour accélérer le déploiement de sa technologie dans l'industrie lourde. Elle poursuit sa croissance en Belgique et aux Pays-Bas, ciblant notamment les secteurs de la papeterie et de l'acier.

Pour se diversifier, la PME NTD France, constructeur de bâtiments d'élevage, a, de son côté, lancé la start-up **Fermalab** qui développe des mini-laboratoires de transformation de produits fermiers en conteneurs, avec une promesse attrayante pour les agriculteurs : « Développez vos revenus en transformant directement vos produits dans votre ferme grâce à nos ateliers de transformation, économiques et faciles à installer. » Le container de Fermalab est équipé d'un système de production laitière complet, comprenant des équipements pour la pasteurisation, la coagulation, l'affinage et le conditionnement des fromages. Fermalab propose une solution de production de fromages à petite échelle, permettant aux producteurs locaux de créer des produits artisanaux de qualité supérieure tout en réduisant l'impact environnemental. L'entreprise a récemment développé de nouveaux concepts notamment en yaourterie, huilerie et conserverie, diversifiant ainsi la valorisation des produits agricoles.

CHAPITRE #6

Le local comme nouvelle relation client

Un meilleur ancrage local permet de renforcer sa relation client et de réinventer ses canaux de distribution : lieux de vente multi-fonctions, plateformes d'échanges locaux, services de consigne ou de leasing, offre intégrée (voire à revenus mixtes)... Expériences inédites, ces évolutions contribuent à la fidélisation d'une communauté de consommateurs.

5 Les modèles en « boucle locale » : commercialiser des produits réutilisables

Porté par le *leasing* et la consigne, le modèle économique en boucle locale vise à enrayer la logique du jetable qui veut que de nombreux produits soient rapidement éliminés et remplacés par de nouveaux.

Tout l'art de la boucle locale consiste à mettre à disposition des produits réutilisables qui restent la propriété de l'entreprise. Il implique des relations plus étroites avec la communauté locale de clients et d'utilisateurs afin de mieux comprendre leurs besoins et de les impliquer dans le processus de conception-développement de nouvelles offres.

Le modèle de la boucle locale contribue ainsi à réduire la production de déchets, à limiter l'utilisation de ressources naturelles et à renforcer les liens entre les entreprises et la communauté environnante. L'impact pour l'économie territoriale est aussi conséquent puisqu'il encourage l'utilisation de ressources et de compétences de proximité pour la production, la réparation et la maintenance des produits et services proposés.

UN MODÈLE PARTICULIÈREMENT ADAPTÉ POUR RÉPONDRE AUX ENJEUX SUIVANTS

- Maîtrise des coûts de transport et des délais de livraison.
- Limitation de la vulnérabilité face aux ruptures des approvisionnements, aux pénuries ou goulets d'étranglement.
- Réduction des émissions de GES de scope 1 (fabrication du produit) ; réduction des émissions de GES de scope 3 amont (*supply chain*, déplacements, etc.) et de scope 3 aval (distribution et usage).
- Gestion de la consommation des ressources (eau, biomasse, etc.).
- Progression du recyclage et de la valorisation des déchets.
- Inscription dans le circuit économique local (achat/vente).

REPLATED

« La vente à emporter, sans déchet », c'est la promesse de l'entreprise australienne rePlated, qui propose un modèle innovant basé sur la consigne. Elle offre une solution sûre pour la vente de plats à emporter sans générer de déchets, en recourant uniquement à des contenants réutilisables.

Le fonctionnement de rePlated est simple : les clients achètent leurs plats à emporter dans des contenants réutilisables fournis par rePlated, moyennant un léger supplément. Une fois leur repas terminé, ils peuvent retourner les contenants dans l'un des points de collecte de l'entreprise, situés dans des cafés et restaurants partenaires. Ils sont ensuite collectés, lavés et réutilisés.

L'offre rePlated a été lancée dans des villes comme Sydney et Melbourne où la production de déchets liée à la vente de plats à emporter constitue un véritable défi écologique. La solution proposée par rePlated a un impact significatif sur la réduction des déchets dans ces villes (près de 200 000 emballages en moins) grâce à la consigne.

Le modèle économique de rePlated peut également offrir des avantages pour les entreprises partenaires, restaurants collectifs, chaînes de restauration ou cafés : leur image de marque s'en trouve nettement améliorée et elles attirent une clientèle de plus en plus sensible à la réduction des déchets.

MUD JEANS

© Mud Jeans

Et si vous louiez votre prochaine paire de jeans ? Lancée aux Pays-Bas en 2012, l'entreprise textile Mud Jeans est aujourd'hui présente dans 28 pays.

Mud Jeans propose un modèle économique innovant fondé sur la location de jeans durables et écologiques. Les pantalons sont conçus avec des matériaux de haute qualité, comme le coton bio et le denim recyclé, pensés pour être recyclabes, et fabriqués en Europe.

Le modèle économique de Mud Jeans est basé sur le *leasing* : les clients paient un abonnement mensuel pour leur jean et peuvent ensuite l'échanger contre un nouveau chaque année, ou décider de le garder. Les jeans retournés sont recyclés et transformés en de nouveaux produits Mud grâce à un écosystème de partenaires. L'approche de *leasing* de Mud Jeans permet de réduire l'impact environnemental de la production en favorisant la réutilisation des matériaux existants et en évitant la production de nouveaux jeans à chaque achat : la consommation d'eau chute de 94 % et les émissions de CO_2 de 75 % par rapport à un jean fabriqué à partir de fibres vierges. Ce gain est loin d'être anodin lorsque l'on sait que la production de jean est la plus polluante de l'industrie du prêt-à-porter, avec près de 7 000 litres d'eau consommée pour produire un jean, et que plus d'un milliard d'entre eux est produit et commercialisé chaque année... En 2021, l'entreprise en a vendu 50 000, pour plus de 11 000 articles recyclés.

En travaillant avec des producteurs européens, Mud Jeans renforce également les liens avec la communauté et crée des opportunités de collaboration commerciale. Le groupe a d'ailleurs lancé en 2021 une collaboration avec IKEA : elle a élaboré la première housse textile pour mobilier tout en denim recyclé.

© Mud Jeans

6 Exploiter plus efficacement les lieux (d'accueil, de travail, de vente ou de production) pour créer un hub local

De plus en plus d'entreprises prennent conscience de l'importance de leur implantation et de leur impact sur la communauté locale. En exploitant plus efficacement les lieux dont elles disposent, tels que les bureaux, les magasins, les hôtels, les zones de transit ou les usines, elles peuvent créer un « hub local » et apporter de la vie ainsi qu'une nouvelle dynamique sur leur territoire.

Cette évolution revêt de nombreux formats : organisation d'événements réguliers, tels que des ateliers, démonstration de produits, dégustations ou concerts, services supplémentaires à la population (mise à disposition d'espaces, formations, conseils ou soutien apportés aux producteurs locaux).

Les avantages pour l'entreprise sont potentiellement tout aussi nombreux : fidéliser la clientèle, renforcer le tissu entrepreneurial local, générer des revenus complémentaires, profiter de synergies avec d'autres structures, attirer de nouveaux talents, collaborer avec les institutions, renforcer l'identité locale et la fierté de la communauté.

Le modèle de hub local peut être bénéfique pour les entreprises de toutes tailles qui tirent alors profit de la mise en réseau et de la collaboration avec d'autres établissements pour renforcer leur position sur le marché et contribuer au développement du territoire.

UN MODÈLE PARTICULIÈREMENT ADAPTÉ POUR RÉPONDRE AUX ENJEUX SUIVANTS

- Maîtrise des coûts fonciers.
- Amélioration de l'image de marque.
- Gain de qualité.
- Limitation de la vulnérabilité face à la raréfaction des ressources et des matières premières.
- Réduction des émissions de GES de scope 1 (fabrication du produit).
- Contribution à l'emploi local.
- Contribution à l'attractivité et au rayonnement du territoire.
- Dialogue renforcé avec les parties prenantes locales – Acceptabilité locale.

davines

© Davines

Le « **Village Davines** » à Parme

Davines est une entreprise italienne de produits capillaires et de beauté qui a récemment créé un espace dédié aux entrepreneurs locaux au siège social à Parme, baptisé « Village Davines ».

Ce lieu permet de faire connaître et de vendre des produits locaux, y compris des aliments et boissons. L'espace offre une grande diversité de fonctions en lien avec l'activité de l'entreprise, avec notamment un potager scientifique, un laboratoire en plein air de 3 000 m^2, ainsi qu'une serre permettant d'héberger les espèces inadaptées au climat de la région mais utiles pour les recherches du laboratoire de l'entreprise (citronniers, bananier ou cactus). Le Village Davines propose des programmes éducatifs destinés aux habitants de la région afin de promouvoir la durabilité et la responsabilité sociale et accueille des événements culturels destinés à renforcer la communauté locale.

« Ce projet d'architecture est l'emblème de nos valeurs ; il met au centre le bien-être de ceux qui y travaillent et entend représenter un lieu ouvert, où l'éthique et l'esthétisme cohabitent dans un équilibre harmonieux. »

L'école privée internationale **Little Genius**, fondée en 2004 à Rome, accueille des enfants de 2 à 12 ans. L'une des particularités de cette école est qu'elle dispose d'un espace de coworking dans le même bâtiment, ce qui permet aux parents de travailler à proximité du lieu où leurs enfants étudient. Cette initiative vise à réduire les temps de transport et l'impact environnemental, tout en offrant aux parents une solution pratique pour concilier leur vie familiale et professionnelle. L'espace de coworking de Little Genius permet également de s'ouvrir au réseau local d'entreprises connectées à l'école, *via* un espace de rencontres pour développer des projets, des activités temporaires, des activités avec des chercheurs et ainsi participer au développement économique local. En offrant un espace de travail flexible et collaboratif, l'école Little Genius encourage les parents à s'engager dans leur communauté locale, à se connecter avec d'autres personnes et entreprises, et à poursuivre leurs ambitions professionnelles, tout en jouant un rôle actif dans la vie de leurs enfants.

Le **Chatham Beverage District** est un écosystème regroupant plusieurs entreprises locales de boissons, dont des brasseries, des distilleries et des producteurs de vin, situé à Pittsboro, une petite ville de Caroline du Nord. Le quartier est né de la volonté de plusieurs entrepreneurs locaux de collaborer pour promouvoir les produits locaux et offrir une expérience unique aux visiteurs. En plus d'une grande variété de produits artisanaux proposés à la vente, Chatham Beverage District offre plusieurs prestations : dégustations, visites de brasseries et de distilleries, événements artistiques, ateliers, festivals, concerts... Les entreprises membres collaborent pour organiser ces événements, créant ainsi un écosystème économique dynamique. Exemple réussi de collaboration entre les entreprises locales, le Chatham Beverage District est devenu une destination populaire pour les amateurs de boissons artisanales et les touristes qui cherchent à découvrir les produits locaux de Caroline du Nord.

7 La plateformisation des économies locales

Mettre en relation des fournisseurs de services ou de produits avec des clients potentiels : le rôle des plateformes numériques n'a plus de secret. Orienté vers les consommateurs (B2C) ou vers les entreprises (B2B), le modèle économique de plateformisation repose sur une commission ou un abonnement prélevé sur les transactions effectuées sur la plateforme, ainsi que sur la collecte et l'utilisation de données pour améliorer l'expérience utilisateur et proposer des services et des produits plus adaptés. Les plateformes peuvent également proposer des services de gestion de paiement, de livraison ou encore d'assurance pour sécuriser et simplifier les transactions et renforcer la confiance entre les différents acteurs. Il est possible de distinguer deux types de plateformes locales :

- Les plateformes de marché qui mettent en relation des acheteurs et des vendeurs, et facilitent les transactions commerciales.
- Les plateformes collaboratives qui permettent aux utilisateurs de partager des informations, des connaissances, des compétences et des ressources pour atteindre leurs objectifs de manière collaborative.

Offrant une visibilité et une accessibilité accrues aux offres locales, boosté par la recherche d'efficacité, de proximité et de transparence, le modèle économique de plateformisation est en plein essor dans les territoires.

UN MODÈLE PARTICULIÈREMENT ADAPTÉ POUR RÉPONDRE AUX ENJEUX SUIVANTS

- Adaptation aux nouvelles attentes des consommateurs.
- Réparabilité.
- Développement de la personnalisation des offres.
- Accélération de la mise sur le marché d'une nouveauté.
- Maîtrise des coûts et délais de livraison.
- Limitation de la vulnérabilité face à la raréfaction des ressources et des matières premières.
- Rationalisation des installations de l'entreprise et réduction de ses émissions de GES de scope 1 (émissions directes).
- Inscription dans le circuit économique local (achat/vente).
- Renforcement de l'engagement citoyen.

Salariés de **Neighborhood Sun** réunis au Pearlstone Center, Maryland (2022)

L'un des principaux freins à la massification des énergies renouvelables réside la capacité à faire émerger localement des projets qui soient portés à la fois par les citoyens, les collectivités et les opérateurs du secteur. En développant une plateforme entièrement personnalisable de gestion de fermes solaires locales, Neighborhood Sun, fondée à Silver Spring, dans le Maryland, a réussi le pari de la démocratisation des énergies renouvelables.

Le modèle commercial de l'entreprise repose sur la mise en relation de promoteurs de projets photovoltaïques (possédant des installations solaires) avec des résidents locaux ou des entreprises intéressés par l'achat de l'énergie produite à un tarif réduit. Les développeurs gèrent la construction et la connexion du projet au réseau, tandis que Neighborhood Sun s'occupe de l'acquisition des abonnés, du support, de la communication et de la facturation. Les ménages, les entreprises et les organisations peuvent s'abonner pour recevoir une fraction de l'énergie d'une ferme solaire communautaire locale à un tarif réduit, ce qui leur permet de soutenir l'énergie propre et locale et d'économiser sur leurs factures d'électricité chaque mois.

Depuis sa création en 2016, Neighborhood Sun a permis à ses abonnés d'économiser plus de 2,5 millions de dollars sur leurs coûts électriques (soit entre 5 % et 30 % par rapport à une facture habituelle) et a évité au passage l'émission de près de 250 000 tonnes de CO_2. La plateforme propose un tarif préférentiel aux ménages à faibles revenus et investit une partie de ses bénéfices dans la communauté.

> Soutenir une énergie propre et locale tout en économisant sur ses factures d'électricité

Et l'entreprise d'ajouter : « Nous croyons que l'entreprise devrait avant tout créer plus de collectif, et pas forcément plus de consommateurs. Travailler en local, soutenir nos partenaires, accompagner les ménages qui constituent notre environnement économique direct est selon nous le choix le plus rationnel, à la fois sur le plan éthique et du business. »

Créé en 2015 par le fils d'un épicier de Brooklyn, **Mercato** s'est donné pour mission d'offrir une plateforme de commerce en ligne spécialement adaptée aux épiciers indépendants proposant des produits locaux et artisanaux. Mettant à disposition de nombreuses fonctionnalités – gestion des stocks, des commandes et des livraisons, personnalisation des catalogues de produits – la plateforme les petits commerçants à réussir le pari du local en ligne en leur permettant de bénéficier d'une meilleure exposition, de vendre leurs produits directement aux consommateurs et de se connecter plus facilement à leur communauté locale. Prise d'assaut par les clients et les commerçants pendant la pandémie de la Covid-19, Mercato travaille désormais avec plus de 1 000 magasins dans 43 états.

La **banque Raiffeisen Région Genève Rhône**, établissement suisse impliqué dans le développement local, concrétise son engagement *via* sa plateforme de *crowdfunding*, Héros Locaux. Cette plateforme dédiée offre un soutien aux porteurs de projets non commerciaux suisses : ils y collectent non seulement les fonds nécessaires à la concrétisation de leurs idées mais elle les aide aussi à trouver du matériel et des bénévoles. La banque œuvre ainsi pour rendre le financement plus accessible à des initiatives qui auraient eu du mal à voir le jour. Un autre aspect essentiel de cette plateforme est l'absence de commissions sur les participations au *crowdfunding*, ce qui signifie que les porteurs de projets reçoivent la totalité des sommes collectées, maximisant ainsi l'impact de chaque contribution et incitant davantage de personnes à soutenir financièrement les initiatives locales. Les antennes locales de la banque contribuent également à la plupart des projets proposés, à hauteur de 5 % du budget total environ.

Soutien aux petits commerces environnants, projets culturels et sportifs, nouvelles infrastructures pour la communauté, programmes d'insertion ou d'aide à l'enfance, etc. : grâce à cette approche, la banque Raiffeisen Région Genève Rhône a réussi à financer plus de 2 000 projets locaux, avec un taux de réussite moyen de 80 % et un budget total collecté de près de 40 millions d'euros. Cette implication renforce l'action de la banque en faveur du développement territorial et montre sa volonté d'investir directement dans des projets qui ont un impact positif et tangible sur sa communauté, au quotidien.

Contraction de *peer-to-peer* (pair-à-pair) et de *nearby* (à proximité), **Peerby** est une plateforme de partage d'objets et d'équipements entre voisins. Depuis

son lancement en 2011 aux Pays-Bas, elle a essaimé dans de nombreuses villes à l'international (Brooklyn, Berlin, Barcelone, Madrid, etc.). Partant du constat que les biens qui peuplent nos logements restent largement sous-utilisés, Peerby encourage l'économie de la fonctionnalité en facilitant la mutualisation entre particuliers à une échelle micro-locale, évitant des achats inutiles d'articles neufs. Les utilisateurs s'inscrivent sur Peerby et répertorient les éléments qu'ils souhaitent partager avec les utilisateurs. Ils peuvent également publier une demande pour emprunter ou louer un objet spécifique, tel qu'un outil de bricolage, un instrument de musique, un sac à dos de randonnée, etc. Peerby permet alors de rapprocher l'offre et la demande. Elle facilite également la communication entre les parties pour organiser la logistique de l'emprunt ou de la location, et offre des fonctionnalités pour aider les utilisateurs à évaluer la qualité de l'objet et la fiabilité de l'emprunteur ou du prêteur. Grâce à ces échanges ainsi permis, les utilisateurs rencontrent d'autres personnes dans leurs communautés, apprennent à se connaître et tissent le lien social.

Déclinant en France un concept né aux États-Unis, **ShareMat** est une plateforme qui permet aux professionnels du BTP de partager leurs machines et équipements sous-utilisés par le prêt ou la location. En prêtant ou louant leurs équipements de construction, les entreprises peuvent réduire les coûts d'investissement et d'entretien, optimiser leur utilisation et contribuer à réduire leur empreinte carbone en évitant le gaspillage de ressources. De plus, la plateforme offre une assurance et une garantie de qualité des équipements, ce qui permet de minimiser les risques et d'assurer la sécurité des travailleurs. Sharemat encourage également la réparation et la remise en état des équipements plutôt que leur remplacement.

La plateformisation peut également se mettre au service de la participation citoyenne, comme le propose **Colu**, une entreprise technologique basée à Tel-Aviv. Fondée en 2014, l'entreprise s'est développée pour devenir un leader mondial dans la création de monnaies numériques et de plateformes d'engagement citoyen pour les villes. La plateforme offre une variété d'outils (applications mobiles) et de services qui permettent l'expression des citoyens, la promotion des entreprises locales et plus globalement l'amélioration de la qualité de vie dans les communautés, par la promotion de campagnes ou de projets transformatifs (développement du vélo, requalification d'une artère commerçante, par exemple). Colu permet aux territoires de créer leur propre monnaie locale numérique, de partager une carte interactive pour découvrir et explorer les commerces et les événements locaux et d'animer la participation citoyenne, en proposant aux résidents de soumettre des idées, de donner leur avis sur les projets de la ville et de voter sur les décisions importantes. Outre la municipalité de Tel-Aviv, Colu collabore aujourd'hui avec de nombreuses villes à travers le monde : Londres, Liverpool, Boston, Saline, Monterey Park, Utica, Akron, Peachtree, Rancho Cordova, etc.

La Ruche qui dit Oui ! est une plateforme collaborative française qui permet aux consommateurs de se connecter directement avec les producteurs locaux pour acheter des produits frais et de saison. Les consommateurs peuvent récupérer leurs commandes lors de points de distribution réguliers, appelés « Ruches ». Ces Ruches sont souvent situées dans des lieux publics (écoles, bibliothèques ou parkings). Conçue pour encourager les circuits courts, la plateforme offre une solution pratique pour les producteurs qui peuvent ainsi trouver un marché pour leurs produits sans avoir à gérer leurs propres marketing et distribution. La Ruche qui dit Oui ! est active dans de nombreux pays, notamment en France, en Belgique, en Espagne, en Allemagne et en Suisse ; son réseau compte des milliers de producteurs et de consommateurs engagés.

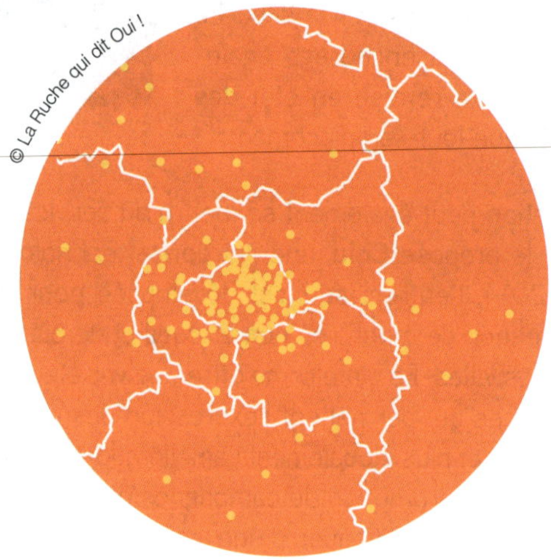

Le maillage francilien de
La Ruche qui dit Oui !

8 Activer des réseaux de micro-entrepreneurs pour toucher des consommateurs jusqu'ici inaccessibles (pays émergents)

Les micro-entrepreneurs sont souvent des acteurs importants dans les économies informelles, en particulier dans les pays en développement. Ils nouent des liens étroits avec les communautés locales et peuvent avoir une connaissance approfondie des besoins et des préférences des consommateurs locaux.

L'activation des réseaux de micro-entrepreneurs peut être une stratégie efficace pour toucher des consommateurs auparavant inaccessibles. Il est donc important de comprendre leur motivation et leur comportement, de leur fournir des outils et des ressources pour réussir, par exemple des formations sur les produits et services proposés, des programmes de soutien pour améliorer les compétences commerciales, ainsi que des canaux efficaces pour communiquer avec les consommateurs.

UN MODÈLE PARTICULIÈREMENT ADAPTÉ POUR RÉPONDRE AUX ENJEUX SUIVANTS

- Adaptation aux nouvelles attentes des consommateurs.
- Développement des ventes auprès de clients locaux.
- Contribution à l'attractivité et au rayonnement du territoire.
- Soutien aux entrepreneurs locaux.
- Contribution à l'emploi local.
- Lutte contre la pauvreté.

« Aider les agriculteurs à passer d'une agriculture de subsistance à une agriculture de développement », c'est la mission que s'est donnée Kuza, une plateforme de micro-apprentissage mobile qui a vu le jour au Kenya.

La plateforme permet aux petits exploitants agricoles de se former, de se connecter avec d'autres partenaires de l'écosystème et de développer leur propre entreprise. Pour toucher ces agriculteurs, souvent situés dans des régions éloignées et très mal desservies, et faire de la plateforme un produit viable, Kuza a décidé de s'appuyer sur un réseau de 3 750 jeunes micro-entrepreneurs agricoles. Ces « agri-preneurs » visitent une cohorte de petits exploitants dans les communautés rurales, emportant un sac à dos contenant un routeur WiFi, un cloud portable conçu pour fonctionner sans électricité ni Internet et un projecteur. Ils utilisent ce kit pour diffuser des vidéos d'apprentissage sur les pratiques agricoles ou commerciales que les agriculteurs peuvent regarder à l'aide de tablettes prêtées par Kuza.

Ce modèle en solution groupée permet de toucher un grand nombre d'agriculteurs – plus de 575 000 paysans répartis dans 4 500 villages – et de viabiliser le modèle économique. À ce jour, Kuza a permis la création de 155 000 nouveaux emplois en Afrique et en Asie.

Comment démocratiser l'accès aux services bancaires et lutter ainsi contre la précarisation ? **CajaVecina** est un service financier chilien qui permet aux clients d'effectuer des transactions financières de base, tels que dépôts et retraits, et ceci dans des petits commerces locaux – épiceries, pharmacies ou stations-service – équipés de terminaux de paiement électronique. Ce service a été créé en 2008 par le BancoEstado, la banque publique du Chili, pour offrir un accès aux services bancaires de base en zone rurale ou pour les publics ne pouvant rentrer dans les circuits bancaires classiques. Il est devenu très populaire dans le pays, dans les zones reculées ou auprès des travailleurs rencontrant des difficultés à se rendre en agence pendant les heures d'ouverture. Le succès de CajaVecina montre qu'il est possible de proposer des services financiers innovants en utilisant les infrastructures et les canaux de distribution existants, tels que les petits commerces locaux, permettant ainsi à des populations auparavant sous-bancarisées, voire non bancarisées, d'accéder à des services financiers de base, et contribuant par là même à favoriser l'inclusion financière dans le pays.

9 Répondre à la demande locale en proposant un modèle « *one-stop shop* »

Le modèle du « guichet unique » est un concept commercial dans lequel une entreprise offre une gamme complète de produits ou services pour répondre aux différents besoins de ses clients. Assurant la coordination de l'ensemble des services offerts *via* un prestataire unique, le modèle « *one-stop shop* » garantit une expérience fluide et une haute qualité de service pour les clients.

Ce modèle offre aux entreprises une forte proximité avec les clients, leur permettant de mieux comprendre leurs besoins spécifiques et d'y répondre par un service plus personnalisé et réactif, et tirant parti des opportunités et des synergies avec des partenaires locaux.

UN MODÈLE PARTICULIÈREMENT ADAPTÉ POUR RÉPONDRE AUX ENJEUX SUIVANTS

- Gain de qualité, meilleur rapport qualité/prix.
- Adaptation aux nouvelles attentes des consommateurs.
- Réparabilité et durabilité augmentées.
- Développement de la personnalisation des offres.
- Rationalisation et optimisation accrues.

south mountain COMPANY

© Jocelyn Filley

South Mountain Company est tout simplement l'entreprise B Corp la mieux notée au monde. Localisée sur l'île de Martha's Vineyard, dans le Massachusetts, tout d'abord atelier d'ébénisterie et de menuiserie en 1973, elle est devenue constructeur de maisons en bois, puis s'est spécialisée dans les maisons solaires passives.

Les compétences de l'entreprise se sont progressivement élargies, de la construction à l'architecture, l'ingénierie et l'énergie solaire, autour de l'idée que le design doit servir la performance globale du bâti et qu'il est indispensable de construire des maisons accessibles, confortables, à très haute performance environnementale, mais aussi de fournir les services permettant de minimiser l'impact du bâti sur l'environnement – notamment *via* la branche énergie solaire de l'entreprise qui équipe les bâtiments de panneaux photovoltaïques.

L'entreprise a aussi la particularité d'être devenue une coopérative à la fin des années 1980, chaque employé pouvant devenir copropriétaire de l'entreprise au bout de 5 ans.

Enfin, SMC est fortement ancrée dans sa communauté, l'île de Martha's Vineyard : elle redistribue 10 % de ses bénéfices à des organisations caritatives locales, et 10 % grâce au travail bénévole de ses équipes sur des projets de construction/rénovation locaux.

© Jeanna Shepard

John Abrams, fondateur de South Mountain Company

« Nous avons toujours limité notre travail à une très petite région et nous avons résisté à toutes les propositions d'expansion et de franchise. Nous pensons qu'en restant pleinement connectés à une petite communauté, mais en partageant en même temps les enseignements de notre aventure au-delà de cette communauté, de multiples manières et en de multiples endroits, nous pouvons à la fois rester fidèles à nos racines et atteindre un certain degré de passage à l'échelle ! »

Renouveler les parcours de soins et en garantir l'accès au plus grand nombre. Tel est le défi relevé par le groupe médical **Northwest Permanente (NWP)**. Intervenant dans les États de l'Oregon et de Washington, NWP propose un modèle original qui permet de concilier les impératifs d'efficience économique et d'éthique médicale. Le groupe résulte de la collaboration entre trois entités complémentaires : une compagnie d'assurances-santé (Kaiser Foundation Health Plan), une fondation d'hôpitaux (Kaiser Foundation Hospitals) – toutes deux sans but lucratif, et Northwest Permanente (NWP), fondée en tant que société professionnelle détenue et dirigée par des médecins salariés-actionnaires. La Fondation Kaiser (KFHP) travaille avec les employeurs, les employés et les particuliers pour leur proposer de véritables « plans de santé » ainsi qu'une assurance prépayée, qui sont pris en charge par la fondation hospitalière. Les groupes médicaux permanents (NWP) assurent les soins médicaux pour les patients bénéficiant du plan de santé dans chaque région. Ils sont subventionnés par la fondation, avec une rémunération qui n'est pas liée à l'acte médical. Ce système assure une cohérence de prise en charge des patients du domicile vers l'hôpital et l'inverse, favorise la prévention ainsi qu'une meilleure planification des séjours à l'hôpital. Cette intégration de plusieurs filières de soins permet de proposer une médecine de qualité et ce, à des coûts étonnamment bas pour les États-Unis.

Impact Hub est un réseau international d'espaces de coworking et d'innovation, axé sur l'entrepreneuriat social et responsable avec un motto : « *Make collaboration happen* ». Avec plus de cent sites répartis dans 62 pays, en Amérique, Europe, Afrique et Asie, Impact Hub propose un modèle de « guichet unique » pour soutenir les entrepreneurs, les travailleurs indépendants et les petites entreprises. Ce modèle intègre une variété de services et de ressources, tels que des espaces de travail flexibles, du réseautage potentiel au sein de la communauté, des événements et des ateliers de formation, des programmes d'incubation et d'accélération, des partenariats avec des organisations locales, des institutions académiques et des entreprises, pour soutenir les membres et créer des opportunités de collaboration. En mettant en œuvre ce modèle de guichet unique, Impact Hub est en mesure de mieux s'adapter à chaque marché local et de contribuer de manière significative au développement économique dans ses régions d'implantation. À ce jour, la communauté fédère plus de 25 000 entrepreneurs à impact dans le monde et a permis la création d'environ 47 000 emplois depuis 2012.

Atticus Health, fondée en 2010 à Victoria en Australie, a développé une gamme complète de services de santé adaptés aux besoins des patients, notamment des personnes âgées à domicile. L'entreprise a connu une croissance significative depuis sa création, passant d'un seul centre médical à plusieurs établissements dans la région, et mobilisant la télémédecine, ce qui lui a permis d'étendre son action à des zones rurales et isolées. Sa branche dédiée à l'accompagnement à domicile, Mobile GP, a été conçue pour répondre aux besoins des patients éprouvant des difficultés à se déplacer – personnes âgées vivant chez elles, personnes isolées géographiquement ou personnes handicapées, temporairement ou de manière permanente. Mobile GP est soutenue par un réseau d'une trentaine de médecins généralistes, une assistance administrative et informatique, ainsi qu'un réseau d'infirmiers pour faciliter les visites à domicile. L'entreprise vise à garantir un accès à des soins de qualité pour tous en Australie, et aide les patients à trouver un médecin qui puisse les visiter régulièrement à domicile. En 2020, l'entreprise a réalisé plus de 10 000 consultations à domicile avec Mobile GP – ces visites peuvent être combinées avec un forfait de soins à domicile financé par le gouvernement, pour lequel Atticus Health est un prestataire agréé *via* une autre filiale, Mark & Sylvie's Home Care, qui propose de l'assistance domestique, des soins infirmiers, la préparation des repas, etc. Grâce à cette approche globale, Atticus Health aide les patients à recevoir des soins médicaux de qualité et adaptés, tout en préservant leur autonomie et leur qualité de vie.

Les **Ateliers du Slip** est une initiative du **Slip Français**, entreprise qui propose une ligne de vêtements entièrement fabriquée en France. Le projet est né en réponse à l'augmentation du nombre d'entreprises françaises du prêt-à-porter cherchant à relocaliser tout ou partie de leur chaîne de production dans l'Hexagone. Le service vise à accompagner ces marques dans leur processus de relocalisation. Les Ateliers du Slip gèrent le processus de A à Z, ce qui comprend la mise au point du produit, la recherche de fournisseurs et d'ateliers, la négociation, la prise de commande et l'élaboration d'une stratégie de prix de vente. Ils s'appuient sur un réseau d'une trentaine de fournisseurs de matières et d'une quarantaine d'ateliers de confection partenaires.

© Le Slip Français

Guillaume Gibault et **Léa Marie**, directrice de production, dans l'usine Eminence qui fabrique le Slip des Français

10 Les nouveaux modèles locaux à revenus mixtes

Le concept de modèles à revenus mixtes fait référence aux stratégies commerciales qui combinent plusieurs sources de revenus pour créer un équilibre entre les impératifs financiers et les objectifs sociaux ou environnementaux d'une entreprise.

Il est possible de distinguer différents types de modèles à revenus mixtes : vente de produits ou services complémentaires, abonnement ou adhésion, publicité ou parrainage, *royalties*, subventions, etc.

Les modèles à revenus mixtes représentent une piste pour les entreprises développant des solutions locales, car ils diversifient les revenus et réduisent par conséquent les risques financiers tout en stabilisant l'activité. Ils permettent une plus grande flexibilité pour s'adapter aux changements du marché et aux besoins des communautés locales, et favorisent l'impact social et environnemental en conciliant les objectifs économiques et les impératifs de durabilité.

UN MODÈLE PARTICULIÈREMENT ADAPTÉ POUR RÉPONDRE AUX ENJEUX SUIVANTS

- Développement de la créativité.
- Meilleur rapport qualité/prix.
- Limitation de la vulnérabilité face aux ruptures des approvisionnements, aux pénuries ou goulets d'étranglement.
- Réduction des émissions de GES de scope 1 (fabrication du produit), de scope 2 (consommation énergétique du site), de scope 3 amont (*supply chain*, déplacements, etc.) ou aval (distribution et usage) et de scope 4 (en dehors du cycle de vie ou de la chaîne de valeur).
- Préservation de la biodiversité.
- Contribution à l'attractivité et au rayonnement du territoire.

FERONIA FORESTS' MISSION MAPLE

Alors que la pression économique sur les forêts ne cesse de croître, comment préserver la ressource tout en lui donnant une nouvelle valeur ? Cette question passionnante est à la base du modèle d'affaires développé par Feronia Forests, dont l'objectif est de valoriser les atouts, les services et la richesse des forêts, sans en abattre les arbres, mettant ainsi un coup d'arrêt à la déforestation.

Feronia Forests accompagne les propriétaires forestiers pour les aider à repenser l'exploitation de leurs forêts tout en en tirant de la valeur autrement que par la coupe. L'objectif est de développer la conservation responsable des forêts en démontrant que couper le bois pour en faire des planches est certes une source de revenus à court terme, mais n'est pas l'option la plus soutenable. D'autres approches permettent de dégager des bénéfices sur le long terme, dans une approche que Feronia Forests appelle « *full forestry* », ou sylviculture totale. Pour en faire la démonstration, Feronia Forests développe, en collaboration avec des naturalistes, des modèles économiques et des marques de produits forestiers qui contribuent à préserver les forêts, tout en valorisant l'écosystème unique qu'elles représentent.

L'entreprise a par exemple créé Vertical Water, une marque d'eau de source captée dans les forêts d'érables de l'État de New York, vendue dans des briques recyclables et distribuée dans 1 400 magasins du pays. Mission Maple est une autre marque, proposant du sirop d'érable certifié, issu de forêts durablement gérées (labellisées FSC), et dont une partie des revenus sert à financer des programmes de sensibilisation des jeunes générations à la protection des forêts.

Dans un domaine plus ludique, Feronia Forests a lancé Ramble Wild, parcours d'accrobranche éducatif dédié à la protection des forêts et de la nature, construit sans clous ni vis pour préserver les arbres de la forêt du Massachusetts où il est implanté.

Feronia a également accueilli, sur l'une de ses parcelles, un projet éolien qui permet l'approvisionnement énergétique de 6 000 foyers locaux.

Le travail de Feronia Forests a d'ores et déjà contribué à la sauvegarde de plus de 560 hectares de forêts et l'entreprise en vise 1 200 hectares dans les prochaines années. Ces projets prouvent que la conservation des forêts est la fois accessible et économiquement intéressante pour les propriétaires forestiers.

> Quand tu vois un arbre, ne te demande pas ce qu'il va pouvoir produire pour toi, mais ce qu'il va pouvoir t'apprendre.
>
> **Janine Benyus**, théoricienne du biomimétisme

Entreprise de logistique urbaine lancée en 2009 à Portland aux États-Unis, **B-Line Urban Delivery** fournit des solutions de livraison écologiques et efficaces pour les zones urbaines. Elle utilise principalement des véhicules électriques à assistance humaine (tricycles cargo) pour les livraisons de marchandises. B-Line adopte un modèle de revenus mixtes pour garantir la viabilité financière de l'entreprise : services de livraison, publicité (en vendant de l'espace publicitaire sur ses véhicules de livraison) et partenariats (en s'associant à d'autres entreprises et organisations pour développer des projets et des initiatives durables). Elle travaille par exemple avec des entreprises de technologie pour développer de nouvelles solutions de transport et de logistique. Grâce à cette stratégie de revenus mixtes, B-Line Urban Delivery a pu développer un modèle à moindre impact environnemental : en utilisant des véhicules électriques à assistance humaine pour les livraisons, B-Line contribue à réduire les émissions de gaz à effet de serre (GES), la pollution de l'atmosphère, la congestion routière et le bruit en milieu urbain, améliorant ainsi la qualité de l'air et la santé publique.

Alvéole est une entreprise canadienne qui encourage l'apiculture urbaine. Elle fournit des services d'installation et de maintenance de ruches pour les particuliers, les entreprises et les institutions. Alvéole a pour mission de maximiser son impact environnemental en promouvant la pollinisation, la réduction des distances de transport et la sensibilisation à l'environnement. Pour diversifier ses sources de revenus, Alvéole propose la vente et la location de ruches, des services d'entretien des ruches, des formations et des programmes éducatifs, des événements sur mesure, la vente de miel, des conseils et un accompagnement en apiculture urbaine, des projets de recherche et développement, des produits dérivés de l'apiculture, des programmes de parrainage... Alvéole participe à la démocratisation de l'apiculture urbaine et sensibilise le public à ses avantages écologiques. Les programmes éducatifs d'Alvéole sont conçus pour tous les niveaux de connaissances, des débutants aux apiculteurs expérimentés et peuvent également toucher les entreprises et les institutions. La production de miel local à partir des ruches installées dans les villes aide à réduire les déplacements et à promouvoir l'agriculture urbaine.

CHAPITRE #7

Le local comme mission

Le local peut, au-delà d'un choix purement pragmatique, relever pour certains entrepreneurs d'une conception quasi existentielle et constituer le cœur de la mission de l'entreprise, qui se met au service de la communauté – car connaître les personnes avec lesquelles on travaille comme celles qui achètent nos produits change tout. Comment soutenir le développement économique local ? Comment valoriser, au travers de sa marque, un patrimoine culturel ou naturel unique ? Autant de questionnements qui permettent d'insuffler un supplément d'âme à l'entreprise et de répondre aux aspirations d'une génération en quête de sens.

11 L'entreprise, une expérience locale

Le modèle « *Economy of experience* » (économie de l'expérience) est une approche économique qui met l'accent sur la valeur ajoutée que peuvent apporter les expériences positives vécues par les clients, au-delà des simples produits ou services proposés.

L'objectif est de créer des expériences mémorables et uniques qui vont susciter une forte satisfaction chez le client, ce qui peut conduire à une fidélisation et à une recommandation de la marque ou de l'entreprise auprès d'autres clients potentiels.

L'application de ce modèle au niveau local consiste à sublimer les expériences vécues par les visiteurs ou les résidents d'une région ou d'une ville en créant des offres de service, touristiques, culturelles ou sociales uniques. Les acteurs locaux peuvent travailler ensemble pour offrir des expériences qui mettent en valeur les particularités, les traditions, l'histoire, la gastronomie et les ressources naturelles de la région.

UN MODÈLE PARTICULIÈREMENT ADAPTÉ POUR RÉPONDRE AUX ENJEUX SUIVANTS

- Créativité – Différenciation – Gain de qualité.
- Adaptation aux nouvelles attentes des consommateurs.
- Réparabilité et durabilité augmentées.
- Développement de la personnalisation des offres.
- Coopération avec d'autres parties prenantes locales (associations, acteurs publics, etc.)

OAKLANDISH

Fondée en 2000 et basée à Oakland en Californie, Oaklandish s'est donné pour mission de célébrer l'identité, la créativité et la diversité de la ville qui l'a vue naître : Oakland.

Le modèle économique d'Oaklandish repose sur la vente de produits dérivés, tels que des t-shirts, des casquettes, des sacs et des accessoires, qui sont conçus et produits localement. Les designs sont inspirés de l'histoire, de la culture et des symboles d'Oakland, et sont créés en collaboration avec des artistes et des designers locaux.

Les produits sont vendus dans les boutiques Oaklandish à Oakland et dans d'autres villes de Californie, ainsi que sur son site Web.

Parfait exemple du modèle d'« *Economy of experience* », Oaklandish a créé une communauté de fans et de clients fidèles, qui partagent les mêmes valeurs, fédérés par l'identité d'Oakland. Cette communauté est engagée dans la promotion de la ville et porte fièrement les produits Oaklandish qu'elle partage sur les réseaux sociaux.

Ace Hotel est une chaîne d'hôtels fondée en 1999 à Seattle. Sa marque de fabrique : faire de chaque établissement un lieu de vie ouvert sur la ville en créant des espaces de rencontre et de partage pour les voyageurs et les locaux. En Attirant une clientèle en quête d'une expérience différente de l'hébergement traditionnel, Ace Hotel ne se contente pas de proposer des chambres originales et inspirantes, mais mise aussi sur la création d'une atmosphère conviviale et sur une programmation culturelle unique (concerts, films, expositions...).

Basée en Ontario, l'entreprise canadienne **Neighbourhood Group of Companies** est guidée par une approche du métier de restaurateur enracinée dans son territoire : « Développer des restaurants qui font la promotion d'aliments et de boissons naturels produits localement, tout en défendant les agriculteurs et les producteurs qui les ont fabriqués. Créer des lieux uniques qui parviennent à la fois à préserver le passé et à mettre en valeur le travail d'artisans contemporains. » Créée en 1990, Neighbourhood Group of Companies compte aujourd'hui un pub, deux restaurants, un café et une épicerie-restaurant. En s'appuyant sur un savoir-faire culinaire local, en travaillant exclusivement avec des fournisseurs de proximité et en utilisant des ingrédients de saison pour créer des plats créatifs et originaux, Neighbourhood Group of Companies offre à ses clients une expérience gastronomique unique et immersive. En 2018, le prix « Small Business of the Year » a été décerné au groupe par le Toronto Board of Trade, pour sa contribution à la vie économique et sociale de la ville.

12 L'entreprise « pollinisatrice » : le soutien à l'entrepreneuriat local au cœur du *business model*

L'entreprise « pollinisatrice » est une organisation qui a intégré le soutien à l'entrepreneuriat local au cœur de son modèle d'affaires. Ce concept est basé sur l'idée que les entreprises peuvent être pleinement actrices du développement économique de leur territoire (et donc que les collectivités ne sont pas les seules à maîtriser cette compétence).

Le terme « pollinisatrice » vient de l'analogie avec les abeilles qui aident à la croissance des plantes et des écosystèmes locaux. De la même manière, l'entreprise pollinisatrice peut aider à renforcer l'économie locale en fournissant des ressources et des opportunités aux entrepreneurs locaux :

incubateur, accélérateur, mentorat ou financements (investissements en capital-risque, subventions, prêts ou autres formes de financement). De plus en plus de « *pure players* » se concentrent exclusivement sur le soutien aux entrepreneurs locaux en développant des modèles de revenus axés sur la fourniture de services tels que la location d'espaces, le consulting, la R&D, les événements, les services financiers, etc.

Pour les grandes entreprises, un modèle d'affaires « pollinisateur » va bien au-delà du simple mécénat au regard de ses multiples retombées : renforcement de la réputation et de l'image de marque, identification de nouvelles opportunités d'affaires, de collaborations et de pistes de diversification, appui sur l'expertise des entrepreneurs et leur connaissance du marché local, attraction de talents et de compétences supplémentaires ou contribution à la vitalité économique locale, et donc aux futurs succès commerciaux de l'entreprise.

UN MODÈLE PARTICULIÈREMENT ADAPTÉ POUR RÉPONDRE AUX ENJEUX SUIVANTS

- Soutien aux entrepreneurs locaux.
- Renforcement de la créativité et de la différenciation.
- Accélération de la mise sur le marché d'une nouveauté.
- Contribution à l'emploi local.
- Contribution à l'attractivité et au rayonnement du territoire.

MICHELIN

Usine Michelin de Clermont-Ferrand (Puy-de-Dôme)

Michelin Développement est un programme lancé par Michelin pour soutenir les petites et moyennes entreprises (PME) dans ses régions d'implantation.

Créé en 1990, il propose une aide technique et financière aux porteurs de projets de création, reprise et développement d'entreprises. L'objectif est de favoriser le développement endogène et la création d'emplois sur les territoires, en permettant aux porteurs de projets d'accéder à un accompagnement dédié (mobilisation d'experts Michelin dans divers domaines, évaluation du business plan, etc.) et à des sources de financement grâce à des prêts à un taux bonifié de 1,5 %.

> Chaque année, ce sont 50 PME et PMI qui sont accompagnées dans le cadre du programme. »

Pour bénéficier de ce dispositif, les entreprises doivent répondre à plusieurs critères : être une PME, indépendante d'un grand groupe et non concurrente du Groupe Michelin, dans un bassin d'emploi de l'un de ses établissements industriels – soit un rayon de 50 km ou d'une heure autour du site. Le projet doit prévoir la création d'au moins cinq emplois (CDI temps plein) dans les 3 ans.

Le montant des prêts est compris entre 3 000 et 5 000 euros par emploi à créer sur 3 ans – jusqu'à 8 000 euros dans les bassins en revitalisation. Il s'élève en moyenne à 70 000 euros par entreprise.

L'entreprise bénéficiaire peut transformer une partie du prêt en subvention en cas d'embauche de salariés d'une cellule de reclassement de Michelin. Elle reçoit aussi une prime à chaque création d'emploi durable (CDI) allant de 1 000 à 3 000 euros.

Les équipes de Michelin Développement travaillent en collaboration avec les acteurs économiques du territoire (chambre de commerce et d'industrie, collectivités, pépinières d'entreprises) ou des associations telles que l'ADIE, qui promeut le micro-entrepreneuriat.

Près de 50 PME/PMI sont ainsi accompagnées chaque année grâce au partage de compétences dans les bassins d'implantation des usines du groupe. Depuis 1990, Michelin Développement a soutenu les projets de plus de 1 000 entreprises et accompagné la création de plus de 26 000 emplois. À ce jour, 20 % des activités de Michelin Développement sont dédiées à la revitalisation de territoires situés autour d'usines en reconversion ou d'anciennes usines du groupe (Toul, Seclin).

BOUGE TA BOITE
Ensemble, Bougeuses de l'Économie !

© Stefani Leguenn – Capture Life

RV **Bouge Up** Paris, mai 2023

Issu du réseau Femmes de Bretagne, Bouge Ta Boîte est un réseau d'affaires 100 % féminin, fondé par Marie Eloy, pensé par et pour les cheffes d'entreprise pour s'entourer, développer le chiffre d'affaires et étoffer la stratégie en s'appuyant sur la puissance du collectif.

Bouge Ta Boîte fonctionne en cercles très localisés, de 25 femmes entrepreneures, émanant toutes d'un secteur d'activité différent, qui se réunissent chaque quinzaine pour échanger : ce sont les rendez-vous BougeUP ! Ensemble et à tour de rôle, les Bougeuses pitchent, brainstorment, présentent leur métier et se recommandent mutuellement.

Bouge Ta Boîte offre plusieurs avantages à ses membres, notamment des « duos » (mise en relation avec une autre adhérente proche géographiquement pour développer son réseau), des événements, un parcours d'intégration, un annuaire, des ateliers et webinaires ainsi qu'une plateforme d'échange avec les autres membres.

Bouge Ta Boîte, c'est 1 800 dirigeantes, 115 villes françaises, plus de 80 secteurs d'activité représentés, 5 000 rendez-vous business chaque année, en présentiel ou distanciel, du local au national, et 10 000 recommandations réalisées chaque année entre les adhérentes du réseau. Le réseau offre à chaque « bougeuse » un gain moyen de chiffre d'affaires annuel estimé à 8 000 euros. Le modèle économique de l'entreprise repose sur des abonnements annuels ou trimestriels.

Shop Small est un programme lancé par **American Express** pour encourager les consommateurs à soutenir les petites entreprises dans leur communauté locale. Concrètement, le programme offre aux consommateurs des remises en argent et des offres spéciales lorsqu'ils utilisent leur carte American Express pour acheter chez des petites entreprises participantes, leur permettant de soutenir les petites entreprises tout en économisant de l'argent sur leurs achats. Du côté des petites entreprises, le programme Shop Small met à disposition des matériels de marketing gratuits, tels que des panneaux et de la publicité en ligne, pour les aider à promouvoir leurs produits et services. Depuis 2010, American Express a investi plus de 200 millions de dollars dans le programme, avec à la clé des retombées économiques bien supérieures : en 2020, le programme « Shop Small » a généré plus de 19 milliards de dollars de dépenses auprès de petites entreprises dans le monde. Aux États-Unis, plus de 1,7 million de commerces participent à la campagne. American Express est également partenaire d'associations de voisinage dans l'organisation des Small Business Saturdays, campagnes marketing qui mettent à l'honneur les petits commerçants pour contrecarrer les Black Friday et Cyber Monday.

Née en 1946 à Vancouver, **Vancity** (Vancouver City Savings Credit Union) est la plus grande banque coopérative locale du Canada, détenue par plus de 543 000 membres et comptant 28,2 milliards de dollars d'actifs en 2019. Avec une gamme complète de produits et services financiers pour les particuliers, les entreprises et les organismes sans but lucratif, Vancity a pour ambition d'être un levier financier de changement en faveur d'une économie qui « protège la Terre et garantit l'équité pour tous ». Elle s'appuie pour cela sur les dépôts de ses membres pour financer des entreprises, des organisations et des initiatives locales qui créent un impact économique, social et environnemental positif sur la communauté locale. Vancity concentre ainsi ses prêts et investissements à impact dans les domaines suivants : communautés autochtones, coopératives, écoentreprises et investissements des entreprises en matière d'énergie et d'environnement, immobilier à vocation sociale, alimentation locale et biologique, syndicats de salariés, start-up et microcrédits, entreprises sociales.

13 Les nouveaux modèles de concession privée de conservation de la nature

Dans ce modèle, la puissance publique accorde à organisation privée des droits d'utilisation et de gestion d'une zone spécifique, généralement une aire protégée ou une zone d'importance écologique, en échange de la protection, de la restauration et de la gestion durable de la biodiversité et des écosystèmes dans cette zone.

Le modèle de concession privée vise à allier les objectifs de conservation de la biodiversité et de protection des écosystèmes avec des activités économiques viables et durables, telles que l'écotourisme, la recherche scientifique, l'agroforesterie et la gestion des ressources naturelles. Il permet autrement dit de financer les actions de conservation *via* le développement d'activités économiques contribuant à la protection de l'environnement et favorisant le développement durable des communautés locales.

Les concessions privées de conservation peuvent prendre différentes formes et tailles, en fonction des besoins spécifiques de la région et des parties prenantes impliquées. Les accords de concession peuvent inclure des dispositions sur la durée de la concession, les droits et responsabilités de chaque partie, les mécanismes de suivi et d'évaluation de la performance environnementale, et les conditions de renouvellement ou de résiliation de la concession.

UN MODÈLE PARTICULIÈREMENT ADAPTÉ POUR RÉPONDRE AUX ENJEUX SUIVANTS

- Préservation des ressources et de la biodiversité.
- Réduction des émissions de GES de scope 1 (fabrication du produit) et de scope 2 (consommation énergétique du site)
- Gain de qualité.
- Limitation de l'exposition aux risques de responsabilité (impacts financiers d'éventuelles poursuites).
- Contribution à l'emploi local et à l'insertion par l'emploi.
- Dialogue renforcé avec les parties prenantes locales – Acceptabilité locale.
- Coopération renforcée avec d'autres parties prenantes locales (associations, acteurs publics, etc.).

Soqta pata
Cusco, Perú

© Soqtapata

Orée de la forêt amazonienne péruvienne

Soqtapata est une entreprise privée péruvienne qui se donne pour objectif la protection d'une aire naturelle de 9 618 hectares située entre la cordillère des Andes et la forêt tropicale amazonienne, près de Cuzco (Pérou). Elle s'est développée selon un modèle original de concession privée de conservation, permettant de remplacer l'exploitation des ressources naturelles par une valorisation monétaire des services écosystémiques (tourisme, recherche, prototypage d'entreprises locales qui valorisent le patrimoine local, etc.).

Soqtapata, qui signifie en quechua « six zones de vie » en raison de la vaste biodiversité que la forêt abrite, a développé il y a 10 ans son activité de tourisme responsable, de recherche et de formation afin de protéger cet immense espace naturel.

L'objectif est double :

- conserver, surveiller et protéger l'Amazonie péruvienne, d'un côté ;
- développer un modèle d'exploitation des ressources de la forêt qui soit durable, de l'autre.

Soqtapata a donc construit des centres pour accueillir des touristes au cœur de la forêt tropicale et les sensibiliser aux enjeux environnementaux, avec une offre immersive, au cœur de la nature.

> Notre engagement local est bien plus qu'un choix stratégique

En parallèle, Soqtapata s'investit dans des activités de recherche, en partenariat avec plusieurs universités comme celle du Nouveau-Mexique, pour documenter la biodiversité de l'aire de conservation. L'entreprise forme les populations locales aux métiers de la gestion d'une aire protégée, soutient d'autres projets similaires et intervient dans les écoles pour sensibiliser les jeunes générations aux enjeux environnementaux.

Enfin, Soqtapata prévoit de développer un partenariat avec SouthPole, une société internationale de financement carbone, afin d'obtenir des fonds supplémentaires grâce à la vente de crédits carbone. Ce partenariat contribuerait à renforcer le modèle économique de l'entreprise et le pérenniser.

« Nous avons découvert que notre engagement local était bien plus qu'un choix stratégique, c'est finalement ce qui nous motive au quotidien : travailler avec les hommes et les femmes qui nous entourent, leur apprendre à construire une relation durable avec la nature qui les entoure, et à garantir ainsi la prospérité économique de leur communauté. »

CHAPITRE # 8

Le local comme espace de mutualisation

Le local invite à une nouvelle approche de la performance économique, équilibrant recherche d'efficacité et recherche de résilience face aux aléas, notamment climatiques : l'économie distribuée s'impose comme une alternative au modèle centralisé. L'entreprise hyper-locale peut ainsi activer différents leviers de mutualisation avec son écosystème : logistique, outil industriel – voire compétences et innovation –, offrant des gisements d'efficience et de créativité insoupçonnés.

14 Mutualiser les compétences entre entreprises locales

Comment faire face à des besoins ponctuels de personnels ou disposer de compétences inaccessibles pour des très petites entreprises (TPE) ou petites et moyennes entreprises (PME) ?

Une solution réside dans la mutualisation des compétences entre organisations qui collaborent pour partager leurs salariés afin de mener des projets communs ou pour répondre à des besoins ponctuels de personnel.

Les avantages de ce modèle sont multiples :

- En mutualisant les salariés, les entreprises peuvent réduire leurs coûts de personnel, notamment en partageant les frais de formation, de recrutement et de gestion administrative.
- La mutualisation peut également favoriser la création de partenariats locaux entre les entreprises, ce qui peut renforcer leur compétitivité et leur capacité à répondre aux besoins du marché. Enfin, elle peut contribuer à renforcer les liens sociaux et les solidarités au sein des territoires.

UN MODÈLE PARTICULIÈREMENT ADAPTÉ POUR RÉPONDRE AUX ENJEUX SUIVANTS

- Solution aux difficultés de recrutement.
- Réduction des coûts de turnover.
- Maîtrise des coûts de formation et d'apprentissage.
- Lutte contre la précarité au travail.
- Contribution à l'emploi local et à l'insertion par l'emploi.
- Progression de l'investissement dans la formation.
- Contribution à l'attractivité et au rayonnement du territoire.
- Inscription dans l'économie locale (achat/vente de prestations).

VÉNÉTIS

© Vénétis

Vénétis est un groupement d'employeurs spécialisé dans le travail partagé et la mutualisation des compétences. Fondé en 1997, à l'origine par un groupe de dirigeants industriels du pays de Vannes (Morbihan) qui rencontraient des difficultés à fidéliser leurs collaborateurs saisonniers et qui souhaitaient lutter contre la précarisation des contrats, Vénétis s'est progressivement développé dans toute la Bretagne et dessert désormais 345 entreprises de la région.

L'objectif de Vénétis est de mettre à la disposition des entreprises, en particulier les PME et TPE, des compétences variées sans avoir à embaucher à temps plein. Intervenant dans divers domaines, principalement sur des fonctions supports telles que la gestion, les ressources humaines, la comptabilité, la qualité, la sécurité, l'environnement, le marketing et la communication, les salariés de Vénétis partagent leur temps de travail entre différentes entreprises, en fonction des besoins spécifiques de chacune.

Vénétis propose également des services d'accompagnement et de conseil pour aider les entreprises à identifier leurs besoins en compétences et à optimiser leur organisation. Si elle offre de la flexibilité aux organisations, Vénétis permet aussi d'assurer une cohérence de parcours, la sécurité et la stabilité de l'emploi pour ses salariés. Le système est souvent synonyme de premier pas dans le monde du travail pour certains étudiants, mais aussi de retour à l'emploi pour de nombreux seniors.

Vénétis est fière de son « turnover positif » : chaque année, 40 salariés se voient offrir un poste à temps plein dans l'une de leur entreprise employeur. Le réseau de collaborateurs ainsi développé crée des ponts et facilite l'émergence de projets entre des structures voisines, souvent de secteurs différents (pharmaciens, chantiers industriels, numérique) et qui ne se connaissaient pas : achats mutualisés, circuits courts, partenariats...

Autre point fort du réseau : la résilience face aux crises. Pendant la crise de la Covid-19, de nombreuses structures du réseau ont dû mettre fin à leurs contrats. Parce qu'il met à profit les valeurs de solidarité et de responsabilité constitutives de l'esprit du groupement, le groupement est parvenu à reclasser l'ensemble de ses salariés au sein du réseau le temps d'une année économiquement difficile, le tout sans licencier personne. La culture de l'entraide et du réseau, très développée en Bretagne, n'est certainement pas étrangère au à l'engouement pour cette initiative dans la région.

Padnos est une entreprise américaine spécialisée dans le recyclage de métaux et autres matériaux. Elle a été fondée en 1905 par Louis Padnos à Holland, dans le Michigan. Padnos est devenue l'une des principales entreprises de recyclage aux États-Unis, avec plusieurs sites dans différents États. Elle offre des services de collecte, de tri, de traitement et de recyclage de métaux ferreux et non ferreux, de papier, de plastique, de verre et d'autres matériaux.

Impactée par l'arrêt brutal de ses marchés lors des premières semaines de la crise de la Covid-19, l'entreprise a créé sa propre agence d'intérim, Padnos Staffing Services, afin de mettre son personnel à la disposition d'entreprises locales ayant connu un surcroît de production pendant la crise. En travaillant sur les parentés de métiers, le service RH de l'entreprise a ainsi pu reclasser temporairement une centaine de salariés et éviter tout licenciement. Pour faire face à la forte volatilité des marchés et gagner en flexibilité, le projet Padnos Staffing Services a depuis été pérennisé.

15 Ouvrir son usine ou cofabriquer à proximité

En pleine expansion, la mutualisation des lignes de production entre entreprises leur apporte de multiples avantages : optimisation du taux d'utilisation des machines qui sont ainsi mieux rentabilisées, économies d'échelle inaccessibles à une entreprise seule, équipements de pointe et développement de nouvelles compétences sans investissement massif.

Parce qu'elle contribue à la réduction des coûts, la mutualisation outille les entreprises pour surmonter les pics de production, consolider l'écosystème économique local (en rapprochant les entreprises) et éviter la consommation de ressources et autres impacts environnementaux liés à la fabrication d'équipements industriels menacés de sous-utilisation.

UN MODÈLE PARTICULIÈREMENT ADAPTÉ POUR RÉPONDRE AUX ENJEUX SUIVANTS

- Maîtrise des coûts d'investissement en équipements et de maintenance.
- Maîtrise des coûts de coordination avec les partenaires et les fournisseurs.
- Facilitation des innovations technologiques.
- Contribution à l'attractivité et au rayonnement du territoire.
- Maîtrise de la consommation d'énergie liée au nettoyage et à la maintenance.
- Réduction des émissions de GES de scope 1 (fabrication du produit) et de scope 3 amont (*supply chain*, déplacements, etc.).
- Limitation de la vulnérabilité vis-à-vis des aléas fragilisant les infrastructures, endommageant le matériel, face aux ruptures d'approvisionnement/interruptions des transports.

VELUM
L'ECLAIRAGE PROFESSIONNEL

© Velum

PME française implantée à Bischoffsheim, en Alsace, Velum est spécialisée dans la fabrication d'éclairage professionnel LED.

L'entreprise a pris une décision stratégique : investir dans une nouvelle ligne de thermolaquage sur son site alsacien. Cette initiative visait à verticaliser sa production pour répondre aux demandes de personnalisation des clients et gagner en délai de production.

Cependant, parce qu'elle était consciente qu'elle n'utiliserait pas pleinement 100 % des capacités productives, Velum a fait le pari d'ouvrir sa ligne de peinture à des partenaires extérieurs. Le choix de la mutualisation s'est avéré gagnant : en sous-traitant la moitié de la ligne à d'autres entreprises locales, Velum a pu réaliser des économies d'échelle et réduire ses coûts de production.

En ouvrant une seconde ligne, Velum a étendu son offre et continue à accueillir de nouveaux clients. Mutualiser a également permis à Velum de renforcer ses liens avec les autres acteurs locaux et de créer de nouvelles synergies.

Cette approche collaborative est une source d'inspiration pour les organisations qui cherchent à améliorer leur compétitivité tout en contribuant au développement économique de leur région.

OPALINE
SWISS FINE JUICES

© Opaline

Opaline SA est une société suisse implantée dans le canton du Valais qui produit des jus de fruits et limonades. L'entreprise a fait, dès sa création, le parti du local, puisqu'une grande partie des invendus des cultures cantonales (abricots, pommes et poires) n'était pas valorisée et qu'aucun acteur n'avait tenté jusque-là de massifier la production de jus locaux pour répondre aux attentes du marché hôtelier et de la restauration suisse. Sa production s'appuie sur un fort ancrage territorial, dans les approvisionnements – 76 % des approvisionnements proviennent d'un rayon de 25 km du lieu de production et 90 % de Suisse – comme dans les ventes – l'entreprise s'engage à servir au moins 75 % de clients ou de consommateurs locaux et indépendants.

Le surcoût de la production locale, justement rémunérée et artisanale (d'environ 20 % par rapport à un jus industriel), est compensé par la qualité gustative et les efforts de créativité des recettes (jus de pomme infusé à la verveine, aux plantes des Alpes, mélange de trois pommes, pomme-groseille, etc.).

Pour parvenir à mieux rentabiliser cette inscription territoriale, Opaline a opté pour la cofabrication. Depuis 2013, Opaline a transféré sa production, jusqu'alors artisanale, à l'outil industriel Pressoir du Rhône afin de bénéficier de plus grandes capacités de production, ainsi que d'un site innovant équipé de panneaux solaires et d'une centrale biogaz. Opaline valorise donc plus facilement les lots de production écartés car non conformes pour la coopérative. Cette proximité immédiate a récemment facilité un coïnvestissement avec la coopérative Biofruits dans une ligne de bouteilles en verre consignées. Opaline produit et commercialise environ 1,2 million de bouteilles par an, tandis que Biofruits apporte ses connaissances agricoles et techniques aux sept exploitations fruitières locales.

16 Mutualiser la logistique avec d'autres entreprises locales

Pôles logistiques partagés (entreposage commun), transport mutualisé (partage des moyens de transport), plateformes logistiques partagées (gestion centralisée des opérations)… sont autant de leviers offrant la possibilité aux entreprises de réduire les coûts et les impacts environnementaux (impact carbone en particulier) de leurs opérations logistiques. La mutualisation permet d'optimiser les tournées de livraison, en diminuant notamment les trajets à vide. Elle permet également de bénéficier d'une plus grande flexibilité pour répondre aux fluctuations de la demande et d'une meilleure résilience face aux défis du marché. De plus, la mutualisation favorise des relations de confiance et des partenariats entre entreprises locales.

UN MODÈLE PARTICULIÈREMENT ADAPTÉ POUR RÉPONDRE AUX ENJEUX SUIVANTS

- Maîtrise des coûts de transport/distribution vers le commerce de détail et des délais de livraison.
- Limitation de la vulnérabilité face aux ruptures d'approvisionnement/interruptions des transports.
- Réduction des émissions de GES de scope 3 amont (*supply chain*, déplacements, etc.) et de scope 3 aval (distribution et usage).
- Réduction de la consommation d'énergies fossiles.
- Développement de l'approvisionnement local.

© Too Good Tc Go

Too Good To Go est une application mobile danoise qui a pour but de lutter contre le gaspillage alimentaire en récupérant les invendus alimentaires des restaurants et des supermarchés (plats cuisinés, produits de boulangerie, fruits et légumes, produits laitiers, etc.) et en les proposant à la vente à prix réduit aux consommateurs.

Le modèle de fonctionnement de l'application repose sur une mutualisation logistique : les produits invendus sont collectés dans des points de distribution centraux avant d'être distribués aux utilisateurs finaux.

Cette mutualisation des coûts de transport réduit le nombre de trajets nécessaires pour livrer les invendus alimentaires et permet ainsi de réduire les émissions de gaz à effet de serre.

Too Good To Go a également mis en place des normes strictes pour garantir la qualité et la sécurité des produits commercialisés.

Environ 70 % du transport de marchandises dans le monde est réalisé par route et, dans le même temps, 50 % des camions tournent à moitié à vide… Partant de ce constat édifiant, l'entreprise américaine **Flock Freight** a cherché une alternative aux méthodes traditionnelles de fret routier en proposant une solution collaborative et bas carbone. En utilisant l'intelligence artificielle (IA), l'entreprise optimise les transports de ses clients par la mutualisation : la plateforme utilise un algorithme qui regroupe les chargements en fonction de leur destination, de leur taille et de leur temps de livraison, permettant de remplir entièrement les camions et d'optimiser les trajets. La mutualisation permet de réduire les coûts pour les expéditeurs et les transporteurs, qui ne paient que l'espace de transport qu'ils utilisent, tout en réduisant les émissions de gaz à effet de serre (entre 15 % et 40 % selon les livraisons). En moyenne, la mutualisation permet à un transporteur d'augmenter ses revenus de 20 % par trajet, et de 200 dollars par jour : une nouvelle preuve que la performance climatique n'est pas nécessairement synonyme de sacrifice économique.

Créé en 2012 dans le Sud Finistère, le groupement d'intérêt économique (GIE) des **Chargeurs Pointe de Bretagne** regroupe aujourd'hui plus d'une vingtaine d'entreprises agroalimentaires de toutes tailles, livrant les grandes et moyennes surfaces ainsi que la restauration hors domicile (dont Hénaff, Brasserie de Bretagne, Lobodis…). L'objectif du GIE est de mutualiser les moyens de transport pour réduire les coûts et les émissions de gaz à effet de serre. Son rôle consiste à optimiser les expéditions de lots venant de différents chargeurs de l'Ouest, en organisant les ramasses qui sont acheminées vers une ou plusieurs plateformes appartenant à des entreprises de transport. Les marchandises sont immédiatement regroupées et réexpédiées vers les entrepôts des grandes et moyennes surfaces (GMS). Le GIE propose différents services tels que l'organisation de transports, la mise en place de plateformes logistiques et la gestion de stocks. Il travaille également au développement de solutions de transport durable, telles que le transport fluvial et le fret ferroviaire.

17 Mutualiser les achats

Acheter ensemble des matières premières ou des biens et services pour bénéficier de tarifs préférentiels et réduire les coûts, c'est la promesse d'une mutualisation de l'approvisionnement. Celle-ci prend différentes formes, telles que les centrales d'achats, les coopératives et les groupements d'achats.

Les avantages pour les entreprises incluent la réduction des coûts et des risques, l'amélioration du pouvoir de négociation, l'accès à de nouveaux marchés, le partage des connaissances et une meilleure responsabilité sociale et environnementale.

UN MODÈLE PARTICULIÈREMENT ADAPTÉ POUR RÉPONDRE AUX ENJEUX SUIVANTS

- Maîtrise des coûts d'approvisionnement en matières premières et des délais de livraison.
- Limitation de la vulnérabilité face aux pénuries ou goulets d'étranglement, à la raréfaction des ressources et des matières premières.
- Réduction des émissions de GES de scope 3 amont (*supply chain*, déplacements, etc.) et de scope 3 aval (distribution et usage).
- Développement de l'approvisionnement local.
- Dialogue renforcé avec les parties prenantes locales – Acceptabilité locale.

FE2I
Flux économiques inter-entreprises

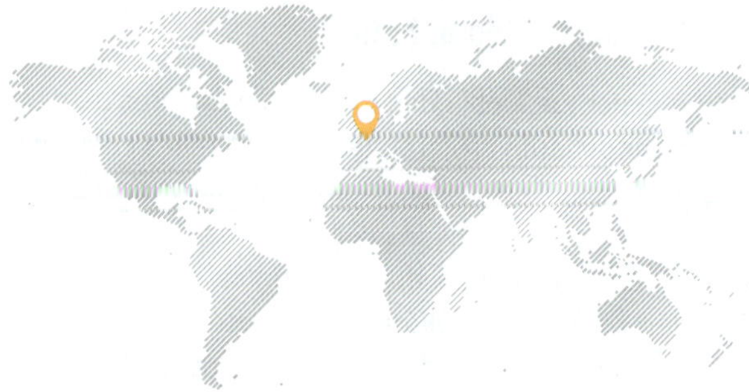

Lancée par l'entreprise d'insertion VALO' et le bureau d'études ECOTA Conseil à Florange (Moselle) en 2014, la démarche d'écologie industrielle FE2I (Flux économiques inter-entreprises) a permis la mise en place d'un groupement d'achats en 2020, en coopération avec une quinzaine d'entreprises.

Cette démarche concerne sept postes de dépenses prioritaires :

- équipements de protection individuelle (EPI) ;
- formations obligatoires ;
- fournitures de bureau ;
- surveillance et gardiennage ;
- propreté des locaux ;
- salage-déneigement ;
- approvisionnement en électricité.

Réunissant les entreprises Thyssenkrupp Presta France, Umicore, Suez Rv Lorraine, VALO', CAE, TLM Câbles, Éclair Industries, Pépinière Ceei-Synergie, les premiers achats groupés ont non seulement optimisé les coûts pour l'ensemble des partenaires, mais aussi amélioré la qualité de services et réduit la production de déchets et les émissions de CO_2.

18 Accélérer la transformation de son offre par la coïnnovation locale

Collaborer avec des acteurs locaux pour développer des solutions innovantes qui répondent aux besoins du marché (local ou non) permet aux entreprises de partager les coûts et les risques liés à l'innovation, tout en bénéficiant d'une meilleure compréhension des besoins du marché, d'un accès à des technologies et des compétences spécialisées.

La coïnnovation locale est également un moyen d'accélérer le processus d'innovation et de réduire les délais de mise sur le marché, ce qui permet aux entreprises de s'adapter plus facilement aux fluctuations économiques et aux nouvelles tendances.

UN MODÈLE PARTICULIÈREMENT ADAPTÉ POUR RÉPONDRE AUX ENJEUX SUIVANTS

- Créativité – Différenciation.
- Accélération de la mise sur le marché d'une nouveauté.
- Facilitation des innovations technologiques.
- Réduction des émissions de GES de scope 3 amont (*supply chain*, déplacements, etc.) et de scope 3 aval (distribution et usage).
- Préservation des ressources et de la biodiversité.
- Progression du taux d'incorporation de matières recyclées dans la production.
- Intégration renforcée dans le circuit économique local.
- Développement des coalitions et partenariats avec d'autres parties prenantes locales.

VAN WIJHE VERF
EST. 1916

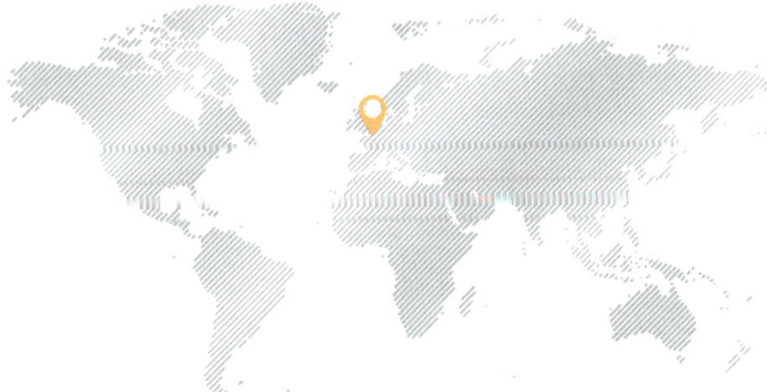

© Royal Van Wijhe Verf

Héritière d'une histoire industrielle initiée en 1916, Royal Van Wijhe Verf (RVWV) est l'un des principaux fabricants de peinture néerlandais. L'entreprise a pris un virage assez net vers les peintures écoresponsables dans les années 2000, sous l'impulsion de Marlies van Wijhe (quatrième génération), une « entrepreneure climatique » reconnue. En 2012, l'entreprise innove et produit l'une des toutes premières peintures d'origine végétale.

En 2016, elle est la première entreprise du secteur de la chimie à recevoir la certification B Corp. Suivant son credo « Pas d'avenir durable moderne sans une bonne dose d'innovation », mais aussi consciente des investissements nécessaires en R&D et de la nécessité de les mutualiser, compte tenu de la taille de l'entreprise, Marlies van Wijhe a développé en 2016 une spin-off (filiale) nommée Wydo.

Wydo, société de « coïnnovation », se présente comme un incubateur de solutions durables afin d'aider les entrepreneurs locaux à poursuivre le développement d'une idée innovante ou d'une recherche scientifique contribuant à réduire l'empreinte carbone d'applications ou de produits fabriqués par RVWV.

L'accélérateur Wydo est installé à Groningen, au sein d'un campus universitaire permettant de bénéficier de la proximité et de la collaboration avec plusieurs centres de recherche réputés dans les biotechnologies et la bioéconomie. Il apporte les services d'un laboratoire d'analyse microbiologique professionnel ainsi que des conseils, des solutions de financement et la mise en relations entre partenaires de recherche.

> Être une entrepreneure climatique est un véritable défi, mais c'est aussi très amusant !
>
> **Marlies van Wijhe,**
> **CEO de Royal Van Wijhe Verf**

Wydo a déjà débouché sur plusieurs brevets, dont Sting® désormais commercialisé par la société Sting Additives, et qui permet un saut productif de RVWV vers de nouveaux marchés : adhésifs, nettoyage, lubrifiants, systèmes de refroidissement...

CHAPITRE #9

Le local comme gisement de ressources

Comment, progressivement, développer un modèle d'affaires qui s'appuie sur les ressources locales, tout en contribuant à leur préservation ? Verticaliser l'amont agricole ou industriel, exploiter ses coproduits ou ceux de ses voisins dans une logique d'écologie industrielle territoriale, s'inspirer des systèmes naturels et du patrimoine culturel local… autant de façons d'inscrire l'activité de l'entreprise dans son territoire, tout en participant à sa transition.

19 Verticaliser l'amont agricole ou industriel de l'entreprise

Également appelé « intégration verticale », ce modèle consiste pour l'entreprise à étendre ses activités à différentes étapes de la chaîne de valeur, depuis la production des matières premières jusqu'à la transformation. La verticalisation de l'amont vise à renforcer le contrôle de l'entreprise sur ses approvisionnements (gérer les risques, assurer la qualité des produits), à réduire les coûts (transports, intermédiaires, etc.), à améliorer la durabilité de la chaîne d'approvisionnement mais aussi à proposer plus facilement des innovations et des offres uniques développées en interne.

Il est possible de distinguer deux types d'intégration verticale à fort ancrage local :

- L'entreprise peut faire le choix de développer ses activités amont dans des régions éloignées de son site de production principal mais en faisant le choix d'investir durablement dans les communautés locales.

- L'entreprise peut aussi étendre ses activités à proximité de ses principales implantations industrielles. Ceci permet de faciliter la coordination, la communication et la gestion des ressources entre ses différentes unités.

UN MODÈLE PARTICULIÈREMENT ADAPTÉ POUR RÉPONDRE AUX ENJEUX SUIVANTS

- Maîtrise des coûts d'approvisionnement en matières premières, etc.) et de délocalisation (logistique, assurance, formation, défauts, etc.).
- Adaptation aux nouvelles attentes des consommateurs et accélérer la mise sur le marché d'une nouveauté.
- Limitation de la vulnérabilité face à la raréfaction des ressources et des matières premières
- Réduction des émissions de GES de scope 1 aval (fabrication du produit) et de scope 3 amont (*supply chain*, déplacements, etc.).
- Maîtrise de la consommation des ressources (biomasse, minerais, etc.).
- Contribution à l'emploi local et à l'insertion par l'emploi.
- Coopération avec d'autres parties prenantes locales (associations, acteurs publics, etc.).

DR. BRONNER'S
ALL-ONE!

© Dr. Bronner's

« Nous ne formons qu'un ou nous ne sommes rien ! » C'est avec cette conviction humaniste qu'Emmanuel Bronner, entrepreneur et chimiste américain, a créé en 1948 sa marque de produits ménagers, d'hygiène, de beauté et de chocolat.

Dans la lignée de la vision de son fondateur, la marque Dr. Bronner's a développé une approche écologique et socialement responsable de son processus de fabrication : matières premières provenant à 78 % du commerce équitable et à 75 % biologique, packaging issu de déchets recyclés, électricité renouvelable...

Plus intéressant encore, la marque a verticalisé son amont agricole en constituant sa propre filière équitable fondée sur l'agriculture régénérative. Se fournissant depuis plusieurs années au Sri Lanka pour son huile de coco biologique, la marque décide, après le tsunami de 2004 qui ravage l'île et fait 30 000 morts, de soutenir la reconstruction du pays par le biais du commerce équitable.

Face à l'absence de normes pour ses propres ingrédients, l'entreprise décide de structurer elle-même son propre réseau de producteurs. L'ambition se concrétise par la création de la Serendipol, réseau de producteurs d'huile de coco bio et équitable regroupant 1 200 petites fermes. Le nom de la coopérative n'est pas anodin : la référence à la notion de « sérendipité » rappelle que le réseau s'est constitué de façon organique, *via* des personnes de confiance, amis ou partenaires, avec la volonté commune de constituer une chaîne de valeur irréprochable et juste pour tous.

Serendipol a permis, par la mise en place d'une agriculture régénérative et une meilleure rétribution des producteurs locaux, le développement et la diversification de leurs revenus agricoles. Les exploitations approvisionnent désormais d'autres marques biologiques et équitables localisées aux États-Unis et dans l'Union européenne, notamment Rapunzel, La Tourangelle ou GEPA.

« Notre conseil aux entrepreneurs est de se concentrer initialement sur un ou plusieurs ingrédients-clés et de développer des relations qui vont au-delà de pratiques d'achat : apporter un soutien agricole, développer de nouveaux produits, imaginer une aide financière – éventuellement en échange d'une transparence totale. Nous avons constaté que ces relations repensées "avec les lieux et les personnes" sont très utiles pour comprendre un territoire en profondeur. Et c'est particulièrement vrai si vous êtes en interaction avec des pays en développement. »

Aboca est une entreprise née en Toscane (Italie) en 1978 de l'idée que la nature et la santé de l'homme sont intrinsèquement liées. À partir d'un terrain lui appartenant, le fondateur a cherché à puiser et extraire les bienfaits des plantes pour soigner diverses maladies et affections du quotidien (troubles respiratoires, digestifs, métaboliques…). L'exploitation est aujourd'hui constituée de 1 700 hectares de terrain exploités par Aboca entre la Toscane et l'Ombrie et plus de 60 espèces de plantes médicinales y sont cultivées. Cette exploitation est à 100 % en agriculture biologique, avec des sols certifiés Biodiversity Alliance. L'entreprise a développé une chaîne de valeur totalement intégrée verticalement : Aboca contrôle directement toutes les phases de la production agricole, de la production de la semence à la récolte et au séchage, et ce pour 100 % des plantes utilisées dans ses produits, ce qui lui garantit une matière première de haute qualité et standardisée, et fournit en principes actifs les 69 lignes de produits vendues, couvrant 74 besoins de santé. Cette logique de verticalisation concerne aussi la distribution des produits, avec le développement et soutien d'un réseau « Apotheca Natura », regroupant 1 100 pharmacies indépendantes en Europe du Sud, et même 22 pharmacies à Florence dont Aboca est propriétaire et qui sert de laboratoire d'expérimentation pour conseiller les produits Aboca.

Basée à Madrid et spécialisée dans la création et la fabrication de mobilier et d'aménagements d'espaces, l'agence de design **HD Faber** développe une approche intégrée : *piensa* (penser), *diseña* (designer), *fabrica* (fabriquer). Son équipe de dix personnes travaille dans un atelier de 1 000 mètres carrés, où plusieurs domaines d'expertise sont rassemblés, notamment la création artistique, l'architecture, la menuiserie et l'imprimerie. L'entreprise mise sur les technologies de pointe pour mener à bien ses projets, comme l'utilisation de machines de découpe à commande numérique et d'imprimantes 3D. HD Faber est en mesure de contrôler l'intégralité de ses projets, depuis la phase de conception jusqu'à la réalisation finale, ce qui permet de garantir une meilleure maîtrise des coûts et de la qualité. Parallèlement, l'entreprise explore de nouvelles méthodes de conception d'objets durables et utilise des matériaux circulaires. HD Faber privilégie l'utilisation de plastique recyclé dans ses conceptions, donnant une seconde vie à ces déchets et réduisant ainsi l'impact environnemental de ses produits.

Flax & Kale est une entreprise espagnole fondée il y a près de 40 ans avec l'ouverture du restaurant végétarien El Paradís à Lleida, dans la province de Lérida. Aujourd'hui, le groupe compte plus de 300 employés et six restaurants localisés à Barcelone et Madrid. L'entreprise est fortement impliquée sur l'amont agricole à travers un engagement et un accompagnement à long terme des agriculteurs de la province de Lérida. L'essentiel des fruits, légumes, céréales et graines nécessaires aux restaurants provient de fermes locales pratiquant l'agriculture régénérative et biologique. Cette approche garantit la qualité des produits et permet d'optimiser les ressources et les processus. Le centre de Lleida, équipé d'une cuisine centrale, d'une serre et d'un laboratoire de R&D, témoigne de cet engagement local. Il est dédié à l'innovation dans le domaine de l'alimentation saine et durable. Flax & Kale mise sur l'économie circulaire en transformant ses déchets alimentaires en produits innovants et en développant des technologies pour améliorer les pratiques agricoles, comme des systèmes de récupération d'eau pour les cultures en serre.

20 Valoriser pleinement ses coproduits

Créés au cours d'un processus de fabrication en même temps que le produit principal, les coproduits ne demandent qu'à être valorisés par la réutilisation directe, leur usage énergétique ou leur transformation, pour être intégrés à d'autres produits. La valorisation des coproduits et des déchets constitue un levier-clé pour maximiser la valeur économique des matières disponibles, réduire les besoins d'achats de matières premières ainsi que les déchets générés par l'activité. Elle stimule également le développement de nouveaux produits pour trouver un débouché à un gisement disponible et générer de nouvelles sources de revenus. Les coproduits locaux (au sein d'un site de production ou à proximité) sont naturellement plus intéressants car ils diminuent les coûts de transport et facilitent techniquement (et humainement) les synergies entre entreprises. La valorisation des coproduits renforce enfin l'agilité de l'entreprise face aux fluctuations des prix des matières premières et aux éventuelles pénuries de ressources.

UN MODÈLE PARTICULIÈREMENT ADAPTÉ POUR RÉPONDRE AUX ENJEUX SUIVANTS

- Maîtrise des coûts de gestion des déchets liés à la transformation, aux normes de qualité ou à la surproduction, aux défauts de qualité ou à une demande insuffisante.
- Adaptation aux nouvelles attentes des consommateurs.
- Meilleur rapport qualité/prix.
- Amélioration de l'image de marque.
- Nouveaux revenus issus de la valorisation des coproduits ou déchets.
- Limitation de la vulnérabilité face à la raréfaction des ressources et des matières premières.
- Réduction des émissions de GES de scope 1 (fabrication du produit), de scope 3 amont (*supply chain*, déplacements, etc.).
- Progression du recyclage et de l'incorporation de matières recyclées dans la production.
- Dialogue renforcé avec les parties prenantes locales – Acceptabilité locale.

austrocel
hallein
We add value to wood.

© Daubek-Puza

Implanté depuis 1890 dans la petite ville autrichienne de Hallein, près de Salzbourg, AustroCel est un producteur historique de pâte à papier qui s'approvisionne en bois certifié PEFC, dans un rayon de moins de 200 km. En quelques années le site industriel s'est mué en une bioraffinerie qui emploie aujourd'hui environ 300 personnes. Une grande partie des coproduits du site, tels que les déchets de pâte, les écorces ou les boues, sont convertis en énergie verte dans la centrale de production combinée de chaleur et d'électricité, faisant d'AustroCel un important producteur de bioénergie puisqu'il fournit aujourd'hui 11 000 ménages locaux en chaleur et 26 000 en électricité. Certains des coproduits sont destinés à d'autres usages, comme la construction. Depuis 2020, afin de valoriser au maximum ses déchets, l'entreprise a mis en place une nouvelle usine de bioéthanol, la plus grande usine à base de bois de ce type au monde, qui produit jusqu'à 30 millions de litres de bioéthanol par an. AustroCel continue de développer son site pour en faire un modèle de bioraffinerie, la circularité étant au cœur de sa stratégie économique.

« Lorsque nous nous sommes implantés dans la région, c'était avant tout pour la qualité de la ressource forestière. Depuis, la connexion à la communauté locale, à nos salariés, parfois sur plusieurs générations, ainsi qu'à nos fournisseurs n'a cessé de se développer. Chaque entrepreneur devrait considérer le potentiel que constitue son territoire : de véritables opportunités s'offrent à tous ! En vous considérant comme partie d'une communauté, vous verrez apparaître des synergies dont vous n'aviez pas idée, solides, durables, et qui font sens d'un point de vue économique. »

Fondée en 1968 à proximité de Troms, la ville de plus de 50 000 habitants la plus septentrionale du monde, la société norvégienne **Stella Polaris** est l'un des principaux producteurs mondiaux de crevettes nordiques. Elle a développé au fil des années une activité de transformation de crevettes (l'usine est également basée à Troms). La création de valeur dans l'industrie de la crevette consiste à séparer la chair de la crevette de la carapace, puis à vendre la chair ou la valoriser. Représentant environ 40 % de la crevette, la carapace était jusqu'ici très peu valorisée économiquement. En 2007, Stella Polaris décide de lancer, en partenariat avec l'Université de Troms et plusieurs organismes de recherche, sa propre spin-off (filiale) de biotechnologie marine, Marealis. Elle vise à transformer les matières premières résiduelles de Stella Polaris en produits de santé naturels, notamment de la poudre de crevette (utilisée comme ingrédient alimentaire protéiné) et un produit contre la tension artérielle commercialisé depuis 2016 (PréCardix).

21 Donner une seconde vie aux déchets et coproduits disponibles localement

Il existe toujours de nombreux freins à l'économie circulaire, notamment les barrières à l'entrée sur les chaînes de valeurs internationales (forte inertie du modèle linéaire *Trash In-Trash Out*) et la géographie de cette circularité, encore rarement locale.

Nombre d'entrepreneurs cherchent aujourd'hui à « hacker » le diamètre d'action et à reprendre la main sur l'économie circulaire en développant une chaîne de valeur locale permettant la valorisation d'un gisement de déchets ou coproduit disponible à proximité, qui trouve alors une nouvelle vie dans un nouveau produit.

La collecte et la transformation s'opèrent en circuit court et donnent lieu à des partenariats étroits entre l'entreprise et ses pourvoyeurs de ressources.

Adapté aux gisements et aux besoins de chaque territoire, ce modèle est par essence hyper-local. Il vise à réduire les déchets, à optimiser l'utilisation des ressources, à raccourcir la distance de transport des matériaux, et à promouvoir l'économie circulaire dans divers secteurs, tels que l'agroalimentaire, les biens de consommation, l'électronique ou encore le textile.

UN MODÈLE PARTICULIÈREMENT ADAPTÉ POUR RÉPONDRE AUX ENJEUX SUIVANTS

- Maîtrise de la consommation d'énergie liée à la production (préparation, transformation, packaging).
- Maîtrise des coûts de transport et de gestion des déchets liés à l'entreposage et aux emballages), à la transformation, aux normes de qualité ou à la surproduction ou liés aux défauts de qualité ou à une demande insuffisante.
- Facilitation des innovations technologiques.
- Meilleur rapport qualité/prix.
- Nouveaux revenus issus de la valorisation des coproduits ou déchets.
- Limitation de la vulnérabilité face aux ruptures des approvisionnements/interruptions des transports, aux pénuries ou goulets d'étranglement ou à la raréfaction des ressources et des matières premières.
- Réduction des émissions de GES de scope 3 amont (*supply chain*, déplacements, etc.).
- Consommation des ressources (biomasse, minerais, etc.).
- Lutte contre la pollution des eaux et des sols.
- Progression du recyclage et de l'incorporation de matières recyclées dans la production.
- Contribution à l'attractivité et au rayonnement du territoire.
- Coopération renforcée avec d'autres parties prenantes locales (associations, acteurs publics, etc.).

Située à Marvila, quartier de l'est de Lisbonne au Portugal, NÃM est la première ferme urbaine circulaire de la ville.

La ferme cultive des champignons dans des conteneurs et utilise le marc de café comme substrat. NÃM s'est donc associée à Delta, société voisine mais aussi l'une des plus grandes entreprises familiales de café du Portugal, lui permettant de profiter d'un système centralisé de collecte de déchets de marc provenant des bureaux et des cafés de la ville.

Actuellement, la ferme transforme 4 tonnes de marc de café par mois en 1 tonne de champignons, et espère augmenter la production à 6 tonnes de champignons chaque mois.

NÃM commercialise des kits de culture de champignons et organise des visites éducatives pour les scolaires.

L'entreprise souhaite également créer des substrats de champignons avec d'autres types de déchets et s'associer à diverses organisations municipales.

Contraction de deux mots danois, *brød* (pain) et *øl* (bière), **BRØL** est une brasserie danoise fondée en 2015 à Viborg par trois amis passionnés de bière. Ancrée localement, BRØL a réussi à créer un modèle de revenu basé sur la circularité en collaborant avec les boulangeries locales pour récupérer leurs surplus de pain – qui autrement seraient gaspillés – et les incorporer à la production de la bière. La substitution de l'amidon du malt par celui du pain récupéré en boulangerie permet de réduire entre 30 et 80 % le besoin de matières premières de l'entreprise.

BRØL livre ensuite la bière aux mêmes boulangeries qui ont fourni le surplus de pain. Ces boulangeries vendent alors la bière à leurs clients, créant ainsi un circuit fermé et une chaîne d'approvisionnement circulaire. En impliquant les boulangeries et les consommateurs dans ce modèle circulaire, BRØL sensibilise le grand public à l'importance de la réduction du gaspillage alimentaire et de l'adoption de nouvelles pratiques de consommation. L'entreprise se fournit exclusivement en matières premières danoises.

L'entreprise collabore également avec d'autres brasseries pour transformer les drêches issues du processus de brassage en farine riche en protéines destinée à l'alimentation animale. BRØL a aussi investi dans des installations écoénergétiques et s'efforce de réduire sa consommation d'énergie et d'eau : l'entreprise travaille notamment avec Viborg Fjernvarme, un fournisseur local de chauffage urbain, pour récupérer et réutiliser la chaleur excédentaire produite lors du processus de brassage.

Utiliser des chutes de tissu, des déchets et des surplus pour élaborer des produits nouveaux avec l'existant : voilà l'objectif de l'entreprise **Looptworks**, installée à Portland aux États-Unis depuis 2009. Depuis son atelier, Looptworks a travaillé pour les équipes de la NBA, de Southwest Airlines, ou encore avec la compagnie aérienne américaine Delta Airlines, qui souhaitait donner une nouvelle vie aux étoffes de ses sièges d'avion et aux uniformes de ses équipages. Ces matières premières ont été transformées en sacoches et autres objets utiles pour les voyageurs et clients de la compagnie, et ont évité que 160 tonnes de textiles usagés ne soient jetées. Looptworks travaille à la construction d'un modèle favorisant le développement local, en transformant les produits au plus près de l'endroit où ils sont récupérés. Pour boucler la boucle et arriver à un modèle circulaire, Looptworks a développé plusieurs activités qui interviennent aux différents stades d'usure des produits ou des matériaux. La première, l'« up-cycling », permet de donner davantage de valeur à la matière recyclée en créant un nouveau produit ; la seconde, le « down-cycling » crée un nouveau produit à partir d'un produit initial usé, mais avec une valeur moindre que le produit original ; la troisième correspond à la transformation du produit down-cyclé ou up-cyclé en matière première à partir de laquelle un nouvel objet pourra être créé. Le cycle peut se répéter et permet d'avoir un modèle circulaire intégré. L'entreprise a également développé une fondation dont la vocation est d'influencer les pratiques du secteur de la mode et limiter ainsi la production de déchets en amont de la vente des produits textiles, c'est-à-dire au cours du cycle de production.

CHOPVALUE

ChopValue est une entreprise canadienne qui a réussi à repenser le périmètre d'action de l'économie circulaire en développant un programme qui consiste à collecter les baguettes en bambou – qui viennent souvent d'Asie – dans les restaurants de Vancouver grâce à des bacs de recyclage. Les baguettes sont ensuite nettoyées puis utilisées pour concevoir des meubles pour la maison (tables de repas, étagères...) ou le bureau, des articles pour la cuisine, la décoration des restaurants ou des jeux de construction en bois, souvent dans le cadre de partenariats avec des designers.

Le programme de recyclage, appelé « Récolte urbaine », est particulièrement bien pensé pour sécuriser la ressource dans un grand nombre de restaurants. Au sein du programme ChopStick +, ChopValue propose deux options :

- la première gratuite (système de collecte des baguettes avec des supports pour aider le restaurant à mieux communiquer sur ses efforts) ;
- la seconde payante (99 dollars/mois) intégrant la livraison d'un nombre illimité de baguettes (le restaurant paie en sus les baguettes qui ne sont pas recyclées).

Le modèle économique de ChopValue, en favorisant la circularité, permet de garder la main sur la ressource : l'entreprise déclare collecter plus de 350 000 baguettes par semaine dans la seule région métropolitaine de Vancouver, son site historique. Chaque année, près de 1,5 milliard de baguettes sont ainsi incorporées à la production. La transformation se fait localement dans des micro-usines avec un mode de production totalement distribué, la vente sur le site Internet mettant le client en relation avec la micro-usine la plus proche.

ChopValue travaille avec de nombreux partenaires locaux (fabricants de mobilier de bureau, cuisinistes, architectes, etc.), des redistributeurs, des chaînes de restaurants mais aussi des aéroports ou des sociétés.

Grâce au succès de ses premières implantations, l'entreprise se développe aujourd'hui en franchise avec près d'une centaine de ChopValue Microfactories dans des grandes villes en Amérique du Nord, Asie, Europe ou Amérique latine (elle projette d'en ouvrir 400 rapidement, notamment au Japon, en Chine et au Royaume-Uni).

ChopValue est considérée comme la première franchise d'économie circulaire au monde.

Pour fournir une alternative aux énergies fossiles, l'entreprise hongroise **Biofilter Environmental** a développé un modèle circulaire reposant sur l'idée de logistique inversée : l'entreprise collecte et traite les huiles de cuisine récupérées dans les hôtels et restaurants, qui servent de matière première à la production de biocarburants. Elle récupère aussi les déchets alimentaires ou produits périmés qui seront ensuite utilisés pour produire du biogaz. Les huiles végétales purifiées et les huiles de cuisson récupérées sont ensuite revendues sur un marché de gros. Biofilter Environmental contribue à la préservation de l'environnement en assurant la collecte de liquides polluants pour l'eau et en proposant la production de biocarburants alternatifs aux ressources fossiles.

L'entreprise **Ecobirdy**, basée à Anvers en Belgique, se consacre à la production de meubles pour enfants à partir de matériaux recyclés. L'approche est axée sur la durabilité et la sensibilisation, en utilisant des matériaux recyclés tels que le plastique récupéré dans les jouets des enfants afin de leur apporter une seconde vie sous la forme de meubles écoconçus. Ecobirdy collabore avec des partenaires locaux tels que des écoles, des garderies et des centres de loisirs pour collecter des jouets en plastique et invite également les parents à valoriser certains jouets hors d'usage. Les jouets collectés sont triés manuellement, séparés, puis nettoyés et préparés pour être transformés en granulés utilisés dans la fabrication de meubles pour enfants de la marque. Un livre d'histoires et un programme scolaire accompagnent la collection pour présenter aux jeunes le concept de design circulaire.

22 *Circularity as a Service* (CaaS) : faciliter la création de boucles locales

Valoriser un gisement de déchets ou de coproduits ne s'improvise pas. Les process de collecte et de transformation s'avèrent nécessairement plus complexes que dans le modèle linéaire, en raison notamment de l'hétérogénéité des matières et des produits récupérés, et donc de la difficulté à évaluer et anticiper leurs caractéristiques et leur qualité.

À la difficulté technique peut s'ajouter un challenge organisationnel lorsque la chaîne circulaire fait intervenir plusieurs entreprises et sites de collecte et de fabrication. C'est la raison pour laquelle de plus en plus d'entreprises se positionnent en tant que facilitatrices des boucles circulaires locales. Parce qu'ils apportent une expertise scientifique sur les matériaux et les modèles économiques circulaires, mettent à disposition des plateformes d'échange physique ou on-line afin de fluidifier la circularité des flux, délivrent un conseil personnalisé adapté à la situation de chaque entreprise souhaitant valoriser ses gisements… ces nouveaux ensembliers de l'économie circulaire donnent vie à de multiples opportunités dans les territoires.

UN MODÈLE PARTICULIÈREMENT ADAPTÉ POUR RÉPONDRE AUX ENJEUX SUIVANTS

- Maîtrise des coûts de gestion des déchets (transformation, défauts ou normes de qualité, surproduction, demande insuffisante).
- Apport de revenus issus de la valorisation des coproduits ou déchets.
- Limitation de la vulnérabilité face à la raréfaction des ressources et des matières premières.
- Réduction des émissions de GES de scope 1 (fabrication du produit), de scope 3 amont (chaîne de fournisseurs) et de scope 4 (qui se produisent en dehors du cycle de vie ou de la chaîne de valeur).
- Maîtriser la consommation des ressources et énergies fossiles.
- Progression du recyclage et de l'incorporation de matières recyclées dans la production.

CIRCULARHUB

Circular Hub est une plateforme innovante basée à Göteborg, en Suède, qui s'est engagée à promouvoir l'économie circulaire en travaillant avec des entreprises locales pour réutiliser et recycler leurs déchets de production.

Cofondée par le parc scientifique de Borås et la société de développement économique industriel IDC, Circular Hub est parvenue à créer des boucles locales pour divers matériaux tels que le textile, le plastique, le bois, les métaux, le verre et les déchets électroniques.

La plateforme s'appuie sur la grande concentration locale d'entreprises dans les domaines du textile, de la mode, de la décoration d'intérieur et du mobilier, ainsi que sur la solide expertise des universités de la région de Göteborg, qui offre selon elle « les meilleures conditions possibles pour promouvoir et soutenir les modèles économiques circulaires ».

Circular Hub a récemment travaillé avec des restaurants locaux pour collecter les déchets alimentaires et les transformer en compost pour une utilisation dans l'agriculture locale, a collaboré avec des entreprises pour recycler leurs déchets plastiques en de nouveaux produits tels que des panneaux de particules ou des matériaux d'isolation, ou encore a accompagné des entreprises pour collecter et

« Nous mettons l'accent sur l'importance des modèles économiques et essayons d'abord de prouver la rentabilité de la pensée circulaire.

recycler leurs déchets électroniques tels que téléphones portables, ordinateurs et téléviseurs afin de les transformer en nouveaux produits comme des pièces de rechange ou des accessoires électroniques.

La plateforme porte de nombreux programmes de recherche, de formation et de coaching pour l'émergence de modèles économiques circulaires auprès des acteurs industriels de l'ouest de la Suède, notamment dans les secteurs textiles, électroniques et alimentaires.

REVIVAL

© Revival Projects

Revival Projects est une entreprise basée en Australie, à Melbourne. Son fondateur, dont le rôle initial consistait à récupérer des déchets sur les sites de bâtiments démolis, était frustré de voir des matériaux encore exploitables partir au pilon.

Créée en 2016, l'entreprise convertit les déchets de démolition récupérés dans la ville en ressources non toxiques (elle y veille en amont) pour fabriquer des meubles ou des éléments d'architecture intérieure et extérieure – autour de l'idée que « les matériaux les plus durables au monde sont ceux qui existent déjà ».

Grâce à ses compétences permettant de réaliser un projet de A à Z, Revival Projects accompagne et conseille ses clients dans l'utilisation des matériaux qu'ils ont déjà et qu'ils auraient probablement jetés lors d'un chantier de démolition ou de travaux de rénovation/modernisation.

L'entreprise a également développé l'application Revival Cooperative, gratuitement mise à disposition, qui permet d'évaluer les possibilités de réemploi des matériaux dont on dispose lors de chantiers, pour identifier un autre projet qui pourrait en avoir l'usage plutôt que d'en faire des déchets. Rien n'est acheté ou vendu sur l'application, qui sert simplement à trouver des alternatives au fait de jeter des ressources.

Engagée dans le lobbying positif, Revival Projects souhaite influer sur la réglementation australienne d'ici à 2025, afin que l'industrie du bâtiment maximise le réemploi de matériaux existants.

En 2022, Revival Projects a remporté le prix de la semaine du design de Melbourne pour son exposition intitulée « Zero Footprint Repurposing ».

© ReGrained

Entreprise alimentaire américaine basée dans la région de San Francisco, ReGrained se présente comme une « plateforme de recyclage alimentaire ». Elle a développé un système de collecte de la drèche, un sous-produit hautement nutritif et fonctionnel issu de la fabrication de la bière, auprès de dizaines de brasseurs de la région de San Francisco, qu'elle valorise en un ingrédient « *superfood* » breveté – ReGrained SuperGrain+®, utilisé en remplacement de la farine de blé dans la production agroalimentaire : snacks sains, pâtes, mélanges pour pâtisseries... ReGrained a créé sa propre marque pour ces catégories de produits, qu'elle distribue dans des enseignes locales.

Mais l'entreprise a surtout réussi à mettre en place un système de codéveloppement de produits avec des acteurs de l'agroalimentaire, comme Barilla ou Griffith Foods, « Powered by ReGrained », dans lequel la société apporte son ingrédient phare.

À l'été 2022, ReGrained s'est diversifiée pour devenir Upcycled Foods et proposer d'autres « plateformes d'ingrédients alimentaires recyclés ». Elle continue de valoriser des coproduits de l'agroalimentaire à haute valeur nutritionnelle et gustative, jusqu'alors considérés comme des déchets : feuilles de café, fruits du cacao...

23 Un système industriel bio-inspiré qui s'inscrit naturellement dans son territoire

La nature est une source infinie d'inspiration, telle est la conviction de la bio-inspiration. Appliquée au système industriel, elle permet d'imiter les processus et les mécanismes naturels pour concevoir des solutions de production qui minimisent l'impact environnemental et préservent les ressources naturelles.

La bio-inspiration peut concerner les matériaux (matériaux composites inspirés des structures naturelles, par exemple), le processus de fabrication (fabrication additive inspirée de la construction naturelle, production imitant les processus biochimiques naturels, bio-fabrication, par exemple), la gestion des déchets (cycles naturels de décomposition et de régénération des matériaux, utilisation des déchets comme matières premières pour la production de nouveaux produits), l'efficacité énergétique (infrastructures inspirées de la morphologie et de la physiologie des organismes vivants, par exemple) ou les systèmes de production et de distribution (inspirés des réseaux écologiques et systèmes de communication animale).

Des solutions à décliner à l'envi aux spécificités écologiques, climatiques et géographiques de chaque région, favorisant ainsi une intégration harmonieuse et durable dans les territoires.

UN MODÈLE PARTICULIÈREMENT ADAPTÉ POUR RÉPONDRE AUX ENJEUX SUIVANTS

- Gain de qualité – Créativité.
- Limitation de la vulnérabilité face à la raréfaction des ressources et des matières premières.
- Réduction des émissions de GES de scope 1 (fabrication du produit), de scope 2 (consommation énergétique du site) et de scope 3 amont (*supply chain*, déplacements, etc.).
- Maîtrise de la consommation de la biomasse et des énergies fossiles.
- Progression du recyclage des déchets non dangereux.
- Dialogue renforcé avec les parties prenantes locales – Acceptabilité locale.

Ynsect

© Ÿnsect

Usine **Ÿnsect** de Damparis (Jura)

Comment augmenter de 70 % la production alimentaire mondiale avec 5 % de terres agricoles supplémentaires d'ici à 2050 ? C'est à cette question que l'entreprise française Ÿnsect, installée dans le Jura, tente de répondre en investissant dans la production d'ingrédients à base d'insectes à destination du marché de la nutrition animale et des plantes - et à terme de l'alimentation humaine.

Avec ses trois fermes-usines « carbone négative », Ÿnsect propose de faire des insectes une solution durable inscrite au cœur des chaînes alimentaires. L'entreprise a développé un modèle d'affaires circulaire : les coproduits du blé sont achetés localement aux agriculteurs pour nourrir les insectes, dont les excréments sont transformés en engrais naturel à destination de l'agriculture biologique. Les insectes sont ensuite utilisés pour la production d'huiles, de protéines, et d'autres ingrédients nécessaires pour la nourriture animale.

L'entreprise a conçu des fermes verticales pour reproduire, grossir, nourrir, mais aussi pour transformer directement la matière première – les insectes – en un produit destiné à la commercialisation.

Forte d'une bonne performance climatique, Ÿnsect souhaite aller plus loin avec le programme TerrHa2040 et ainsi réduire son impact, dont la moitié est liée aux coproduits céréaliers, tout en contribuant à la régénération des écosystèmes dont elle dépend. Au menu : réduction des émissions agricoles, séquestration de CO_2 dans les sols et renforcement de la biodiversité locale.

NOVAMONT

Et si on essayait de reconnecter l'industrie et l'agriculture en créant des produits qui répondent aux problèmes de la collectivité ? C'est la question à laquelle essaie de répondre Novamont depuis sa création en 1989 en Italie. L'entreprise a structuré son activité autour de trois sous-activités formant un modèle qu'elle baptise « bioéconomic » et qui vise à reconnecter la société et l'économie : l'exploitation de sites de production sans artificialisation des sols, l'utilisation de matières premières agricoles (issues de terres impropres à la production alimentaire), et des bioproduits apportant des solutions aux problèmes de la collectivité.

L'entreprise a tout d'abord implanté ses bio-raffineries sur d'anciens sites désaffectés pour revitaliser son territoire et dispose aujourd'hui de six sites industriels. Novamont a ensuite développé des filières agricoles spécifiques, à faible impact environnemental, lui permettant d'utiliser la biomasse comme matière première. Pour cela, Novamont exploite par l'intermédiaire de ses partenaires des terres marginales, c'est-à-dire non rentables pour la mise en culture parce que trop pauvres pour la production alimentaire. Sur ces terres, on pratique l'aridoculture – une technique de culture non irriguée en zone aride – pour cultiver des oléagineux comme le chardon, afin d'en extraire ensuite des molécules actives, huiles, farines protéiques ou sucres.

Les bio-plastiques produits par Novamont sont notamment utilisés dans l'agriculture comme alternatives à leurs équivalents conventionnels pour le paillage et le stockage, évitant la toxicité de leur dégradation dans les sols et dans l'eau. Novamont accompagne également les villes dans leur gestion de déchets organiques. En partenariat avec l'association italienne Les Composteurs, l'entreprise a développé des bio-sacs transpirants et compostables ainsi que des conteneurs ventilés pour réduire le poids des déchets récupérés, prévenir les mauvaises odeurs, la fermentation et permettre une meilleure qualité des déchets destinés à devenir du compost.

Parmi ses clients, Novamont compte par exemple la ville de Milan, qui collecte environ 100 kg de déchets organiques par an et par habitant – dont 95 % sont transformés en humus pour les sols, en biométhane ou en biogaz.

24 Valoriser les patrimoines locaux inexploités

Un patrimoine est un ensemble d'actifs (matériels ou immatériels) et d'institutions transmises au cours de l'histoire. Il peut s'agir d'actifs naturels, artisanaux, fonciers, culturels.

Les territoires regorgent de « biens dormants » (matières premières, machines, etc.), de résidus de production, de ressources naturelles ou de lieux sous-exploités, de compétences insuffisamment valorisées, de savoir-faire invisibles, oubliés ou mis à mal par la désindustralisation.

S'appuyer sur ces actifs patrimoniaux permet aux entreprises de développer des modèles d'affaires uniques, de trouver des réponses locales – souvent anciennes – aux enjeux actuels et de satisfaire les attentes d'authenticité de leurs clients.

UN MODÈLE PARTICULIÈREMENT ADAPTÉ POUR RÉPONDRE AUX ENJEUX SUIVANTS

- Gain de qualité – Différenciation.
- Adaptation aux nouvelles attentes des consommateurs.
- Amélioration de l'image de marque.
- Préservation des ressources naturelles.
- Contribution à l'emploi local.
- Développement de l'approvisionnement local.
- Soutien aux entrepreneurs locaux.
- Contribution à l'attractivité et au rayonnement du territoire.

1083

© 1083

Lancée en 2013 dans la Drôme, la marque de vêtements 1083 est née pour écoconcevoir et relocaliser l'ensemble des étapes de fabrication de fabrications des jeans en France : filature, teinture, tissage, ennoblissement, coupe, confection et délavage des jeans.

Localisée à Romans-sur-Isère, bassin industriel historique de la fabrication de chaussures en France, la marque 1083 a également à cœur de pérenniser et de revaloriser des savoir-faire durement éprouvés par les délocalisations et fermetures d'usines des années 1980. La majorité des modèles de chaussures de la marque sont fabriqués à Romans-sur-Isère, en partenariat avec plusieurs ateliers spécialisés.

Cette complémentarité de compétences permet d'obtenir différents produits de haute qualité.

1083 est également partie prenante du projet de Cité de la Chaussure, porté par le Groupe Archer (chapitre #5) avec l'ambition de « remettre Romans au cœur de la planète chaussures ». Ouvert en 2019 en plein centre-ville de Romans, le site abrite l'office du tourisme, une boutique de 300 m² où sont vendues les chaussures de 15 marques romanaises ainsi que 1 500 m² d'atelier où cinq entreprises fabriquent leurs souliers, offrant aux touristes la possibilité de découvrir les savoir-faire locaux.

© 1083

CELLA
BUILDING CO

Cella Building Company, anciennement Bazzani Building Company, est une entreprise de construction basée à Grand Rapids, dans le Michigan. Fondée par Guy Bazzani en 1996, l'entreprise a acquis une solide réputation en travaillant sur divers projets de rénovation et de restauration de bâtiments patrimoniaux, réussissant le tour de force de préserver leur histoire tout en les adaptant aux besoins et aux normes modernes.

Cella travaille en étroite collaboration avec les communautés locales pour s'assurer que ses projets et la programmation répondent à leurs besoins et s'intègrent pleinement dans les quartiers existants. Lors de la restauration, Cella s'efforce de conserver les caractéristiques d'origine et les éléments architecturaux uniques du bâtiment, tout en le modernisant.

L'entreprise s'engage également à utiliser des matériaux écologiques, à améliorer l'efficacité énergétique et à réduire les déchets de construction.

L'entreprise a ainsi requalifié de nombreux bâtiments désaffectés (anciens entrepôts) en centre-ville, et opéré la transformation de plusieurs édifices historiques et classés (bâtiment Art Déco du National Historic Building de Grand Rapids, Wesener building à Owosso), tout en obtenant la certification LEED, le label de construction durable américain et en proposant une programmation mixte.

En rénovant et en adaptant les bâtiments existants avec une approche intégrée, Cella Building Company parvient à réduire les coûts de construction et à offrir des solutions rentables à ses clients. La réutilisation des structures existantes permet également de préserver les ressources et de minimiser l'impact environnemental.

> « Chez Cella, la conception durable n'est pas une prestation de services : nous ne construisions qu'en durable.

SHINOLA
DETROIT

Shinola, fondée en 2011 à Détroit dans le Michigan, est un exemple de renaissance industrielle qui puise dans le patrimoine historique de la ville. Spécialisée initialement dans la production de montres de luxe, l'entreprise a su préserver son savoir-faire artisanal tout en diversifiant ses activités.

Son expertise dans le travail du cuir lui a permis de développer une ligne d'accessoires de maroquinerie et de papeterie, son savoir-faire horloger l'a amenée à lancer une gamme de vélos ultra-légers (avec montage des cadrans et des fourches dans ses ateliers), son ancrage local l'a incitée à ouvrir récemment un hôtel à Détroit, en respectant les codes architecturaux locaux.

Dans une ville qui ne s'est jamais complètement relevée du déclin de l'industrie automobile et qui a perdu plus de la moitié de sa population en 60 ans, le modèle économique de Shinola repose sur la valorisation du savoir-faire et de l'héritage industriel. Nombre d'employés sont d'ailleurs issus de l'industrie automobile et ont été formés au montage horloger. En utilisant des techniques de fabrication traditionnelles et en s'appuyant sur l'expertise locale, l'entreprise parvient à créer des produits de qualité qui reflètent l'histoire et la culture de la ville.

> « On parle beaucoup de la situation économique de Détroit, mais nous sommes tombés amoureux de cette ville qui bouillonne, notamment sur le plan artistique.

L'ancien président américain Barack Obama a contribué à la popularité de la marque en portant et en offrant des montres Shinola. Cette notoriété a permis à Shinola de devenir une icône du « *Made in Detroit* » et un symbole de qualité et de renaissance industrielle aux États-Unis. Depuis sa création, l'entreprise a permis de créer plus de 200 emplois, dans une ville profondément touchée par la désindustrialisation.

Teadora est une entreprise américaine engagée dans la promotion et la préservation de la biodiversité de l'Amazonie à travers ses produits de beauté et de bien-être. La marque propose une gamme complète de produits pour le soin de la peau, des cheveux et du corps en utilisant des ingrédients naturels et durables provenant de la forêt amazonienne, tels que l'Açaí, le CBD, l'Andiroba, le Buriti et le Cupuaçu. Ces ingrédients sont récoltés de manière responsable et éthique afin de préserver l'écosystème et de soutenir les communautés locales. Teadora collabore avec des organisations à but non lucratif et des initiatives de reforestation pour contribuer à la préservation de la forêt tropicale et à la lutte contre le changement climatique. En associant les clients à la préservation du patrimoine végétal de l'Amazonie, Teadora crée un lien direct entre l'utilisation de ses produits et la protection de l'environnement. Les consommateurs sont ainsi encouragés à soutenir les efforts de conservation et à participer activement à la préservation de la biodiversité de la région.

Ramborn est le premier producteur luxembourgeois de cidre. Les cofondateurs de la marque, réunis par leurs souvenirs d'enfance des productions familiales de cidre, décident de se lancer dans le projet en 2014 avec un objectif :

renouer avec une approche plus traditionnelle et écologique de la production de cidre. Leur matière première, les pommes et les poires, provient uniquement de vergers traditionnels de la vallée de la Sûre, là où le cidre est produit. Ramborn s'appuie sur un réseau d'une centaine de petites exploitations agricoles, aux antipodes des exploitations intensives et dont les récoltes parcourent souvent des centaines ou des milliers de kilomètres avant d'être transformées. Les producteurs du réseau Ramborn ont parfois de très petites exploitations de quelques arbres, avec des variétés anciennes de pommes luxembourgeoises. Les fruits récoltés pour faire le cidre, conformément à la méthode traditionnelle, sont en majeure partie des fruits abîmés, qui sinon seraient jetés. La culture des fruits ne demande ni irrigation ni pesticide, et la production du cidre est peu gourmande en énergie. Bien que chronophage, cette approche a un véritable impact significatif sur le développement économique local et la biodiversité : les vergers traditionnels sont protégés ou restaurés, et les fruits, quel que soit leur état, sont valorisés en générant des revenus localement. Ces revenus permettent en retour de conserver les savoirs ancestraux et les vergers locaux, voire de planter de nouveaux arbres. Ramborn estime son impact pour la préservation et la restauration à un million de mètres carrés, avec pour résultat le captage de 31 tonnes d'équivalent CO_2 et l'utilisation de quelque 740 tonnes de fruits destinés à devenir des déchets alimentaires (57 % du volume total utilisé pour la production est constitué de fruits abîmés). Animé d'une volonté pédagogique, Ramborn ouvre son site de production aux visiteurs, propose des dégustations et l'achat de produits directement sur place.

25 Mixer tradition locale et innovation

Pourquoi ne pas prendre des éléments de la culture et des pratiques locales et les fusionner avec des technologies modernes pour créer quelque chose d'innovant ? C'est l'intuition qui guide les modèles d'« innovation traditionnelle ».

Les exemples sont nombreux : combiner des textiles traditionnels et des matériaux modernes, des cosmétiques naturels et la recherche scientifique, l'artisanat et le design contemporain, de nouvelles technologies d'énergie renouvelable et des techniques de construction ancestrales, etc.

Le développement d'un modèle d'innovation traditionnelle a la faculté d'associer les actifs spécifiques d'un territoire et des méthodes ou techniques de fabrication venues d'ailleurs, ce qui permet de booster la créativité, de différencier l'offre et d'accéder à de nouveaux marchés en répondant au subtil équilibre imposé par les consommateurs entre recherche d'authenticité, d'esthétisme et de fonctionnalité.

UN MODÈLE PARTICULIÈREMENT ADAPTÉ POUR RÉPONDRE AUX ENJEUX SUIVANTS

- Maîtrise des coûts d'approvisionnement en matières premières.
- Gain de qualité – Meilleur rapport qualité/prix.
- Créativité – Différenciation.
- Limitation de la vulnérabilité face à la raréfaction des ressources et des matières premières.
- Réduction des émissions de GES de scope 1 (fabrication du produit).
- Développement de l'approvisionnement local.
- Dialogue renforcé avec les parties prenantes locales – Acceptabilité locale.
- Lutte contre la pauvreté – Autonomisation et développement des compétences des communautés locales.

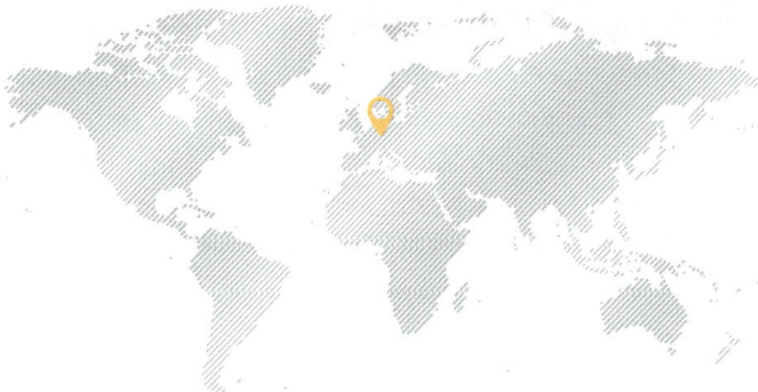

ABURY

Abury est une marque allemande de mode éthique et durable qui vise à préserver des patrimoines artisanaux et culturels menacés.

La marque travaille avec des communautés d'artisans dans des régions reculées du Maroc, de l'Éthiopie, du Pérou et de l'Inde et les connecte avec des designers de mode internationaux pour cocréer des collections de produits de mode éthique.

Abury s'assure que les techniques traditionnelles soient préservées et que les artisans acquièrent de nouvelles compétences qui leur permettront de développer ensuite leur propre production. Les designers sont invités à travailler directement au sein des communautés pendant une période d'au moins 2 mois : le partage de connaissances et de savoir-faire est ainsi favorisé. Les produits de la marque – sacs, chaussures et accessoires – sont vendus en ligne et dans des boutiques partenaires.

Le temps de formation, en plus d'un coût du travail décent pour les artisans, est restitué à la communauté à travers des projets d'éducation portés par la fondation, permettant ainsi le reversement de 50 % des bénéfices liés à la vente des produits.

Bhutan Natural est une entreprise bhoutanaise spécialisée dans la production de produits de beauté à partir d'ingrédients traditionnels de la région de l'Himalaya.

Les innovations mises en place par Bhutan Natural permettent de mobiliser des ingrédients traditionnels de la région de l'Himalaya pour créer des produits cosmétiques de haute qualité. L'entreprise a par exemple développé une méthode d'extraction de l'huile de kukui, une plante originaire d'Hawaï utilisée dans la médecine traditionnelle bhoutanaise, pour créer un sérum hydratant et anti-rides.

Bhutan Natural a également mis en place des programmes de R&D pour continuer d'améliorer ses formulations et techniques de fabrication, tout en respectant les traditions locales.

L'entreprise s'approvisionne en ingrédients auprès de petits producteurs locaux, garantissant ainsi des revenus équitables et une utilisation durable des ressources naturelles.

26 Mobiliser celles et ceux qui sont éloignés du marché du travail

Certaines catégories de population rencontrent des difficultés structurelles d'accès et de maintien dans l'emploi : seniors, chômeurs de longue durée, personnes sans qualification, handicapées, migrantes ou issues de la diversité…

Cette exclusion du marché du travail constitue une forme de gâchis économique et humain considérable, en plus d'être évidemment une source de souffrance sociale majeure. Le modèle de recrutement inclusif consiste à mobiliser ces ressources humaines locales sous-employées. Il repose sur l'idée que l'entreprise peut tirer profit de la diversité des talents et des compétences de la population locale. Pour mobiliser ces ressources humaines, l'entreprise peut adopter plusieurs approches, telles que la mise en place de politiques de recrutement inclusives, la formation et le développement des compétences des travailleurs locaux, l'adaptation des conditions de travail pour répondre aux besoins spécifiques de certains travailleurs, etc.

Pour l'organisation, les avantages peuvent être nombreux : amélioration de la créativité, et de la productivité ; réduction des difficultés, des coûts de recrutement et de la distance domicile-travail parcourue par les salariés ; amélioration de la réputation de l'entreprise en tant qu'employeur socialement responsable et fidélisation des clients et salariés, renforcement des liens entre l'entreprise et la communauté locale…

UN MODÈLE PARTICULIÈREMENT ADAPTÉ POUR RÉPONDRE AUX ENJEUX SUIVANTS

- Maîtrise des coûts liés aux difficultés de recrutement et/ou au turnover.
- Gain de qualité.
- Amélioration de l'image de marque.
- Limitation de l'exposition aux risques sociaux, respect du devoir de vigilance.
- Contribution à l'emploi local et à l'insertion par l'emploi.
- Contribution à l'attractivité et au rayonnement du territoire.
- Dialogue renforcé avec les parties prenantes locales – Acceptabilité locale.

STROOPIES
AUTHENTIC DUTCH STROOPWAFELS

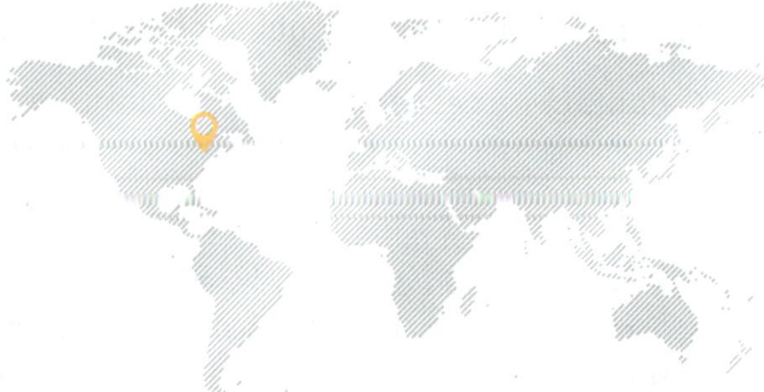

© Stroopies

« Nous faisons tellement plus que des gâteaux ! » Certes, Stroopies fabrique à Lancaster (Pennsylvanie) des biscuits traditionnels néerlandais appelés *stroopwafels*, constitués de deux couches de gaufres à la cannelle fourrées au caramel. La recette traditionnelle a été transmise par deux amis hollandais de la fondatrice, l'occasion de proposer un produit unique à Lancaster.

Si ces articles sont produits à partir d'ingrédients locaux, la mission principale de Stroopies, depuis l'origine, est d'aider à l'intégration des femmes réfugiées de la ville en leur offrant un emploi stable, un salaire décent, une formation professionnelle et la possibilité d'apprendre l'anglais à un rythme quotidien.

En aidant ces femmes réfugiées à acquérir de nouvelles compétences professionnelles et linguistiques, Stroopies favorise leur employabilité et bénéficie en retour d'une main-d'œuvre diversifiée et fortement impliquée, qui contribue à la qualité et à l'authenticité de ses produits.

La reconnaissance reçue par l'entreprise pour son engagement en matière d'inclusion des personnes réfugiées – l'entreprise a historiquement accueilli une cinquantaine de réfugiées – est aussi, évidemment, un levier d'image et d'attractivité pour Stroopies.

« Chaque fois qu'un produit peut être fabriqué localement, il favorise l'économie locale. Nous offrons des emplois à ceux qui vivent à nos côtés... des femmes formidables, réfugiées, qui ont trouvé un nouveau foyer à Lancaster. Acheter local, c'est maintenir les dollars dans notre ville et renforcer notre économie et notre communauté. Faites le pari du local, vous y gagnerez sur tous les plans ! »

SPARQ

Sparq (anciennement Rural Sourcing) est une entreprise technologique innovante créée en 2004 dans l'Arkansas et dont le siège social se trouve désormais à Atlanta (Géorgie). Elle s'est donné pour mission de ramener des emplois technologiques à haute valeur ajoutée dans des villes moyennes américaines souvent négligées, et son modèle d'affaires repose sur une stratégie inversée de délocalisation, recrutant des informaticiens en milieu rural américain pour ses activités de sous-traitance vendues à de grandes entreprises et start-up de tous secteurs (santé, logistique, finance, construction, etc.) qui ne veulent pas délocaliser ces prestations informatiques en Inde ou Mexique.

Concrètement, Sparq installe donc ses centres de développement de logiciels aux États-Unis et propose aux ingénieurs locaux (dont l'expérience moyenne dans le développement informatique est de 10 ans) non pas des missions précaires en freelance mais de vrais emplois durables dans leur domaine – ce qui répond concrètement au problème persistant du chômage et stimule indirectement les économies locales. En complément, Sparq soutient la formation et le développement des compétences techniques territoriales en collaboration avec les autorités et les universités locales, contribuant ainsi à créer un écosystème technologique durable.

Sparq compte désormais près de 600 professionnels à travers six villes américaines (Albuquerque, Augusta, Jonesboro, Mobile, Oklahoma City et Fort Wayne). Sûre de son modèle économique, l'entreprise propose une calculatrice estimant le coût de la délocalisation qui, comme elle l'explique, s'accompagne souvent de défis (liés à la distance, à la culture, au décalage horaire…) – de sorte que maintenir l'emploi aux États-Unis serait *in fine* tout aussi intéressant : Sparq estime ainsi que ses employés ruraux sont deux à quatre fois plus rapides que des services délocalisés, jusqu'à 40 % moins coûteux que ses concurrents nationaux proposant des services informatiques et 15 à 30 % plus efficients que des freelances. Cerise sur le gâteau : ces talents ruraux sont souvent plus résilients, agiles et créatifs, affirme l'entreprise, car ils ont appris à gérer les contraintes et démontrent un engagement à toute épreuve, à l'instar de cette première génération familiale titulaire d'un emploi bien rémunéré.

Implantée depuis 2009 dans la ville de Cincinnati dans l'Ohio, la société **Nehemiah Manufacturing** est un producteur sous licence de petites marques ou gammes de produits de grande consommation (alimentation, hygiène) avec un modèle dit « 2C » ou « seconde chance », puisqu'il emploie des personnes éloignées de l'emploi, la plupart ayant un casier judiciaire. Ce modèle économique est une façon efficiente d'arriver à relocaliser en plein cœur de la ville la fabrication de produits de grande consommation basiques offrant une marge limitée. La manufacture Nehemiah emploie une main-d'œuvre formée à des métiers polyvalents, à coût limité puisque les emplois sont subventionnés par un crédit d'impôt fédéral et avec un faible turnover (un employé reste en moyenne 5 ans). L'idée est de permettre aux salariés de trouver, grâce à ce retour à l'emploi, un métier mieux rémunéré dans l'industrie, qui offre des salaires en moyenne supérieurs de 30 % à ceux du tertiaire pour lesquels ils pourraient candidater.

CHAPITRE #10

Le local comme vivier de partenaires

Le local invite à s'affranchir des dépendances lointaines subies pour tisser un réseau d'interdépendances choisies. Les opportunités de connexion locale sont infinies et peuvent transformer en profondeur le modèle de l'entreprise, tout en œuvrant à la prospérité des territoires : modèle coopératif territorial, réseau de fournisseurs locaux, soutien à la transition des petits producteurs.

27 Déployer un modèle coopératif territorial

Le modèle de coopérative territoriale est une approche collaborative et décentralisée qui vise à encourager l'autonomie économique et sociale d'une région ou d'un territoire. Ce modèle est appliqué dans divers domaines, tels que l'énergie, l'agriculture, la production et les services.

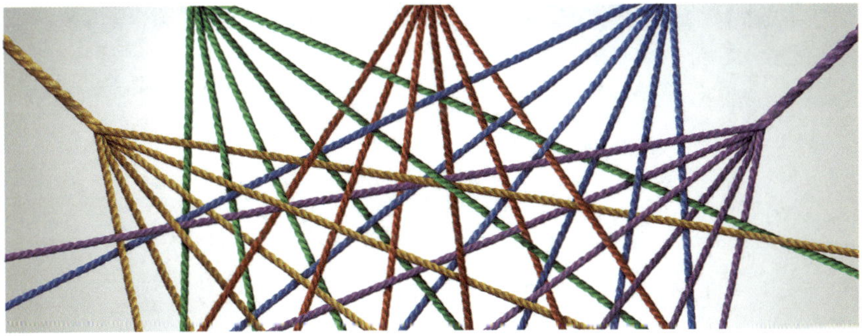

Dans une coopérative territoriale, les coopérateurs travaillent ensemble pour atteindre des objectifs communs, tels que la création d'emplois locaux, la promotion de l'économie circulaire, la préservation des ressources naturelles et la réduction des inégalités sociales et économiques. Ils participent activement à la prise de décision et à la gestion de la coopérative. Les coopérateurs sont généralement des acteurs locaux (salariés, citoyens, entreprises et artisans, associations, collectivités locales et institutions).

UN MODÈLE PARTICULIÈREMENT ADAPTÉ POUR RÉPONDRE AUX ENJEUX SUIVANTS

- Créativité – Différenciation – Innovation.
- Amélioration de l'image de marque.
- Limitation de la vulnérabilité face à la raréfaction des ressources et des matières premières.
- Limitation de l'exposition aux risques sociaux, respect du devoir de vigilance.
- Réduction des émissions de GES de scope 1 (fabrication du produit) et de scope 2 (consommation énergétique du site).
- Maîtrise de la consommation d'énergies fossiles.
- Inscription dans le circuit économique local.
- Contribution à l'attractivité et au rayonnement du territoire.
- Dialogue renforcé avec les parties prenantes locales – Acceptabilité locale.
- Coalitions et partenariats avec d'autres acteurs locaux.

Clus'Ter JURA+
Coopérer - Révéler - Valoriser

© Clus'Ter Jura

Start-up de territoire, 1re édition,
Lons-le-Saunier (2016)

Clus'Ter Jura a été créé en 2014 sous la forme d'un pôle territorial de coopération économique (PTCE) afin de mettre en relation les acteurs locaux économiques, institutionnels et citoyens du Pays lédonien et de créer de nouvelles filières locales. Depuis le début, Clus'Ter Jura développe une méthodologie d'émergence de projets et un processus de réflexivité sur ses méthodes d'accompagnement *via* un programme de R&D territoriale.

La méthode se fonde sur « l'entrepreneuriat inversé » en partant d'une détection des besoins du territoire pour construire des solutions collectives, pensées par l'ensemble des acteurs du territoire. Des porteurs sont ensuite accompagnés jusqu'à la concrétisation de leur projet. Un des outils phares utilisés par Clus'ter Jura est la dynamique « Start-up de territoire », un événement permettant de faire émerger des projets sur le territoire et de booster des solutions entrepreneuriales.

Pour en savoir plus sur Start-up de territoire

Clus'Ter Jura a déjà porté un certain nombre de projets tels que J'aime mes bouteilles (réutilisation de bouteilles en verre vides pour accueillir une nouvelle contenance après collecte, tri, lavage et contrôle), Alons'ZI (identification et mise en œuvre de synergies interentreprises dans le cadre de la démarche d'écologie industrielle territoriale), L'Atelier textile (relocalisation d'une production textile en France avec une offre d'emploi locale et des vêtements professionnels *made in Jura*), accompagnement du Projet alimentaire territorial bio du Pays lédonien (structuration des filières alimentaires bio et locales, de la production à la consommation) ou encore Végétal local (structuration d'une filière de collecte, de dépulpage et de vente de graines locales).

Hepburn Energy

Hepburn Energy est une coopérative australienne de production d'énergie renouvelable située à 100 km au nord-ouest de Melbourne. Son objectif est d'agir en faveur du climat, en réduisant l'impact carbone de la communauté et en améliorant sa résilience.

Pour produire une énergie décarbonée localement, Hepburn Energy s'est constituée en une coopérative de plus de 2 000 membres, principalement situés dans le comté d'Hepburn, qui parviennent, grâce à l'action de la coopérative, à s'approvisionner à plus de 40 % en énergie renouvelable.

Hepburn Energy exploite une ferme éolienne de 4,1 mégawatts qui fournit de l'énergie à plus de 2 000 foyers, entreprises et petits commerces implantés localement. La coopérative propose des visites de sa ferme éolienne, organise des événements et des résidences d'artiste et a mis en place, sur le site, plusieurs points de charge pour les véhicules électriques.

Hepburn Energy investit également dans l'énergie solaire et les batteries, avec la perspective de diversifier son activité dans le secteur des énergies renouvelables. Elle a aussi constitué son propre fonds dédié au soutien de projets en faveur de la transition écologique et du « *net zero* » chez ses membres et dans la communauté locale.

Enfin, pour contribuer à assurer la stabilité du réseau électrique, Hepburn Energy a mis en place une incitation financière récompensant l'efficience énergétique. Le fonctionnement est similaire à celui des heures pleines et des heures creuses : un coefficient d'ajustement des prix s'applique et fait varier le montant de la facture finale, incitant à moduler la consommation pour limiter les pics et les creux sur le réseau.

28 Créer et animer une communauté de fournisseurs locaux (« *Fellowship Model* »)

Le modèle de *Fellowship* est une approche commerciale innovante qui vise à promouvoir la production et la vente de produits locaux en créant des partenariats solides entre entreprises et fournisseurs d'un territoire.

Les partenaires sont considérés comme parties intégrantes de l'entreprise et sont souvent présentés sur le site Internet de la marque, ce qui permet aux consommateurs de savoir qui est derrière les produits qu'ils achètent.

En travaillant en étroite collaboration avec les fournisseurs, les entreprises peuvent assurer la qualité et la durabilité de leurs produits, mieux comprendre les défis auxquels elles sont confrontées et travailler ensemble à leur résolution.

Le modèle de *Fellowship* permet également de promouvoir une culture d'entreprise fondée sur la collaboration et le partenariat : la fidélité des salariés et des clients s'en trouve renforcée.

UN MODÈLE PARTICULIÈREMENT ADAPTÉ POUR RÉPONDRE AUX ENJEUX SUIVANTS

- Maîtrise des coûts d'approvisionnement, de transport et des délais de livraison.
- Réduction des dépenses de marketing et de communication.
- Gain de qualité.
- Développement de la personnalisation des offres.
- Accélération de la mise sur le marché d'une nouveauté.
- Amélioration de l'image de marque.
- Limitation de la vulnérabilité face à la raréfaction des ressources et des matières premières.
- Réduction des émissions de GES de scope 1 (fabrication du produit) et de scope 3 amont (*supply chain*, déplacements, etc.).
- Développement de l'approvisionnement local.
- Dialogue renforcé avec les parties prenantes locales – Acceptabilité locale.

jeni's

Fondée en 2002 dans l'Ohio par Jeni Britton Bauer, alors étudiante en art, Jeni's Splendid Ice Cream est une marque de glace connue pour la diversité et l'originalité de ses goûts, inspirés par la pop culture.

Mais ce qui rend Jeni's Splendid Ice Cream si unique, c'est le réseau de partenariats progressivement développés et animés avec ses fournisseurs pour former une communauté d'agriculteurs, de fabricants et de producteurs divers et variés – ce que la marque appelle son « *fellowship model* ».

Le lait est par exemple issu de petites exploitations familiales situées dans un rayon de 300 kilomètres autour du lieu de production des glaces et le yaourt glacé développé avec une crémerie locale qui se fournit elle aussi auprès de petites fermes situées dans un rayon de 50 kilomètres.

« Il faut toute une communauté pour produire et partager des glaces telles que nous les faisons.

La logique est la même pour chaque produit composant les glaces de la marque : fruits, lait de chèvre et alcools sont tous issus de producteurs locaux. Tous les fournisseurs sont mis à l'honneur sur le site Internet de la marque qui précise systématiquement les quantités achetées auprès de chacun.

La marque est distribuée par près de 65 vendeurs de glace, dans les plus grands supermarchés du pays, et directement sur son magasin en ligne.

LA CONSIGNERIE

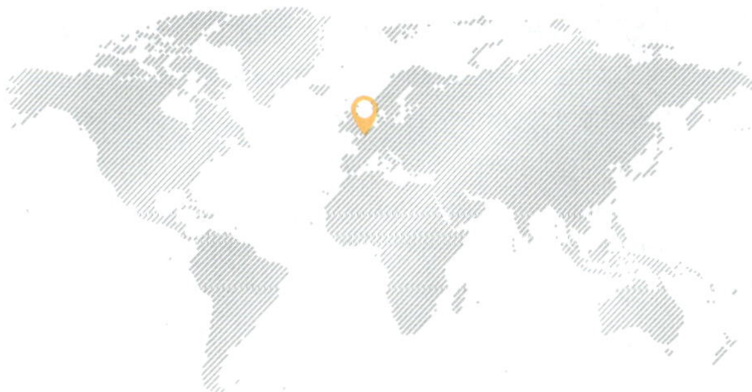

Fondée en 2020, La Consignerie est un service français en ligne de livraison de courses. Le concept : commander en ligne, parmi près de 600 produits disponibles toute l'année et 400 selon la saison – essentiellement locaux –, puis se faire livrer et retourner les contenants consignés au livreur lors de la prochaine livraison.

Les livraisons sont assurées à vélo-cargo dans un rayon de 5 km à Lille, et en véhicule électrique pour le reste de la métropole. La Consignerie s'approvisionne principalement en produits locaux et travaille en étroite collaboration avec des fournisseurs et producteurs locaux pour offrir des produits frais et de qualité supérieure à ses clients : 70 % des produits sont confectionnés ou transformés à moins de 150 km de Lille.

Un code de conduite a été développé pour sélectionner les fournisseurs : les produits sont issus autant que possible d'exploitations biologiques, *a minima* d'une agriculture raisonnée ; le lait provient d'exploitations où les vaches passent au moins entre 120 et 180 jours en pâturage et pendant au moins 6 heures ; les œufs doivent être bio ou issus d'élevage de plein air ; les produits pas ou peu transformés sont privilégiés pour en conserver les valeurs nutritionnelles ; le rythme des saisons est respecté…

Avec ce modèle, La Consignerie propose des prix accessibles qui rémunèrent mieux les fournisseurs, dans une logique de circuit court. Pour réduire le coût pour ses clients, l'entreprise a mis en place un système d'adhésion s'élevant 60 euros par an, qui permet aux adhérents d'accéder à des remises allant jusqu'à 50 %.

Dans une perspective de responsabilité sociale, un mécanisme d'adhésion solidaire a également été mis en place (l'adhésion est gratuite pour les foyers à faibles revenus).

Démocratiser le système de consigne fait partie intégrante des objectifs de la Consignerie, qui estime que le réemploi permet d'économiser 76 % d'énergie, 33 % d'eau, et d'éviter 79 % de gaz à effet de serre comparé au recyclage.

La Consignerie essaime dans plusieurs villes françaises : pour se développer tout en conservant son ADN local, l'entreprise recrée des écosystèmes de fournisseurs et de clients territoriaux sur ces nouveaux territoires.

29 Accompagner la transformation des entreprises locales pour les intégrer à la chaîne de fournisseurs

Face aux enjeux de sécurisation et de durabilité des chaînes d'approvisionnement, l'accompagnement des fournisseurs locaux offre un double avantage : renforcer le *sourcing* local en adaptant la production aux besoins de l'entreprise et s'assurer que les fournisseurs locaux adoptent des pratiques agricoles et industrielles plus durables.

Ce modèle peut prendre plusieurs formes complémentaires : assistance technique visant à améliorer les compétences des fournisseurs (formations, ateliers, conseils d'experts), soutien financier (prêts à faible taux d'intérêt, fonds pour la transition), incitations économiques, collaboration avec les parties prenantes, suivi régulier et évaluation des progrès réalisés, partage des meilleures pratiques ou soutien à l'innovation.

UN MODÈLE PARTICULIÈREMENT ADAPTÉ POUR RÉPONDRE AUX ENJEUX SUIVANTS

- Consommation d'énergie liée à la production (préparation, transformation, packaging).
- Maîtrise des coûts de transport (distribution).
- Gain de qualité.
- Adaptation aux nouvelles attentes des consommateurs.
- Limitation de la vulnérabilité face à la raréfaction des ressources et des matières premières.
- Réduction des émissions de GES de scope 1 (fabrication du produit), de scope 3 amont (*supply chain*, déplacements, etc.) et de scope 3 aval (distribution et usage).
- Maîtrise de la consommation des ressources et des énergies fossiles.
- Limitation de la pollution des eaux, des sols et de l'air.

« *Animals are living beings, not ingredients.* » Miyoko's Creamery est une marque alimentaire américaine fondée par Miyoko Schinner à Sonoma (Californie) qui ambitionne de révolutionner les produits laitiers en fabriquant du fromage et du beurre sans lait animal, « à une échelle suffisamment grande pour avoir un impact sur la crise alimentaire et environnementale ». Miyoko's Creamery combine de nouveaux procédés agroindustriels et des techniques traditionnelles de fabrication de fromage, principalement à base de noix de cajou, d'avoine et de farine de pois chiche.

Afin de sécuriser sa chaîne de valeur agricole, sur des cultures relativement peu développées localement, mais aussi consciente des importantes difficultés économiques rencontrées par les éleveurs laitiers sur son territoire, la marque Miyoko's Creamery a lancé en 2019 le programme Dairy Farm Transition (DFT), offrant de nouvelles opportunités aux producteurs laitiers basés en Californie qui souhaitent explorer les alternatives végétariennes. Le programme DFT fournit des ressources et un soutien aux agriculteurs durant leur conversion au végétal, autour de cultures spécialisées que la marque achète ensuite pour ses propres approvisionnements.

Avec ce partenariat, Miyoko's Creamery offre un revenu garanti à l'agriculteur pendant la durée de sa transition, un financement pour le processus de transition, des ressources éducatives, une assistance technique et un marché sécurisé.

Depuis ses débuts artisanaux en 2014, la marque a connu une forte croissance, notamment durant l'année 2018 où elle a vu sa production multipliée par trente.

Et Miyoko's Creamery est reconnue pour les qualités gustatives de ses produits et continue d'innover (beurre, fromages artisanaux, mozzarella, tous à base de produits végétaux, pour la plupart issus de l'agriculture biologique) : « En accompagnant les éleveurs laitiers à la transition vers des cultures régénératrices, nous les aidons à améliorer leurs revenus, tout en leur offrant une place dans un marché à forte croissance, celui de l'alimentation végétale. »

Fondée en 2016 avec pour objectif de contribuer à la préservation de l'écosystème de la rivière Verde en Arizona (États-Unis), **Sinagua Malt** doit son nom à cet ingrédient-clé de la production de bière, de whisky et d'autres boissons alcoolisées : le malt. Celui-ci est produit à partir d'orge cultivée localement, avec des pratiques agricoles durables et une irrigation réduite. L'entreprise travaille en étroite collaboration avec les agriculteurs locaux pour les inciter à cultiver l'orge – une céréale qui se cultive à la fin de l'hiver et au printemps, de sorte qu'elle est moins consommatrice d'eau que la plupart des céréales cultivées localement, comme le maïs ou l'alfalfa, et perturbe moins les cycles de la rivière. Sinagua Malt accompagne les agriculteurs locaux dans leur conversion céréalière, en les sensibilisant aux avantages environnementaux et économiques de cette culture, leur fournit des variétés d'orge adaptées au climat de l'Arizona et leur garantit des débouchés commerciaux *via* la revente du malt à un réseau de brasseries locales.

Cha Tzu Tang est une entreprise taïwanaise spécialisée dans la production de produits dérivés de graines de thé, notamment l'huile de thé amer. Le fondateur de l'entreprise a repris en 2004 l'usine de savons liquides de son père, avant d'être incité par certains magasins bio faisant partie de sa clientèle à se tourner vers la production d'huile à base de graines de thé. Il découvre alors que 90 % des ressources nécessaires pour fabriquer ce produit traditionnel taïwanais sont importées, et décide de contribuer à la restauration d'une production locale en investissant dans la communauté. Les produits Cha Tzu Tang sont élaborés à partir de graines de thé amères 100 % locales, fraîchement collectées et traitées par 16 procédés naturels à froid pour préserver leurs propriétés. La gamme inclut des produits cosmétiques, alimentaires et médicaux, notamment pour la santé intestinale et la prévention des maladies cardiovasculaires.

La marque a développé un réseau d'agriculteurs locaux en contractualisant avec des fermes ; elle a ainsi permis la plantation de près de 6 000 théiers. Cha Tzu Tang cible des exploitations en difficulté du fait de pratiques agricoles intensives ayant conduit à l'épuisement des sols. L'entreprise leur propose un diagnostic de la santé de leurs sols et leur fournit gratuitement des graines de théiers amers aux propriétés régénératrices. En fournissant les graines et en achetant la production à un prix plus élevé, Cha Tzu Tang garantit une meilleure qualité et une source stable de revenus pour les agriculteurs, tout en encourageant la culture de plantes à plus grande valeur ajoutée.

30 Organiser en réseau ou s'appuyer sur des réseaux de micro-producteurs qui manquent de lisibilité

Ce modèle vise principalement à consolider et structurer une offre qui était auparavant dispersée, mal organisée ou incapable d'atteindre un grand nombre de consommateurs.

L'objectif est de faciliter la collaboration entre les micro-producteurs et de les aider à atteindre un public plus large et diversifié : améliorer la visibilité et l'accès aux ressources (formation, marketing, production, logistique, services de distribution), créer des synergies, atteindre de nouveaux marchés et toucher un plus grand nombre de consommateurs, tout en offrant à ces derniers une meilleure lecture de la provenance des produits, de leur qualité et des pratiques de production, source de valeurs et de confiance partagées.

UN MODÈLE PARTICULIÈREMENT ADAPTÉ POUR RÉPONDRE AUX ENJEUX SUIVANTS

- Gain de qualité – Meilleur rapport qualité/prix.
- Amélioration de l'image de marque.
- Adaptation aux nouvelles attentes des consommateurs.
- Accélération de la mise sur le marché d'une nouveauté.
- Limitation de la vulnérabilité face à la raréfaction des ressources et des matières premières.
- Inscription dans le circuit économique local (achat/vente).
- Contribution à l'attractivité et au rayonnement du territoire.
- Lutte contre la pauvreté – Autonomisation des communautés locales.

La Laiterie du Berger

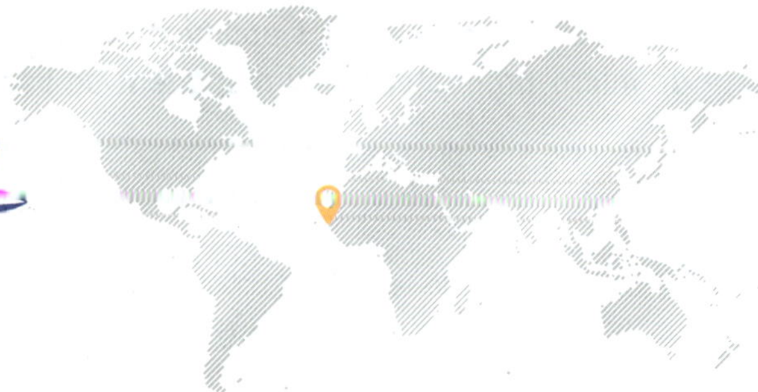

Thiakry, dessert traditionnel sénégalais

La Laiterie du Berger a été fondée au Sénégal en 2006 pour assurer une consommation locale du lait produit par les éleveurs sénégalais – représentant un tiers de la population – dans un pays où 90 % du lait consommé était importé en poudre…

L'entreprise collecte désormais quotidiennement la production de plus de 5 000 familles d'éleveurs dans la région de Richard-Troll (au nord du pays) qu'elle transforme en produits laitiers traditionnels (lait frais, lait caillé, yaourts et *thiakry*) dans son usine locale, puis les distribue à travers le pays, dans plus de 20 000 points de vente.

La Laiterie du Berger est devenue le leader du marché sénégalais de produits laitiers et reste la seule à s'approvisionner localement. Rentable depuis 2017, l'entreprise a fait le choix de diversifier sa production en lançant, à côté de sa marque phare Dolima, sa filiale Kossam Société de Développement de l'Élevage (KSDE), créée pour aider l'amont de la filière laitière sénégalaise et assister les éleveurs sur les questions de santé animale ou d'apports alimentaires pour le bétail durant la période de « soudure » (moment où l'herbe vient à manquer en attendant la saison des pluies, ce qui contraint les éleveurs à la transhumance).

Présente au Sénégal, en Gambie et au Mali, la Laiterie du Berger a d'abord été accompagnée par le Fond I&P développement, puis entre autres par Danone et le Crédit Agricole, afin de rassembler les fonds propres nécessaires et de développer les compétences de ses équipes.

YELLOW LEAF HAMMOCKS

Yellow Leaf Hammocks est une entreprise de hamacs fondée par un Californien ayant découvert, lors d'un voyage en Thaïlande, l'artisanat exceptionnel d'une communauté du nord du pays, les Mlabri. Les femmes de cette tribu sont des expertes du tissage à la main et fabriquaient déjà des hamacs très confortables, mais qui n'étaient vendus qu'aux touristes pendant la haute saison.

Le fondateur a souhaité rendre ces hamacs d'exception accessibles au plus grand nombre tout en apportant un débouché plus régulier à la communauté.

Yellow Leaf Hammocks a permis d'améliorer les revenus des femmes tisserandes, ce qui a notamment mis fin à certaines pratiques agricoles nocives pour l'environnement et pour la santé, comme l'agriculture sur brûlis et l'usage de pesticides, encore largement pratiqués dans l'agriculture vivrière.

Grâce à des formations spécifiques, les familles s'orientent vers des méthodes d'agriculture plus durables qui préservent la fertilité de leurs terres et sécurisent leur alimentation, tandis que les enfants qui travaillaient souvent dans les champs sont désormais scolarisés.

PARTIE 3

L'AVENIR DE L'ENTREPRISE HYPER-LOCALE

LES FACTEURS-CLÉS DU DÉPLOIEMENT DES NOUVEAUX MODÈLES

Si les exemples nombreux et variés de la partie précédente vous ont convaincu(e) des formidables opportunités qu'offrent les territoires pour permettre aux entreprises de réinventer leur modèle d'affaires autour du local, de repenser et de diversifier leur offre, de réécrire leur mission et leur contribution sociétale, de nouer des nouvelles collaborations entre acteurs locaux, de trouver des réponses locales aux enjeux *business* et de mieux valoriser les ressources (humaines, naturelles, culturelle, industrielles, patrimoniales...) du territoire – alors il ne vous reste plus qu'à passer à l'acte ! Mais comment se lancer et quels leviers activer pour mettre en œuvre cette transition hyper-locale qui est aussi hyper-écologique ? Certains secteurs sont-ils plus propices à l'hyper-localisme ? Faut-il choisir un modèle parmi ceux qui ont été développés dans les chapitres précédents ou peut-on les combiner ?

Au-delà de l'action individuelle des entrepreneurs, comment mettre en place les conditions de l'émergence – et surtout du passage à l'échelle de ce modèle –, qu'il s'agisse du financement, de la formation, de la mise à disposition de locaux d'activité, etc. ?

Cette troisième partie pose les jalons de ces deux étapes-clés pour l'avenir de l'entreprise hyper-locale que sont le **passage à l'acte** (individuel) et le **passage à l'échelle** (collectif), dans la perspective d'un mouvement global pour une économie plus inclusive, résiliente et soutenable.

CHAPITRE #11

Comment passer à l'action ?

Il existe, nous l'avons vu dans les chapitres précédents, de multiples raisons de s'intéresser à l'hyper-localisme entrepreneurial et de s'y engager. Mais comment procéder ? Et par où commencer ? De nombreuses entreprises présentées dans la deuxième partie de l'ouvrage ne sont pas nées « locales » : elles n'ont pas de capitaux locaux, voire aucune racine locale ; elles n'avaient à l'origine ni d'ambition ni même de mission locales. Pour de nombreux entrepreneurs cités en exemple dans ce livre, l'hyper-localisme est apparu naturellement comme une solution à un problème, une opportunité économique, une réponse à contexte donné qui justifiait de considérer le local comme une ressource, un marché, un vivier de partenaires et de synergies… Une façon de se réinventer en somme.

Tout dépend du secteur d'activité

Certes, le secteur d'activité influe sensiblement sur la façon d'entrer et de s'exprimer dans l'hyper-localisme entrepreneurial. Parce qu'ils entretiennent une relation particulière aux territoires (et à ses ressources), parce qu'ils incarnent la proximité ou parce qu'il s'agit de biens et services moins complexes, et donc susceptibles d'être conçus avec des savoir-faire majoritairement locaux, des secteurs comme l'agriculture, l'agroalimentaire, l'industrie textile, le travail du bois, les commerces, l'hôtellerie-restauration ou les activités culturelles offrent plus souvent un visage hyper-local. Guillaume Gibault, le fondateur du **Slip Français**, concède que « les secteurs alliant produits du quotidien et capacité de *storytelling* liée à un fort attachement émotionnel (qui prédispose notamment les clients à payer plus cher), comme l'alimentation ou les vêtements, sont particulièrement propices à l'hyper-localisme entrepreneurial ». Et de citer, parmi les exemples qui l'inspirent, des entreprises de secteurs très variés comme Shinola (montres, hôtellerie...), Angell Bike (vélos électriques), Seb (électroménager), Hermès (luxe), Tesla (voitures électriques) et Space X (aérospatiale), Ÿnsect (alimentation animale), Verkor (batteries).

© Ÿnsect

Opératrice œuvrant dans le laboratoire Ÿnsect

À la lumière des exemples développés dans ce livre, il semblerait en effet que n'importe quel secteur d'activité puisse – en théorie – devenir hyper-local, à condition de savoir identifier les bons leviers ou les plus évidents et « faciles » à déployer.

Un entrepreneur textile trouvera davantage de solutions dans la fabrication à la demande (pour réduire les surplus de stocks et le gaspillage, et offrir davantage de possibilités de personnalisation aux clients), dans les modèles en boucle locale (leasing, consigne, réparation), dans le développement de plateformes Web (afin de connecter les créateurs de mode locaux, les fabricants et les consommateurs), dans la cofabrication (partage des installations entre marques) ou une meilleure valorisation des coproduits (textiles ou matériaux) disponibles localement.

Un industriel chimiste aura de son côté probablement davantage intérêt à se tourner vers une meilleure exploitation de ses propres coproduits, le développement de plateformes de recyclage locales (pour avoir accès la ressource plus facilement), la coïnnovation avec des acteurs locaux ou la verticalisation de l'amont agricole ou industriel (ex : acquisition de ses propres fermes ou développement de bioraffineries pour valoriser au maximum les ressources utilisées).

En revanche, une entreprise du commerce trouvera sans doute davantage un terrain d'expression dans les modèles de type *one-stop shop* ou guichet unique (en offrant une gamme complète de produits et services en un seul endroit), dans l'idée de créer une *community of businesses* (en diversifiant son entreprise et ses activités au service de la communauté locale) ou sous la forme d'un hub local multifonctionnel (proposant, par exemple, des ateliers de bricolage, des services de livraison de proximité, des événements, etc.).

Modèle d'affaires hyper-local : quels critères d'évaluation ?

À partir de quels critères évaluer le potentiel de l'approche hyper-locale pour un secteur donné ou une activité précise ? Voici cinq dimensions-clés à prendre en compte :

- La **possibilité d'utilisation des ressources locales**, pour analyser dans quelle mesure le secteur envisagé peut tirer parti des ressources disponibles localement. Il peut s'agir d'une large gamme de ressources, comme les matières premières, les compétences de la main-d'œuvre locale, les infrastructures locales, le capital financier local ou encore d'autres biens qui peuvent être utilisés par les entreprises dans ce secteur. Plus un secteur peut s'appuyer sur des ressources locales, moins il est susceptible d'être affecté par les perturbations extérieures, comme les problèmes de chaîne d'approvisionnement ou les crises économiques.
- Les **interactions avec la communauté locale**, qui peuvent se faire à travers une variété de moyens, comme la commercialisation directe aux consommateurs locaux, la collaboration avec d'autres entreprises locales, ou l'implication dans des initiatives de développement local.
- L'**impact environnemental**, qui examine le potentiel de minimisation de l'empreinte environnementale du secteur grâce à une approche locale. Cela pourrait notamment concerner l'utilisation de matières premières durables, la minimisation des déchets, la réduction de la consommation d'énergie, ou la promotion de pratiques écologiques dans la communauté.
- Les **collaborations locales**, ou le potentiel du secteur à établir des partenariats locaux, comme le partage des compétences, l'échange de services, la coopération dans le développement de nouveaux produits ou technologies, ou la participation à des initiatives de développement local conjointes.
- Enfin, l'**adaptabilité aux besoins spécifiques** de la communauté locale, qui considère la capacité du secteur à adapter et à personnaliser ses produits ou services pour répondre à des besoins particuliers de la communauté – qu'il s'agisse de préférences culturelles, de conditions environnementales, ou de besoins en matière de santé et de bien-être, par exemple.

Certains leviers sont assez marqués et correspondent parfaitement aux enjeux de certains secteurs. Par exemple, le modèle *Plug-and-Play* (offrir des solutions complètes et prêtes à l'emploi – en container ou en kit – qui s'intègrent dans des infrastructures existantes) semble offrir un haut potentiel dans l'agroalimentaire, l'industrie de l'habillement, la production et le stockage d'énergie, le recyclage des déchets mais également de nombreuses productions en petites séries sur des marchés dits critiques (santé, électronique, etc.). Le modèle de fabrication à la demande constitue de son côté un modèle assez porteur pour de nombreuses industries (pièces en plastique, produits informatiques, électroniques et optiques, équipements électriques, matériel de transport, matériaux de construction, etc.). Les territoires offrent une vaste panoplie de solutions qui s'adaptent à différents modes de production.

Tout dépend du contexte et des enjeux

Au-delà du secteur, l'hyper-localisme dépend également du contexte et des enjeux propres à l'entreprise. Pour réduire les émissions de GES liées à sa chaîne d'approvisionnement et aux déplacements (dites « scope 3 amont »), une entreprise aura intérêt à se tourner vers les programmes d'accompagnement et de transformation des fournisseurs (offrant un soutien technique et financier), les modèles industriels bio-inspirés, la mutualisation de la logistique, les modèles de revenus mixtes (diversification des activités en local), la valorisation des coproduits ou les plateformes de recyclage locales. Pour accélérer la mise sur le marché d'une nouveauté, une autre entreprise pourra déployer un modèle de coïnnovation locale, une fabrication modulaire de type *Plug&Play*, un modèle de fabrication à la demande, de plateformisation ou de vente directe au consommateur ou encore développer un réseau de micro-producteurs (qui manquent de visibilité et de moyens financiers et logistiques pour vendre leurs produits sur les marchés locaux ou internationaux).

Afin de réduire ses coûts d'approvisionnement en intrants, une troisième et dernière entreprise pourra développer la mutualisation des achats avec des entreprises locales, chercher l'intégration verticale amont (maîtriser ses propres fermes ou usines locales), déployer un *Fellowship Model* (consistant à dynamiser un réseau de fournisseurs locaux pour favoriser la collaboration, le partage de ressources et la croissance mutuelle), partager les locaux d'un fournisseur (*copacking*) ou encore déployer un modèle d'innovation traditionnelle (combinant le savoir-faire traditionnel ou la culture locale avec des innovations pour mieux maîtriser les approvisionnements).

Renouer avec un certain esprit entrepreneurial

Les combinaisons hyper-locales possibles sont nombreuses, en fonction du secteur, du contexte et des priorités de l'entreprise. Le concept n'enferme pas les entreprises et les entrepreneurs dans des cadres préconçus. Au contraire, il offre une très grande plasticité et de nombreuses options pour façonner des modèles d'affaires véritablement innovants. Si par souci de clarté, les entreprises étudiées dans la deuxième partie de l'ouvrage ont été classées par levier économique, il n'est pas rare que les organisations hyper-locales en mobilisent et combinent plusieurs. C'est ce que nous appelons le « code source » de l'entreprise, la manière dont un entrepreneur parvient à corréler ancrage local et création de valeur en faisant du « lieu » son marché, son outil principal d'efficience, d'agilité ou de compétitivité. Et bien souvent, hyper-local signifie être capable de faire entrer de multiples manières le territoire dans le modèle d'affaires.

C'est le cas de l'entreprise **LO3 Energy**. Basée à Brooklyn, New York, elle est à l'origine du Brooklyn Microgrid, un projet qui utilise la technologie *blockchain* pour créer un marché local d'énergie renouvelable. Ce projet permet aux résidents de Brooklyn qui produisent leur propre énergie solaire de vendre l'excédent d'électricité directement à leurs voisins, créant ainsi un marché local décentralisé pour l'énergie renouvelable. De plus, en cas de panne du réseau principal, le *microgrid* peut continuer à fournir de l'électricité localement. LO3 Energy est donc un modèle hyper-local qui combine plusieurs leviers : l'approche Business to Territory (LO3 Energy a construit un service spécifiquement pour le territoire de Brooklyn, en réponse aux besoins locaux d'énergie durable et de résilience du réseau électrique), une solution *Plug-and-Play* (l'infrastructure de LO3 Energy s'intègre dans l'infrastructure électrique existante, permettant aux participants d'échanger de l'électricité sans avoir à investir dans de nouvelles installations), une plateforme web micro-locale (LO3 Energy a créé une plateforme numérique qui facilite les transactions locales d'électricité), une activation des réseaux de micro-entrepreneurs (les propriétaires de panneaux solaires qui vendent leur excédent d'électricité sur le Brooklyn Microgrid agissent en véritables micro-entrepreneurs) et enfin un modèle coopératif territorial (Brooklyn Microgrid fonctionne de manière coopérative, avec les participants qui travaillent ensemble pour gérer l'approvisionnement local en électricité).

Capter les opportunités adjacentes

L'entrepreneuriat hyper-local peut être très sophistiqué, très souvent ingénieux et mobiliser de multiples leviers. Mais cette exigence ne signifie pas qu'il faille révolutionner le modèle économique ni plaquer un modèle localiste idéalisé et radicalement opposé au modèle actuel. Bien au contraire, le génie des entreprises hyper-locales réside dans leur capacité à sonder et exploiter avec efficacité des opportunités dites « adjacentes », proches de savoir-faire existants ou de ressources facilement mobilisables sur le territoire : un *business model* ne se modifie pas en un claquement de doigts, et il faut probablement ouvrir plusieurs portes, de manière itérative, avant de trouver la (bonne) solution[1], « la simplicité étant la sophistication suprême » selon Léonard de Vinci. Faire simple, c'est explorer les multiples limites de l'entreprise, trouver une ouverture et changer de perspective.

Pour les entreprises à fort ancrage local, la clé est probablement dans leur capacité à explorer les limites du présent et à renouer avec un certain esprit entrepreneurial.

Devenir une entreprise hyper-locale en 10 étapes

Pour devenir hyper-locale, l'entreprise doit opérer un aller-retour régulier entre son modèle économique et ses territoires d'ancrage, en combinant une analyse rationnelle des risques et opportunités avec la capacité à saisir les perspectives inattendues offertes par l'écosystème.

- **1.** Commencez par identifier les **points de vulnérabilité** de votre modèle économique :
  - Une chaîne d'approvisionnement exposée aux risques liés au changement climatique ? Un scope 3 trop élevé dans votre bilan carbone ?
  - Une proposition de valeur qui peine à répondre aux nouvelles attentes des clients, en quête d'authenticité et de personnalisation ?
  - Un outil industriel peu efficient, exposé à l'évolution du coût de l'énergie et à la taxation des déchets ? Une dépendance trop forte à des ressources hydriques en tension ?
  - Des compétences et des savoir-faire de plus en plus difficiles à mobiliser et fidéliser ? Des enjeux de formation ? d'innovation ?

1. Arnaud Florentin, Élisabeth Laville, Juliette Ragagnon, Climène Koechlin, Louise Seguin, Mathilde Fermaut, « Modèles d'affaires à impact : innover par l'adjacent », *ibid.*

- **2.** Inspirez-vous des **leviers les plus pertinents**, pour votre entreprise (*voir* Annexe), et portez l'attention sur les composantes de votre *business model* les plus à risque.
- **3.** Partez à la **découverte de votre territoire** : identifiez ses atouts, ses ressources, mais aussi ses besoins actuels et futurs. Pour cela, échangez avec les acteurs qui décident et animent le territoire – élus, agence de développement économique, chambres consulaires. Explorez l'amont de votre chaîne de valeur, en discutant avec les producteurs locaux, avec les agriculteurs ou les industriels qui ne relèvent pas nécessairement de votre secteur direct. Partez à la rencontre de votre chaîne de valeur aval : acheteurs, clients finaux, et identifiez leurs besoins émergents. Comprenez les enjeux du territoire sur le moyen et le long terme, en prenant le temps de discuter avec les organismes qui gèrent les communs, écologiques (espaces naturels, bassins-versants…) ou sociaux (acteurs de la culture, associations engagées dans l'insertion et la diversité, dans la préservation d'un patrimoine ou d'un savoir-faire local…).
- **4.** Imaginez des **solutions qui renforcent votre modèle économique** en même temps qu'elles participent à la **résilience du territoire**, en permettant aux acteurs locaux de répondre à leurs défis environnementaux et sociaux et de faire face aux crises à venir. Autrement dit : ne vous demandez pas uniquement ce que votre territoire peut faire pour vous, mais ce que vous pouvez faire pour votre territoire.
- **5.** Faites confiance à ce phénomène que les entrepreneurs affectionnent particulièrement et que l'on appelle **« sérendipité »** : les opportunités non anticipées qui naissent de la rencontre avec son territoire, et qui trouvent *in fine* une résonance économique. Cultivez cette pratique d'ouverture et de découverte de votre écosystème.
- **6.** Choisissez un levier, travaillez sur une **composante-clé de votre offre** : un ingrédient, une problématique affectant votre outil industriel, et développez autour un jeu de coopération en local.
- **7.** Faites croître votre **écosystème** sur le temps long et explorez progressivement de nouvelles dimensions de votre ancrage local…
- **8.** Organisez votre **gouvernance locale** (échanges réguliers avec les élus, avec vos partenaires), développez de nouveaux indicateurs, suivez l'impact de cet ancrage renouvelé sur votre équilibre économique, dressez le «*business case*» de votre relation au territoire en suivant (et en prouvant) l'intérêt économique de votre approche.
- **9.** Travaillez le **multi-local**, déployez progressivement cette approche sur vos différents sites, en structurant la méthode, mais en adaptant les leviers et les collaborations à chaque territoire.
- **10.** Communiquez, diffusez votre approche dans les réseaux d'entrepreneurs, dans votre secteur, dans les écoles, participez à l'impulsion d'un **nouveau récit entrepreneurial du local**.

RÉINVENTER SON *BUSINESS MODEL* GRÂCE AU LOCAL

D'après le Business Model Canvas, in A. Osterwalder *et al.*, *Business Model. Nouvelle Génération*, Pearson, 2011.

LES PARTENAIRES STRATÉGIQUES

?

DE QUELS NOUVEAUX PARTENAIRES PUIS-JE M'ENTOURER LOCALEMENT (fournisseurs, modèle coopératif...) ?

LES ACTIVITÉS-CLÉS

?

QUELLES MUTUALISATIONS EXPLORER AVEC LES ENTREPRISES LOCALES (compétences, achats, innovation...) ?

LES RESSOURCES-CLÉS

?

QUELLES RESSOURCES LOCALES ME PERMETTENT DE RÉINVENTER MON OFFRE (bio-économie, coproduits, patrimoine local...) ?

LA RAISON D'ÊTRE

?

EN QUOI LE LOCAL PEUT-IL NOURRIR LA MISSION DE MON ENTREPRISE ?

LA STRUCTURE DES COÛTS

Parmi les leviers de réduction des coûts apportés par le local, lesquels peuvent s'appliquer ?

Coûts d'approvisionnement en matières premières et énergie

Coûts d'énergie et de maintenance

Coûts d'investissement en équipements

Coûts liés au turnover du personnel, coûts de formation et d'apprentissage

Coûts de distribution vers le commerce de détail

LES EXTERNALITÉS NÉGATIVES À MINIMISER

Quelles sont les externalités minimisées grâce au local ?

Émissions de GES de scope 1 (fabrication du produit) et de scope 3 amont (*supply chain*, déplacements...)

Consommation de ressources (biomasse, minerais...)

Production de déchets non valorisés

LA PROPOSITION DE VALEUR

?

COMMENT LE LOCAL PEUT-IL CONSTITUER UN NOUVEAU MARCHÉ POUR MON ENTREPRISE (diversification, personnalisation de l'offre...) ?

LES RELATIONS
(avec les clients et bénéficiaires)

COMMENT LE LOCAL PEUT-IL FAIRE ÉVOLUER MA RELATION CLIENT (leasing, espaces de vente, offre intégrée…) ?

LES CANAUX DE DISTRIBUTION

COMMENT LE LOCAL PEUT-IL FAIRE ÉVOLUER MA RELATION CLIENT (leasing, espaces de vente, offre intégrée…) ?

LES SEGMENTS
(clients et bénéficiaires)

COMMENT LE LOCAL PEUT-IL CONSTITUER UN NOUVEAU MARCHÉ POUR MON ENTREPRISE (diversification, personnalisation de l'offre…) ?

LA STRUCTURE DES REVENUS
Parmi les leviers de création de valeur apportés par le local, lesquels peuvent s'appliquer ?

Créativité et différenciation

Adaptation aux nouvelles attentes des consommateurs

Image de marque et acceptabilité locale

Accélération de la mise sur le marché

Réparabilité - Durabilité des produits

LES EXTERNALITÉS POSITIVES À MAXIMISER
Quelles sont les externalités maximisées grâce au local ?

Contribution à l'emploi local et à l'insertion

Contribution à l'attractivité et au rayonnement du territoire

Dialogue avec les parties prenantes locales

Taux de recyclage et de valorisation des déchets

Préservation de la biodiversité

CHAPITRE #12

Quelles conditions pour passer à l'échelle ?

Si le déploiement du modèle hyper-local repose d'abord sur les initiatives des entreprises elles-mêmes, il dépend aussi d'un certain nombre de conditions propices en matière de financement, de formation, de mise à disposition de locaux d'activité, etc. De fait, tous les territoires ne proposent pas le même potentiel de développement aux entreprises hyperlocales. Sans prétendre faire le tour de la question, les pages qui suivent mettent l'accent sur plusieurs leviers permettant à tous les acteurs accompagnant le développement des entreprises d'encourager et de faciliter l'émergence d'entreprises hyperlocales.

Former les entrepreneurs des territoires

Pour comprendre les dynamiques à l'œuvre sur un territoire et les relier à son projet entrepreneurial, il est nécessaire de maîtriser des concepts et des savoirs qui ne sont aujourd'hui pas enseignés dans les écoles de commerce ou de management : géographie, sociologie, biomimétisme et écologie industrielle, systèmes de coopération… En quoi le territoire est-il bien plus qu'un endroit où je pose mon activité économique ? Quelle est la dépendance de mon *business model* aux écosystèmes ? Comment s'inspirer de l'intelligence des systèmes naturels ?

Tels sont par exemple les enseignements dispensés au Schumacher College, avec, pour reprendre les termes de Satish Kumar, son fondateur, l'objectif « d'apprendre à faire du *business* comme une façon d'être au monde, un mode de vie, bien plus que ce à quoi il est réduit aujourd'hui. »

Une diversité de formations se met en place pour apporter les fondamentaux de l'entrepreneuriat local aux nouvelles générations : **Zingerman's** (chapitre #5) a par exemple développé sa propre école de formation, ZingTrain, afin d'encourager l'entrepreneuriat engagé et ancré localement, *via* des rencontres avec les équipes dirigeantes, des formations en leadership, en relation client, ou encore sur le modèle de la « *community of businesses* ». En France, le **groupe Archer** (chapitre #5) a de son côté lancé, en 2022, en partenariat avec Valence Romans Agglomération, une école des Entrepreneurs du Territoire, la fab.t (chapitre #5), qui propose aux porteurs de projets dans la Drôme une formation gratuite sur quatre mois pour « apprendre à entreprendre » et développer ainsi des initiatives qui répondent à des enjeux locaux.

Ces quelques exemples sont le signe d'une certaine réappropriation de la question locale par l'enseignement supérieur dans un domaine où c'est, historiquement, les services de l'État (et pas les collectivités) qui définissent les contenus des formations, *via* un corpus de savoirs souvent déconnectés du territoire. Or, comme l'explique très bien Pierre Calame[2], ancien haut-fonctionnaire et essayiste, « la complexité et les enjeux du développement durable s'apprennent avec les pieds plus qu'avec la tête », grâce à la découverte de réalités concrètes et à l'engagement dans une pédagogie active. Et ce, d'autant plus que le lien entre connaissances et engagement est connu, comme le souligne Edgar Morin, dans sa préface au *Manifeste pour une éducation planétaire* : « L'enseignement doit contribuer, non seulement à une prise de conscience de notre Terre patrie, mais aussi permettre que cette conscience se traduise en une volonté de réaliser la citoyenneté terrienne.[3] » Après tout, l'accompagnement des PME du territoire, les enquêtes de terrain sur la qualité de l'air, le calcul de l'empreinte carbone d'un établissement scolaire, ou la mise en œuvre d'une politique d'achats locaux en restauration collective sont autant d'occasions de mettre en situation des connaissances disciplinaires acquises en économie, mathématiques, physique, chimie, SVT... Dans la même idée, d'HEC à Kedge en passant par Sciences Po, les cursus intègrent de manière croissante des missions d'intérêt général au service du territoire. Il est urgent d'enraciner le contenu de l'enseignement dans les territoires, qui sont par excellence les espaces de perception et de gestion des relations, autant dire la bonne échelle pour appréhender la complexité des systèmes de coopération ou des principes

2. Pierre Calame, *Osons les territoires !* aux Editions du Pommier, coll. « Manifeste », 2022.
3. Collectif Paris-Éducation 2015, éd. Les Amis de Circée.

symbiotiques, même si l'étudiant étranger n'a pas *a priori* d'attachement particulier au territoire.

À l'heure où l'enseignement supérieur traverse une crise de sens, cet atterrissage des apprentissages pourrait constituer une alternative au modèle « agence de voyages » hors-sol des établissements (proposant ici un trimestre à Dubaï, et là un autre à Singapour) et constituer une voie de renouveau à la fois utile et enthousiasmante.

> La complexité et les enjeux du développement durable s'apprennent avec les pieds plus qu'avec la tête.
>
> PIERRE CALAME

Plus globalement, sur le sujet des compétences, il est probable, souligne Jean-François Caron, que « les entreprises doivent demain embaucher davantage de géographes et de sociologues – et pas juste des experts en physique quantique. Et ce, afin d'apprendre à penser le territoire qui est un organisme vivant, à raisonner en écosystème d'acteurs, à se poser la question des boucles locales que l'organisation pourrait créer, à revoir l'innovation dans un sens serviciel et territorial… »

Aider les entreprises à se connecter aux opportunités locales

Il ne s'agit pas seulement de faire émerger une nouvelle génération d'entrepreneurs hyper-locaux. Soutenir l'ancrage local des entreprises existantes constitue un autre enjeu-clé. Parce qu'elles manquent souvent de temps, de réseau ou d'organisation interne, les entreprises peinent à identifier les opportunités qu'offre le local en termes de marchés, de partenaires, de gisement de ressources, etc.

Tout l'enjeu est d'encourager ce réflexe local en rendant plus visibles la demande locale – des ménages (B2C), des entreprises et des acteurs publics (B2B) – aujourd'hui non captée par le tissu économique local, mais aussi les capacités productives disponibles à proximité (compétences, lignes de production, expertises, etc.) et les gisements de matière (circulaire ou biosourcée) et d'énergie (photovoltaïque, chaleur fatale, biomasse, etc.) à valoriser.

Mais donner la bonne information aux entreprises ne suffira pas. Il est tout aussi essentiel de faciliter et de soutenir le rapprochement des acteurs économiques, la construction de relations de confiance et d'échanges mutuellement profitables, ainsi que l'émergence d'une communauté d'entreprises hyper-locales partageant un récit commun autour du « *made in local* ».

Renforcer la capitalisation des petites entreprises par l'épargne locale

Nous l'avons vu, l'entreprise hyper-locale peut être de toute taille et son capital et ses dirigeants ne sont pas nécessairement d'origine locale. Cependant, les petites et moyennes entreprises (PME) en composent le noyau dur. Même si elles sont moins visibles que les entreprises de taille intermédiaire (ETI) ou les grandes entreprises (GE), les PME représentent près d'un emploi sur deux en France. Leur territorialité, leur inscription dans les milieux économiques locaux, leur proximité avec le capital social ou naturel local, leur connaissance du patrimoine et des institutions, leur maîtrise des savoir-faire et des opportunités de marché locales en font d'excellents candidats au modèle hyper-local. Toutes les PME n'ont pas un modèle d'affaires hyper-local mais la probabilité qu'elles en développent un est plus élevée si on les compare à des entreprises plus fortement inscrites dans les chaînes de valeur et les marchés mondiaux. Disons, *a minima*, que les PME s'inscrivent davantage dans le circuit économique local.

Il est donc naturel de chercher à s'appuyer sur les PME pour imaginer un passage à l'échelle de l'entreprise hyper-locale. Pourtant un constat s'impose : les petites et moyennes entreprises sont structurellement et largement sous-capitalisées, ce qui signifie qu'elles n'ont pas accès aux ressources financières suffisantes pour atteindre leur plein potentiel. Selon les données Insee, les PME ne sont pas moins rentables que les ETI et GE, elles sont en revanche clairement sous-capitalisées dans une grande majorité des secteurs, insuffisamment pour atteindre une taille minimale nécessaire (barrière à l'entrée sur certains marchés, seuil de rentabilité) et gagner en productivité.

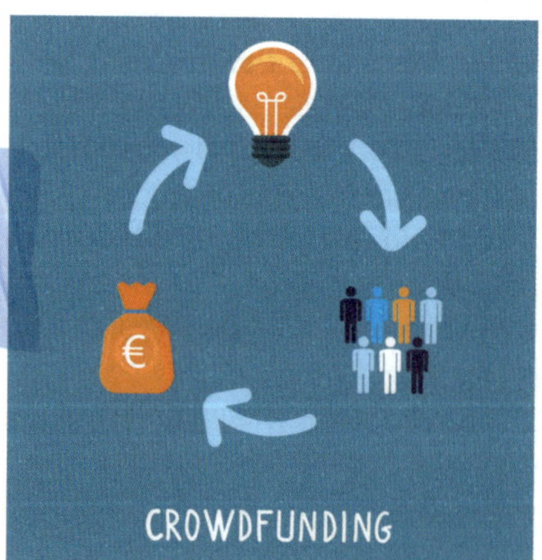

L'économiste américain Michael Shuman parle d'« apartheid de l'investissement » – une image forte qui résume le problème : notre système économique actuel favorise fortement les grandes entreprises, au détriment des petites et des investissements locaux. Il soutient que les réglementations actuelles rendent difficile, pour les investisseurs ordinaires, l'investissement dans de petites structures de leur propre communauté. En revanche, il est beaucoup plus facile d'investir dans les grandes entreprises cotées en Bourse, ce qui crée un phénomène d'« apartheid » : la majeure partie de l'argent des investisseurs va aux grandes entreprises, tandis que les petites et les projets locaux sont largement ignorés.

Comment rendre les investissements locaux plus accessibles et attrayants pour l'investisseur moyen ? Cela peut passer, par exemple, par la simplification de la réglementation sur les plateformes de *crowdfunding*, l'émission de « mini-bonds » permettant aux citoyens d'investir directement dans des projets locaux, la création de fonds d'investissement régionaux ou encore la promotion de l'investissement responsable et à impact.

Plusieurs cas étudiés dans le présent ouvrage illustrent la manière dont les acteurs bancaires peuvent soutenir l'entrepreneuriat local *via* des produits d'épargne dédiés, comme **Vancity** (chapitre #7) ; proposer des offres de financement adaptées à certaines filières du territoire, comme la **filière Mer du Crédit Agricole** (chapitre #5) ; ou encore faciliter l'émergence de projets portés par la communauté, comme la banque **Raiffeisen** (chapitre #5).

Faire de la place aux entreprises hyper-locales

Un autre facteur accélérateur, ou limitant, du développement des entreprises locales : accéder à des locaux adaptés à l'activité. Or, cette condition *sine qua non* ne va, là non plus, pas de soi, en particulier pour les activités dites productives, à savoir celles engagées dans la production de matières premières et la fabrication de biens manufacturés. Les espaces dédiés à ces activités ont connu un fort recul ces dernières décennies, sous l'effet conjugué de la désindustrialisation et de la volonté de privilégier des activités ou des fonctions urbaines jugées plus favorables à la qualité de vie locale : commerces, services, activités de bureaux, logements, équipements de loisirs, etc.

À l'heure où l'objectif de zéro artificialisation nette des sols agricoles ou naturels d'ici à 2050 devient un principe directeur des politiques d'aménagement en France, avec à la clé des contraintes accrues sur l'expansion des espaces dédiés aux activités économiques, il devient urgent de donner une place prioritaire aux entreprises hyper-locales. Il s'agit tout à la fois de sanctuariser les espaces existants, de reconquérir les friches économiques et de flécher ces potentiels d'accueil vers les entreprises développant des projets à fort ancrage local, notamment celles tournées vers la fabrication et la circularisation des flux de matières.

CONCLUSION

Message à l'attention des entrepreneur(e)s qui hésitent encore...

Si nous avons de la chance, ce livre vous aura peut-être donné envie de tenter l'aventure de l'entreprise hyper-locale – que vous soyez sur le point de créer une start-up, que vous dirigiez une grande entreprise affichant une forte ambition de s'engager dans la transition, que vous cherchiez à donner plus de sens à votre activité et au travail de vos équipes, ou plus simplement encore que vous ayez décidé, après avoir quitté une grande métropole au sortir de la Covid, de trouver localement un nouvel employeur à la hauteur de vos talents.

Mais si ce livre, ses témoignages et ses exemples ne vous ont pas totalement convaincu(e) du bien-fondé économique et *business* du localisme économique, et même de l'hyper-localisme, ce n'est pas si grave. Car si vous n'y allez pas pour les arguments rationnels que nous avons égrenés, vous pouvez encore y aller... tout simplement parce que vous y croyez, parce que cela résonne avec vos valeurs, parce que cela fait sens à vos yeux ! Tous les entrepreneurs et experts que nous avons interrogés dans cet ouvrage nous l'ont d'ailleurs dit : faire le choix de l'entreprise locale, c'est d'abord façonner le monde que vous avez envie de contribuer à écrire ou à faire advenir, et c'est donc, comme l'affirme Guillaume Gibault, le fondateur du Slip Français, « avant tout une affaire de convictions » ! Ce à quoi le cofondateur de Zingerman's fait écho en affirmant que « de toute façon, vous aurez des problèmes quoi que vous fassiez (parce que c'est la vie). Au fond, la question-clé pour chacun(e) consiste à choisir ses problèmes : c'est un arbitrage que tout le monde devrait pouvoir faire. Qui voulez-vous être dans

20 ans ? Vous pouvez décider, comme beaucoup, d'essayer de gagner autant d'argent que possible puis, peut-être, de faire des dons. Mais vous pouvez aussi faire un choix différent, et opter pour un chemin plus créatif. Après tout, les gens sont toujours inspirés par Beethoven et Mozart… plutôt que par leurs contemporains qui ont fait d'autres choix. » Ce chemin plus créatif, c'est aussi la beauté de l'aventure entrepreneuriale, « une aventure extraordinaire avec des aspects mythologiques… et peu de chances de réussite », insiste en souriant Guillaume Gibault. Le choix de la beauté, c'est aussi ce qu'évoque Sonia Lavadinho en conclusion : « *Small is beautiful !* Il y a un ravissement certain à bien connaître l'endroit où l'on vit. Nous sommes des êtres spatiaux ; être terrien, c'est occuper un espace, être ancré dans l'ici et maintenant. » Une façon de rappeler qu'à l'heure des réseaux sociaux et du billet d'avion au prix d'un bus (ce qui pourrait bien ne pas durer), nous n'avons toujours pas le don d'ubiquité – et que ce destin commun, inéluctable, est justement ce qui confère à toutes choses une beauté à la fois profonde et réconfortante.

Comme la première partie de l'ouvrage le montre, il y a donc deux approches pour penser le local :

- Une conception « existentielle » dans laquelle l'entrepreneur recherche dans le local un sens, une conscience. Dans cette approche le localisme entrepreneurial est une philosophie de vie, qui permet de ralentir l'économie (certains parlent même de « *slow economy* »), mais aussi de développer, par la proximité, une plus grande empathie, une compréhension plus holistique de ce (et ceux) qui nous entoure, une communication plus authentique, etc.
- Une conception plus « fonctionnelle » dans laquelle le local n'est pas qu'un produit « *made in local* », mais aussi un mode de production, une façon de mobiliser les ressources des territoires, les partenaires et les opportunités *business* autour de soi. Le local est dans cette approche plus qu'un marché, plus qu'une éthique : c'est aussi une fonction très utile pour une entreprise, même pour une organisation tournée vers l'international, qui insuffle de la plasticité, de l'antifragilité, de l'agilité et de l'efficience. Car, dans cette vision, la proximité permet de saisir des opportunités adjacentes, des pistes de symbiose qui seraient impossibles à une échelle plus grande…

L'entreprise hyper-locale, telle que nous l'avons décrite, navigue entre l'existentiel et le fonctionnel. Chacun(e) peut *in fine* se faire sa propre perception : rien n'est figé, rien n'est dicté, le champ des possibles reste ouvert.

Une chose est sûre : la mondialisation, qui n'est pas à un paradoxe près, a cela d'intéressant qu'elle a remis l'accent sur le local. Comme le disait Bruno Latour, si nous voulons descendre de l'avion sur la route de la globalisation, il va bien nous falloir atterrir quelque part... sauf que ce local n'est pas non plus notre point de départ : les territoires ont changé – au gré des jeux de dépendance –, avec la mondialisation ; ils n'existent plus comme auparavant. Il n'est donc évidemment pas question de faire un choix binaire ou simpliste entre mondialisation et localisme.

Si ce livre a ouvert dans votre esprit une fenêtre pour penser le développement des entreprises, des marques, des territoires autrement que par le seul récit de la globalisation à tous crins, alors nous avons bien fait de l'écrire. Et vous avez bien fait de le lire !

ANNEXE

Zoom sur les 6 dimensions du local

LE LOCAL COMME MARCHÉ Vulnérabilités du commerce mondial, aspiration des consommateurs à des produits de proximité qui leur ressemblent, enjeux complexes nécessitant des approches *in situ*: face à ces défis, le local constitue un nouveau marché aux formes multiples. L'entreprise peut choisir de se diversifier au sein de la communauté locale, de développer des offres spécifiques à chaque territoire, ou encore de tirer parti de l'innovation industrielle pour produire à la demande, au plus près de ses clients.		
1	***Business to Territory* (BtoT)**	Construire des services ou des produits en collaboration avec et pour un territoire spécifique
2	***Community of Businesses* (CoB)**	Croître en diversifiant son entreprise au sein de la communauté locale
3	**Fabrication à la demande**	Fabriquer des produits au plus près des clients et uniquement sur commande
4	***Plug-and-Play***	Offrir des solutions complètes et prêtes à l'emploi qui s'intègrent à des infrastructures existantes

LE LOCAL COMME NOUVELLE RELATION CLIENT

Un meilleur ancrage local permet de renforcer sa relation client et de réinventer ses canaux de distribution : lieux de vente multi-fonctions, plateformes d'échanges locaux, services de consigne ou de leasing, offre intégrée (voire à revenus mixtes)... Expériences inédites, ces évolutions contribuent à la fidélisation d'une communauté de consommateurs.

5	**Modèles en « boucle locale » (leasing, consigne)**	Réutiliser ou louer des produits localement
6	**Hub local**	Transformer des espaces (de travail, de vente...) en centres locaux multifonctionnels
7	**Plateformisation des économies locales**	Mettre en place des plateformes numériques pour faciliter les échanges locaux ou les collaborations locales
8	**Activer des réseaux de micro-entrepreneurs**	Engager des petits entrepreneurs pour atteindre des marchés inaccessibles, généralement dans des pays émergents
9	**Modèle « *one-stop shop* »**	Offrir une gamme complète de produits ou services en un seul endroit pour répondre aux besoins locaux
10	**Nouveaux modèles locaux à revenus mixtes**	Développer des entreprises locales qui combinent différents flux de revenus

LE LOCAL COMME MISSION

Le local peut, au-delà d'un choix purement pragmatique, relever pour certains entrepreneurs d'une conception quasi existentielle et constituer le cœur de la mission de l'entreprise, qui se met au service de la communauté – car connaître les personnes avec lesquelles on travaille comme celles qui achètent nos produits change tout. Comment soutenir le développement économique local ? Comment valoriser, au travers de sa marque, un patrimoine culturel ou naturel unique ? Autant de questionnements qui permettent d'insuffler un supplément d'âme à l'entreprise et de répondre aux aspirations d'une génération en quête de sens.

11	**L'entreprise, une expérience locale**	Créer une entreprise qui offre une expérience unique et enracinée dans la culture locale
12	**L'entreprise « pollinisatrice »**	Soutenir et stimuler l'entrepreneuriat local en tant que partie intégrante de son modèle d'affaires
13	**Les nouveaux modèles de concession privée de conservation de la nature**	Gérer les terrains de manière durable à travers des contrats de conservation privés

LE LOCAL COMME ESPACE DE MUTUALISATION

Le local invite à une nouvelle approche de la performance économique, équilibrant recherche d'efficacité et recherche de résilience face aux aléas, notamment climatiques : l'économie distribuée s'impose comme une alternative au modèle centralisé. L'entreprise hyper-locale peut ainsi activer différents leviers de mutualisation avec son écosystème : logistique, outil industriel – voire compétences et innovation –, offrant des gisements d'efficience et de créativité insoupçonnés.

14	**Mutualiser les compétences**	Partager des compétences avec d'autres entreprises locales pour bénéficier d'une expertise collective
15	**Cofabrication**	Ouvrir son usine ou collaborer avec une autre usine à proximité pour optimiser la production
16	**Mutualiser la logistique**	Partager des ressources logistiques avec d'autres entreprises locales
17	**Mutualiser les achats**	Regrouper les achats avec d'autres entreprises locales
18	**Coïnnovation locale**	Collaborer avec des acteurs locaux pour innover plus rapidement

LE LOCAL COMME GISEMENT DE RESSOURCES

Comment, progressivement, développer un modèle d'affaires qui s'appuie sur les ressources locales, tout en contribuant à leur préservation ? Verticaliser l'amont agricole ou industriel, exploiter ses coproduits ou ceux de ses voisins dans une logique d'écologie industrielle territoriale, s'inspirer des systèmes naturels et du patrimoine culturel local… autant de façons d'inscrire l'activité de l'entreprise dans son territoire, tout en participant à sa transition.

19	**Verticaliser l'amont agricole ou industriel**	Contrôler plusieurs étapes de la chaîne de production ou d'approvisionnement
20	**Exploiter pleinement ses coproduits**	Utiliser efficacement les coproduits ou sous-produits de l'entreprise pour créer de nouvelles opportunités de revenus
21	**Donner une seconde vie aux déchets et coproduits disponibles localement**	Utiliser efficacement les coproduits ou sous-produits disponibles à proximité
22	***Circularity as a Service* (CaaS)**	Créer un modèle d'affaires fondé sur l'économie circulaire locale

23	**Système industriel bio-inspiré**	Concevoir des processus industriels en s'inspirant des écosystèmes naturels
24	**Valoriser les patrimoines locaux**	Exploiter les ressources locales sous-exploitées, qu'elles soient naturelles, artisanales, foncières ou culturelles
25	**Innovation traditionnelle**	Combiner le savoir-faire traditionnel ou la culture locale avec des innovations pour créer des produits ou services uniques
26	**Mobiliser des ressources humaines locales**	Engager et former des travailleurs locaux qui rencontrent des obstacles à l'emploi

LE LOCAL COMME VIVIER DE PARTENAIRES

Le local invite à s'affranchir des dépendances lointaines subies pour tisser un réseau d'interdépendances choisies. Les opportunités de connexion locale sont infinies et peuvent transformer en profondeur le modèle de l'entreprise, tout en œuvrant à la prospérité des territoires : modèle coopératif territorial, réseau de fournisseurs locaux, soutien à la transition des petits producteurs.

27	**Modèle coopératif territorial**	Mettre en place une entreprise coopérative qui fonctionne avec et pour le bénéfice de la communauté locale
28	***Fellowship Model***	Mettre en place et dynamiser un réseau de fournisseurs locaux pour favoriser la collaboration, le partage de ressources et la croissance mutuelle
29	**Transformation des entreprises locales**	Aider les entreprises locales à se transformer et à s'intégrer dans la chaîne de fournisseurs
30	**Réseaux de micro-producteurs**	Organiser ou soutenir des réseaux de petits producteurs qui manquent de visibilité sur le marché.

INDEX

Les noms en gras correspondent aux organisations hyper-locales inspirantes présentées au fil de l'ouvrage.

REMERCIEMENTS DES AUTEURS

Nous tenons à remercier :

Navi Radjou d'avoir accepté d'écrire la préface (et de son enthousiasme pour le sujet).

Les experts, chercheurs, élus et entrepreneurs qui, par leur vision et leurs retours d'expérience, ont contribué à la richesse de cet ouvrage, notamment : Jean-François Caron, Gabriel Colletis, Timothée Duverger, Guillaume Gibault, Thomas Huriez, Satish Kumar, Catherine Larrère, Sonia Lavadinho, Helena Norberg Hodge, Michael Schuman, Olivier Sibony et Ari Weinzweig.

Nos partenaires sur le programme #IBMseries, dont les travaux et exemples ont nourri notre propos : les équipes de B Lab France, ainsi que les sponsors du programme (Bonduelle, Chloé, Expanscience et Piper-Heidsieck).

L'équipe de Pearson France, pour sa confiance.

Pamela Karam chez UTOPIES, pour la création de la couverture et des infographies.

Les équipes d'UTOPIES plus largement, pour leur engagement en faveur de la transformation des modèles économiques depuis 30 ans et leur stimulante exigence d'impact dans nos missions communes.

Et évidemment les clients d'UTOPIES, dont la confiance nous honore, nous motive… et nous oblige !